# Capolavori del Barocco

## Il trionfo della pittura nelle Terre Novaresi

## Baroque Masterpieces

### The Triumph of Painting in and around Novara

*a cura di / edited by*
Annamaria Bava
Francesco Gonzales

SilvanaEditoriale

# Capolavori del Barocco

## Il trionfo della pittura nelle Terre Novaresi

Baroque Masterpieces
The Triumph of Painting in and around Novara

Novara, Arengo del Broletto e / and Sala Casorati
19 giugno - 27 settembre 2015
19 June – 27 September 2015

*Promossa e realizzata da / Promoted and realized by*

Ministero dei beni e delle attività culturali e del turismo
Soprintendenza Belle Arti e Paesaggio per le province di Alessandria, Asti, Biella, Cuneo, Novara, Verbano-Cusio-Ossola e Vercelli

Provincia di Novara

Diocesi di Novara
Ufficio Beni Culturali

Atl Turismo Provincia di Novara

*Con il sostegno di / With the support of*

sistemaculturale integratonovarese

fondazione cariplo

*In collaborazione con / In collaboration with*

Comune di Novara

Regione Piemonte
Assessorato Cultura e Turismo

The Sir Denis Mahon Charitable Trust

Fondazione CRT

Città e Cattedrali Piemonte e Valle d'Aosta

Camera di Commercio Novara

Liguigli Fine Arts Service

*Mostra a cura di / Exhibition curated by*
Annamaria Bava
Francesco Gonzales

*Progetto e allestimento / Project and set up*
Francesco Gonzales
Maurizio Rizzato

*Segreteria organizzativa / Organizing Secretary*
Agenzia Turistica Locale della Provincia di Novara

*Progetto grafico / Graphic design*
Italgrafica Novara

*Assicurazione / Insurance*
Willis S.p.a.

*Trasporti / Transports*
Liguigli Fine Art

*Catalogo a cura di / Catalogue edited by*
Annamaria Bava
Francesco Gonzales

*Saggio / Essay*
Annamaria Bava
Francesco Gonzales

*Schede / Entries*
Massimiliano Caldera
Federico Cavalieri
Simonetta Coppa
Giorgia Corso
Odette D'Albo
Marina Dell'Omo
Mario Epifani
Filippo Maria Ferro
Flavia Fiori
Francesco Gonzales
Fausto Gozzi
Francesco Petrucci
Giuseppe Sitzia
Paolo Sitzia
Sofia Villano

▶ Usa la App / Use the App
*I capolavori del barocco novarese*

Android

Apple

*Prestatori / Lenders*
Collezione Credem, Reggio Emilia
Città Metropolitana di Torino
Diocesi di Novara
Ente Chiesa Cattedrale, Novara
Galleria Sabauda di Torino
Istituto Suore di San Giuseppe, Novara
Monastero della Visitazione, Arona
Musei Civici di Novara
Museo d'Arte Religiosa "P. A. Mozzetti", Oleggio
Parrocchia di Ameno
Parrocchia di Arona
Parrocchia di Borgomanero
Parrocchia di Borgosesia
Parrocchia di Cannobio
Parrocchia di Carcegna
Parrocchia di Castagnola di Valduggia
Parrocchia di Castelletto Ticino
Parrocchia di Craveggia
Parrocchia di Forno Vallestrona
Parrocchia di Orta
Parrocchia di Pella
Parrocchia di Prato Sesia
Parrocchia di Romagnano Sesia
Parrocchia di Soriso
Parrocchia di Vacciago
Parrocchia di Vagna di Domodossola
Parrocchia San Leonardo di Pallanza
Parrocchia Torrion Quartara di Novara
Parrocchie Unite Novara Centro
Pinacoteca Civica di Cento
Santuario Santissima Pietà di Cannobio

*Ringraziamenti / Acknowledgements*
Domenica Abbinante, Donatella Actis, Antonella Affronti, Alessandra Aimar, don Dante Airaga, don Natale Allegra, Paola Andanese, Fabio Auteri, Federico Barberi, Alessandra Barbi, Daniela Barca, Walter Benocci, Orietta Benocci Adam, Sergio Berdozzo, Maurella Bianco, Franco Bonvicini, Alan Briant, don Mauro Caglio, padre Marco Canali, Clementina Cane, Tiziana Carbonati, don Ezio Caretti, Chiara Cellini, don Piero Cerutti, Paola Colombo, Benedetto Luigi Compagnoni, Roberto Conti, Paolo Cortese, don Fausto Cossalter, don Renzo Cozzi, Odette D'Albo, Barbara Depaoli, Cristina D'Ercole, Mariella Enoc, Giampaolo Ferrari, Igor Festari, don Franco Finocchio, Flavia Fiori, Augusto Frachey, Fausto Gozzi, madre Patrizia Graziosi, don Pier Luigi Grossi, Daniela Guagenti, Maurizio Guidotti Sottini, Annachiara Invernizzi, padre Giancarlo Julita, Mario Lamparelli, Simona Lauro, don Claudio Leonardi, Suzanne Marriott, don Gaudenzio Martini, Giovanna Mastrotisi, don Bruno Medina, Giovanna Mena, Paolo Mira, don Vittorio Moia, Lorenzo Morganti, don Alberto Olivo, don Giuseppe Ottina, Salvatore Palvetti, Paola Pedrini, Andrea Pellati, don Valerio Pennasso, don Mario Perotti, Dino Petrizzi, Marina Pieroni, Riccardo Porcellana, Marina Ravarelli, don Gianni Remogna, Loredana Riolo, don Lino Romanello, don Walter Ruspi, don Enzo Sala, don Roberto Salsa, don Tino Temporelli, Paola Vallogini, don Mario Vanini, Fabrizio e / and Davide Vitello, Adriano Zanetti

*Un ringraziamento speciale a*
*Special thanks to* Luisa Papotti, Soprintendente Belle Arti e Paesaggio per le Provincie di Alessandria, Asti, Biella, Cuneo, Novara, Verbano-Cusio-Ossola, Vercelli

*Il concilio di Trento terminava i suoi lavori, ponendo le basi per una grandiosa riforma della Chiesa, con la Sessione XXV, emanando il decreto* De invocatione, veneratione et reliquiis sanctorum et sacris imaginibus *(3-4 dicembre 1564)* (Conciliorum Oecumenicorum Decreta, *pp. 774-776). Così si esprimeva: "Le immagini di Cristo, della Vergine madre di Dio e degli altri santi devono essere tenute e conservate nelle chiese; ad esse si deve attribuire il dovuto onore e la venerazione: non certo perché si crede che vi sia in esse una qualche divinità o virtù, per cui debbano essere venerate; o perché si debba chiedere ad esse qualche cosa, o riporre fiducia nelle immagini, come un tempo facevano i pagani, che riponevano la loro speranza negli idoli, ma perché l'onore loro attribuito si riferisce ai prototipi, che esse rappresentano. Attraverso le immagini, dunque, che noi baciamo e dinanzi alle quali ci scopriamo e ci prostriamo, noi adoriamo Cristo e veneriamo i santi, di cui esse mostrano la somiglianza. Cosa già sancita dai decreti dei concili – specie da quelli del secondo concilio di Nicea – contro gli avversari delle sacre immagini" (ivi, p. 775).*

*Per dare attuazione ai dettami del concilio di Trento la committenza vescovile prestò grande attenzione alla produzione artistica, negli anni tra il 1630 e il 1738, con figure di spicco come Benedetto Odescalchi (poi Innocenzo XI), Giulio Maria Odescalchi, Giberto Borromeo (ultimo vescovo "lombardo" prima del passaggio di Novara ai Savoia).*

*Il concilio, infatti, proponeva: "Questo, poi, cerchino di insegnare diligentemente i vescovi: che attraverso la storia dei misteri della nostra redenzione, espressa con le pitture e con altre immagini, il popolo viene istruito e confermato nel ricordare gli articoli di fede e nella loro assidua meditazione. Ed inoltre, che da tutte le sacre immagini si trae grande frutto, non solo perché vengono ricordati al popolo i benefici e i doni che gli sono stati fatti da Cristo, ma anche perché nei santi sono posti sotto gli occhi dei fedeli le meraviglie e gli esempi salutari di Dio, così che ne ringrazino Dio, cerchino di regolare la loro vita e i loro costumi secondo l'imitazione dei santi, siano spinti ad adorare ed amare Dio e ad esercitare la pietà" (ibidem).*

*Il Barocco rappresentò sotto questo profilo un gesto liberatorio, che si espresse prevalentemente nell'arte (architettura, pittura, musica), perché in essa trovò una ricchezza di forme e una fantasia espressiva sorprendente. Se la fede era di necessità costretta nella dottrina e nella morale del tempo per far fronte alla durissima controversia con il protestantesimo, fu soprattutto l'arte a rappresentare quello spirito cattolico dove l'umano e il divino si abbracciavano senza negarsi a vicenda, in un tripudio di forme, figure e colori che fanno del Barocco, soprattutto quello italiano, un unicum nella storia.*

*L'attenzione della committenza è proseguita nella nostra Diocesi fino ai nostri giorni grazie alla sollecitudine delle comunità cristiane e dei loro ministri, alla collaborazione di Enti e Fondazioni, che hanno consentito di operare negli anni una vastissima opera di restauro di beni che, su queste terre, sono numerosissimi e di grande livello, come testimoniano le opere esposte in questa mostra. Questo significa che occorre sempre tutelare, valorizzare e far conoscere il patrimonio artistico, com'è successo anche negli anni duri dopo la peste del 1630 che, anche attraverso l'arte e quindi la fede e la devozione, hanno ridato speranza e slancio verso il futuro. Era già successo durante "la peste di San Carlo", quando, nel 1577, il santo arcivescovo aveva presentato i due volumi delle* Instructionum fabricae et supellectilis ecclesiasticae *(con la collaborazione di Carlo Bascapè poi nostro 96° vescovo).*

*Auguro che nessuna crisi fermi la nostra capacità di guardare, attraverso l'arte, "le realtà invisibili" ch'esse esprimono, perché senza questa trasparenza di sguardo le difficoltà presenti finiranno per sprofondarci dentro la nostra tristezza, mentre solo la levità della creazione artistica ci aprirà scenari di speranza e percorsi nuovi per dar futuro ai giovani. Questa "rappresentazione" di un periodo drammatico e meraviglioso ci sproni a nuovi entusiasmanti traguardi.*

† Franco Giulio Brambilla
*Vescovo di Novara*

*The Council of Trent concluded its work in laying the foundations for an important reformation of the Church with the Twenty-fifth Session, issuing the Decree:* De invocatione, veneratione et reliquiis sanctorum et sacris imaginibus *(3–4 December 1564)* (The canons and decrees of the sacred and oecumenical Council of Trent, *pp. 232–89). It stated the following: "The images of Christ, of the Virgin Mother of God, and of the other saints, are to be had and retained particularly in temples, and that due honour and veneration are to be given them; not that any divinity, or virtue, is believed to be in them, on account of which they are to be worshipped; or that anything is to be asked of them; or, that trust is to be reposed in images, as was of old done by the Gentiles who placed their hope in idols; but because the honour which is shown them is referred to the prototypes which those images represent; in such wise that by the images which we kiss, and before which we uncover the head, and prostrate ourselves, we adore Christ; and we venerate the saints, whose similitude they bear: as, by the decrees of Councils, and especially of the second Synod of Nicaea, has been defined against the opponents of images".* (Ibid., *p. 235)*

*The commission of bishops took great care in implementing the decrees of the Council of Trent between 1630 and 1738, with key figures including Benedetto Odescalchi (later Innocent XI), Giulio Maria Odescalchi, and Giberto Borromeo (the last "Lombard" bishop before Novara passed to the House of Savoy). In fact, the Council proposed: "And the bishops shall carefully teach this – that, by means of the histories of the mysteries of our Redemption, portrayed by paintings or other representations, the people is instructed, and confirmed in (the habit of) remembering, and continually revolving in mind the articles of faith; as also that great profit is derived from all sacred images, not only because the people are thereby admonished of the benefits and gifts bestowed upon them by Christ, but also because the miracles which God has performed by means of the saints, and their salutary examples, are set before the eyes of the faithful; that so they may give God thanks for those things; may order their own lives and manners in imitation of the saints; and may be excited to adore and love God, and to cultivate piety".* (Ibid., *p. 235)*

*As such, Baroque represented a liberating movement which was predominantly expressed in art (architecture, paintings, music), because it was in art where it found a richness of forms and unexpected expressive creativity. Since faith was necessarily driven into the doctrines and ethics of the time in order to deal with the difficult dispute with Protestantism, art, above all, represented the Catholic spirit where humanity and divinity could embrace each other, without in any way contradicting each other, in a triumph of forms, figures and colours which have made Baroque, and especially Italian Baroque, a* unicum *in history.*

*In our Diocese, the work of the commission has continued right up until the present day, thanks to the interest of Christian communities and their clergies, and the help of Organisations and Foundations which, over the years, have allowed for the extensive restoration of assets, which in this area are numerous and of a high standard, as demonstrated by the works of art on display in this exhibition. This means that our artistic heritage must always be protected, promoted and shared, as it was in the difficult period following the plague in 1630, when, through art and therefore through faith and devotion, hope and enthusiasm for the future were restored. The same thing happened during "the plague of San Carlo" when, in 1577, the sainted archbishop presented two volumes of* Instructiones fabricae et supellectilis ecclesiasticae *(in collaboration with Carlo Bascapè who then became our 96th bishop).*

*I hope that no crisis ever inhibits our ability to see "the invisible reality" which is expressed through art because without this transparent view, present-day difficulties will end up sinking us into our sadness, whilst only the lightness of artistic creation can open up scenes of hope to us and new paths to give a future to the younger generation. This "representation" of a dramatic and wonderful period propels us to new and exciting horizons.*

† Franco Giulio Brambilla
*Bishop of Novara*

Capolavori del Barocco *è la mostra di punta del Novarese per Expo, un evento di grande portata che animerà la città di Novara con due sedi espositive e tutto il territorio grazie a un museo diffuso.*
*La rassegna dedica ampio spazio all'incredibile sviluppo della pittura, tra pale d'altare e opere di devozione privata, con incursioni nelle arti minori, insieme a prestigiosi prestiti di musei italiani ed esteri. Un tuffo a capofitto dentro una temperie culturale che coinvolse pittura, scultura, architettura, musica, letteratura, ma anche la vita privata e le relazioni sociali; una poetica totale della vita che si guadagnò l'attenzione del resto d'Europa. Fu, come diremo oggi, un'eccellenza made in Italy.*
*Il valore delle opere in mostra si riflette nell'ininterrotta continuità con il territorio che le ha generate, l'esposizione intende quindi rappresentare l'avvio di un racconto che va ben oltre le sedi museali, per misurarsi con le radici culturali di tutto il Novarese.*
*La mostra è inserita tra le attività del Sistema culturale integrato della Provincia di Novara, progetto ambizioso che ha consentito, grazie al significativo contributo della Fondazione Cariplo, il recupero di importanti spazi culturali e di portare nel Novarese eventi di grande richiamo.*
*Con la sua teatralità, il suo dinamismo, il suo pathos trascinante, il Barocco diceva basta alla precisione, all'equilibrio e alle geometrie del secolo precedente, trasformando il Novarese in un grande palcoscenico della bellezza che certamente merita l'attenzione del visitatore.*

Matteo Besozzi
*Presidente della Provincia di Novara*

Baroque Masterpieces *is Novara's flagship exhibition for Expo, a major event that will enliven the city of Novara with two exhibition venues and even the entire territory thanks to its widespread museum.*
*The exhibition is largely devoted to the incredible development of painting, including altarpieces and private devotional works, with forays into minor arts, together with prestigious loans from Italian and foreign museums. It is a headlong dive into a sort of cultural revolution that involved painting, sculpture, architecture, music, literature but also private lives and social relations; an all-encompassing vision of life that earned itself the attention of the rest of Europe. It was, as we might say today, the excellence of "made in Italy".*
*The value of the works on display is mirrored in their uninterrupted continuity with the land that generated them. Hence the exhibition intends to portray the beginning of a story that goes well beyond museum boundaries, measuring itself up with the cultural roots of the entire Novara area.*
*The display is part of integrated cultural system activities for the Province of Novara. It is an ambitious project that, thanks to the significant contribution made by the Cariplo Foundation, has fostered the recovery of important cultural spaces and has brought major events of great acclaim to the Novara area.*
*With its theatricality, its dynamism, its enthralling pathos, Baroque art defied the precision, balance and geometry of the previous century, turning the Novara area into a great stage of beauty that most certainly deserves the attention of visitors.*

Matteo Besozzi
*President of the Province of Novara*

*La Regione Piemonte, nell'assolvere al proprio ruolo istituzionale di sostegno e di promozione della cultura, ha da tempo individuato nell'arte uno dei temi portanti della propria azione, sostenendo e stimolando la creatività artistica e l'organizzazione di eventi espositivi quale strumento di valorizzazione e sviluppo del territorio.*
*Nel corso degli ultimi anni, la composita offerta del settore, divenuto uno degli assi strategici portanti della politica culturale del Piemonte, ha rappresentato un vero e proprio fattore di caratterizzazione, riconosciuto a livello nazionale e internazionale per quanto concerne le proposte espositive, con un'ampia disponibilità di musei, location, mostre e manifestazioni dedicate che è in costante crescita.*
*La mostra* Capolavori del Barocco. Il trionfo della pittura nelle Terre Novaresi *è la terza tappa di un itinerario espositivo che ha saputo mettere in evidenza la grande stagione dell'arte novarese. Dopo la mostra dedicata nel 2009 all'*Elogio dell'arte novarese secondo Giovanni Testori *e quella del 2014 sulla pittura caravaggesca, l'iniziativa di quest'anno approfondisce il periodo che va dal 1630 sino al 1738, anno del passaggio del Novarese ai Savoia.*
*Contemporaneamente in questi anni si è manifestata un'intensa attività volta al restauro e al recupero di beni rari e preziosi. In collaborazione con l'ATL, con i comuni, le parrocchie e le realtà culturali locali, si sono infatti creati percorsi didattici, turistici e devozionali finalizzati a tessere una rete di conoscenze per individuare quello che a ragione viene chiamato il "museo diffuso".*
*L'augurio è che la mostra, che si svolge in concomitanza con l'Expo di Milano e che è allestita nell'Arengo del Broletto e nella Sala Casorati della Provincia di Novara, sappia riportare all'attenzione della città un luogo come la Sala Casorati, rimasto per anni sconosciuto, richiamando molti visitatori sul nostro territorio.*

Antonella Parigi
*Assessore alla Cultura e al Turismo della Regione Piemonte*

*The Piedmont Region, in carrying out its institutional role of supporting and promoting culture, has at length identified art as one of the main themes of its actions – supporting and stimulating artistic creativity and organizing exhibition events as an instrument for the enhancement and development of its territory.*
*In recent years, the multifaceted offers in the sector (that have become strategic cornerstones of Piedmont's cultural policies) have represented an outright distinguishing feature recognized at the national and international level, for that which regards exhibition proposals – envisaging a wide availability of dedicated museums, locations, exhibitions and events that is constantly growing.*
Baroque Masterpieces. The Triumph of Painting in and around Novara *is the third stage of an exhibition pathway that has skilfully highlighted the great period of Novara art. Following the 2009 exhibition dedicated to the* Elogio dell'arte novarese secondo Giovanni Testori *(Praise of Novara Art according to Giovanni Testori) and the one dedicated to Caravaggio painting held in 2014, this year's event delves into the period going from 1630 until 1738 (year in which the Novara area passed into the hands of the House of Savoy).*
*At the same time, in recent years some intense activities have been dedicated to the restoration and recovery of rare and precious works. In fact (in collaboration with ATL, municipalities, parishes and local cultural bodies) some educational, tourism and devotional pathways have been created with the aim of weaving a web of knowledge able to identify what is rightly called the "widespread museum".*
*My hope is that the exhibition, held in conjunction with the Milan Expo and staged in the Arengo di Broletto and in the Sala Casorati of the Novara Province, might bring a place like the Sala Casorati back to the attention of citizens as it has remained unknown for years – ultimately attracting many visitors to our territory.*

Antonella Parigi
*Town Councillor of Culture and Tourism, Piedmont Region*

*Dalla morte di Sir Denis Mahon nel 2011, il Sir Denis Mahon Charitable Trust ha svolto un ruolo di grande rilevanza nell'aiutare gallerie e musei ad acquisire importanti opere d'arte e a organizzare mostre e spazi espositivi. Per esempio, l'acquisizione della* Veduta *e de* Le Fondamenta nuove con la Laguna e l'isola di San Michele *di Guardi (1758) e l'autoritratto di Van Dyck. Il Trust prosegue inoltre l'attività di promozione dietro le quinte di artisti, collezioni, mostre e gallerie minori in tutto il mondo, un lavoro al quale Sir Denis aveva dedicato la vita.*
*Di recente il Trust ha sostenuto la ricostruzione della Pinacoteca di Cento, il National Student Art Pass for students della London University, una revisione della monografica di Salerno dedicata a Guercino, la traduzione italiana del volume* La vita e l'arte di Luca Signorelli *e una mostra dei dipinti di Luke Dillon-Mahon alla European Commission di Londra. Il Trust sostiene anche giovani artisti del disegno alla Royal Drawing School di Londra e indice l'annuale Essay Prize per giovani laureati di tutto il mondo, che quest'anno si terrà alla National Gallery of Ireland a Dublino, dove sarà organizzata la proclamazione del vincitore.*
*Nel solco della stretta relazione che Sir Denis aveva con la Diocesi di Novara, il suo Charitable Trust è onorato di sostenere questa seconda, importante mostra dal titolo* Capolavori del Barocco. Il trionfo della pittura nelle Terre Novaresi, *dopo aver dato il proprio sostegno a* Capolavori caravaggeschi, *tenutasi a Novara lo scorso anno. A chiunque conoscesse Sir Denis è ben nota la sua passione per Caravaggio, pari solo alla devozione che nutriva per Guercino.*
*È pertanto naturale che il suo Charitable Trust dia il proprio contributo al catalogo di questa mostra, che si traduce anche nell'inclusione del* Lucrezia, *un dipinto di Guercino del 1638 circa, che Sir Denis ha molto amato negli ultimi anni della sua vita. Nel suo famoso volume* Studies of Seicento. Art and Theories, *Sir Denis scrisse che Guercino aveva avuto un cambiamento nei suoi ultimi anni e che la sua opera non era potente come quella della giovinezza, una posizione che rivide quando scrisse nel 2004 per* Guercino. La poetica e il teatro degli affetti *al Palazzo Reale di Milano.*
*Anche a nome degli altri amministratori, Alan Bryant e Orietta Benocci Adam, desidero esprimere i nostri ringraziamenti e il nostro apprezzamento al vescovo di Novara, al direttore dell'Ufficio per i Beni Culturali don Carlo Scaciga, e ai curatori, Annamaria Bava e Francesco Gonzales, per l'incessante impegno a favore di quest'epoca artistica che, come sottolineato da Sir Denis, è stata lungamente trascurata dopo la Seconda guerra mondiale. Sir Denis sarebbe stato orgoglioso ed entusiasta di questa mostra e gli amministratori della Fondazione di Sir Denis Mahon sono lieti di parteciparvi in sua memoria.*

Suzanne Jane Marriott
*Presidente*
*Sir Denis Mahon Charitable Trust*

*The Sir Denis Mahon Charitable Trust has, since the death of Sir Denis Mahon in 2011, been instrumental in helping Galleries and Museums acquire important works of art to put on exhibitions and specialized displays – for example, the* Veduta *by Guardi, the* Fondamenta Nuove in Venice with the Lagoon and the Island of St. Michael *painted in 1758 and the self-portrait of Van Dyck. The Trust continues Sir Denis's lifelong work in also promoting behind the scenes smaller artists, collections, exhibitions and galleries around the world.*

*The Trust has recently supported the re-building of the Pinacoteca di Cento, the National Student Art Pass for students of London University, a revision of Salerno's Guercino Monograph, the Italian translation of the book* La Vita e l'Arte di Luca Signorelli *and an exhibition of Luke Dillon Mahon paintings at the European Commission in London.*

*The Trust also supports a young drawing artist at the Royal Drawing School in London and has an annual Essay Prize competition for young graduates around the world, which this year will be held at the National Gallery of Ireland in Dublin for the prize winning lecture.*

*In continuation of the very close relationship Sir Denis has had with the Diocesi di Novara, his Charitable Trust is honoured to support this second important exhibition,* Baroque Masterpieces. The Triumph of Painting in and around Novara *after having supported* Capolavori caravaggeschi a Novara. Pittura di realtà a Novara e nel suo territorio *shown in Novara last year. Everyone who knew Sir Denis is well aware of his fervent passion for Caravaggio, matched only by his lifelong devotion to Guercino.*

*It is therefore very fitting that his Charitable Trust should support the provision of the catalogue for this exhibition together with the inclusion in the catalogue of* Lucretia, *a painting by Guercino dated circa 1638, which was much loved by Sir Denis in his late years. In his famous book* Studies of Seicento Art and Theories, *Sir Denis wrote that Guercino has experienced a* volte-face *in his late years and that his work was not as powerful as in his early years, a position he reviewed when he wrote in 2004 in the catalogue to the exhibition* Guercino: La poetica e il teatro degli affetti *at the Palazzo Reale Milan.*

*On behalf of the other Trustees, Alan Bryant and Orietta Benocci Adam, I would like to express our thanks and appreciation to the Bishop of Novara, the Director of the Office of Cultural Heritage, Don Carlo Scaciga, and the Curators, Annamaria Bava and Francesco Gonzales, for their continuous commitment to this period of art, which was neglected for a while after the War, as identified by Sir Denis. He would have been very proud and enthused to have seen this exhibition and the Trustees are pleased to support it in his memory.*

Suzanne Jane Marriott
*Chair Trustee*
*The Sir Denis Mahon Charitable Trust*

*Quando, un anno fa, inauguravamo nella prestigiosa sede dell'Arengo del Broletto la mostra* Capolavori caravaggeschi a Novara. Pittura di realtà a Novara e nel suo territorio, *avevamo la speranza, ma non la certezza, di poter concludere quell'ideale itinerario di ricognizione sul grande patrimonio artistico delle nostre terre che Giovanni Testori tracciava, nel lontano1962, nell'*Elogio dell'arte novarese.
*Mancava ancora una tappa, in questo itinerario: l'arte di un secolo ricchissimo, il secolo del Barocco: tra il 1630, fine della peste, e il 1737, anno del passaggio del Novarese ai Savoia.*
*Memori dell'ampio gradimento delle mostre precedenti, stimolati dalla coincidenza di Expo 2015, supportati da istituzioni disponibili, come la Provincia di Novara, la Regione Piemonte, il Comune di Novara, la Camera di Commercio di Novara, la Fondazione Cariplo e la Fondazione CRT, ancora una volta i nostri Uffici – l'Agenzia Turistica Locale della Provincia di Novara e l'Ufficio per i Beni Culturali della Diocesi di Novara – hanno unito le energie per realizzare un progetto.*
*Un progetto complesso, e sotto vari aspetti.*
*Innanzitutto due sedi espositive: l'Arengo del Broletto, offerto con la consueta liberalità dal Comune di Novara, e la Sala Casorati, antica memoria del monastero delle agostiniane, restaurata dalla Provincia di Novara grazie alla Fondazione Cariplo e per la prima volta offerta alla fruizione culturale di città e territorio. E ancora l'apertura alle ricchezze del territorio della provincia di Novara, con l'indicazione di luoghi e itinerari pensati per valorizzarne il patrimonio storico-artistico attraverso le aperture straordinarie di chiese e oratori che contengono tesori d'arte e di fede del XVII secolo. Una App realizzata in occasione della mostra aiuterà il visitatore a orientarsi e a ricevere notizie, dati, orari di apertura e approfondimenti specifici. Infine la mostra viene offerta ancora una volta gratuitamente, allo scopo di condividere sempre più e rendere accessibili gli eventi culturali, anche secondo il desiderio sempre espresso dal grande maestro Sir Denis Mahon.*
*Con un auspicio: che un evento di questo genere, che comunque costa soprattutto molta dedizione e impegno, possa stimolare altre energie, anzi, altre sinergie, secondo uno stile di collaborazione che oggi appare indispensabile per moltiplicare le risorse, non solo quelle finanziarie, ma soprattutto quelle umane e culturali.*

Maria Rosa Fagnoni
*Presidente dell'Agenzia Turistica Locale della Provincia di Novara*

Don Carlo Maria Scaciga
*Direttore dell'Ufficio per i Beni Culturali della Diocesi di Novara*

*When we opened the exhibition entitled* Capolavori caravaggeschi a Novara. Pittura di realtà a Novara e nel suo territorio *in our elegant premises in Arengo del Broletto a year ago, we entertained the hope, but not the certainty, of completing the grand overview of our region's great artistic heritage that Giovanni Testori had already outlined in his* Elogio dell'Arte Novarese *long ago, in 1962.*
*There was still one stage in this journey to go: the art of a particularly fruitful century, the century of the Baroque, between 1630, marking the end of the plague, and 1737, the year when Novara and its territory passed into the hands of the House of Savoy.*
*Mindful of the considerable success of our previous exhibitions, wishing to take advantage of the opportunities presented by the holding of Expo 2015 and supported by the appropriate institutions, such as Novara Provincial Administration, the Regional Government of Piedmont, Novara Town Council, the Novara Chamber of Commerce, Fondazione Cariplo and Fondazione CRT, our offices – the Local Tourist Agency of the Province of Novara and the Office for the Cultural Heritage of the Diocese of Novara – combined forces to devise a fresh project. It was clear it would be a complex undertaking for various reasons.*
*Firstly, there will be two exhibition sites: Arengo del Broletto, provided with its usual good grace by Novara Town Council, and Sala Casorati, once part of the Augustinian monastery, which was restored by Novara Provincial Administration thanks to Fondazione Cariplo and for the first time made available for cultural events involving the town and its territory.*
*Secondly, the aim is to open to the public as many places of cultural interest as possible in the Province of Novara to encourage an appreciation of the artistic and historical heritage of the area. This means opening churches and oratories containing artistic and religious treasures dating from the 17th century. A special App created specially for the exhibition will help visitors find their way and receive information, data, opening times and any other pertinent material.*
*Lastly, the exhibition will once again be totally free of charge so as to attract as many visitors as possible and make events accessible to all, in accordance with the wishes expressed by the great Sir Denis Mahon.*
*The underlying hope is that an event of this kind, which first of all relies on great dedication and commitment by all concerned, may unleash further energy, or rather synergies, in line with a model of collaboration that now more then ever is indispensable in generating resources, not only in the sense of financial backing, but above all in terms of human and cultural initiative.*

Maria Rosa Fagnoni
*Director of the Local Tourist Agency of the Novara Provincial Administration*

Don Carlo Maria Scaciga
*Director of the Office for Cultural Heritage of the Diocese of Novara*

*Novara, città d'arte con peculiarità che la distinguono da altre piccole città.*
*La sua bellezza paesaggistica balza subito all'occhio mentre la si raggiunge: il "mare a quadretti" delle risaie e la natura radiosa e discreta della sua terra, la cupola di San Gaudenzio, simbolo di religiosità e di appartenenza alla comunità civile, un luogo non "chiassoso", una città dai tenui colori che sta raccontando in questi anni il suo patrimonio culturale a chi vi abita e a chi viene da lontano.*
*Una città in grado di selezionare forme di turismo raffinato, di qualità e di sviluppare laboratori di crescita economica e sociale guidati dall'innovazione culturale. Nel suo territorio, snodo di commerci internazionali e di contaminazione di idee, attraverso il dinamismo ottocentesco che ne ha caratterizzato in maniera unica la cultura materiale, spesso anche ridisegnando più antichi monumenti, lo spirito della città ha saputo coniugare bellezza cittadina e sviluppo industriale delle campagne e oggi sta gettando le basi per una nuova concezione della cultura, sinonimo di civiltà e quindi di bellezza, partecipazione, identità, memoria.*
*Il fine è l'affermazione di un'idea di "cultura diffusa" capace di promuovere e far crescere le diverse vocazioni del territorio cittadino, attraverso una reale apertura degli spazi urbani e dei suoi luoghi più belli organizzando l'offerta culturale come grande fattore dinamico di coesione sociale e di stimolo per il territorio, favorendo la collaborazione e l'intreccio virtuoso tra enti e istituzioni che vogliono raccontare la grande umanità di questa città.*
*In quest'ottica e in questo progetto di sviluppo culturale ben si colloca la mostra* Capolavori del Barocco. Il trionfo della pittura nelle Terre Novaresi. *Un articolato percorso espositivo che nasce e si sviluppa nella città, per la città e il suo territorio.*
*"È del poeta il fin la meraviglia", scriveva circa quattrocento anni fa Giambattista Marino, massimo tra gli esponenti della poesia barocca, e la meraviglia accompagni il cammino di questa mostra in un intreccio armonioso di sentimenti, colori, emozioni che sapranno giungere all'animo stupito di chi la visiterà.*

Andrea Ballarè
*Sindaco di Novara*

Paola Turchelli
*Assessore Sistema dei Beni e delle Attività Culturali*

*Novara, a city of art with features that set it apart from other small cities.*
*The beauty of its landscape immediately captures one's attention on the way there: its "checkerboard sea" of rice fields, the brilliant yet discrete nature of its lands, the San Gaudenzio dome that is a symbol of religion and a sense of belonging to civil community, not a "deafening" place, a city of soft colours, for the past few years a city that has been telling the story of its cultural heritage to those who live in Novara and to those who come from afar.*
*A city able to offer forms of tourism that are refined and of excellent quality; a city that develops economic and social growth workshops that are driven by cultural innovation. Its territory is a focal point for international trade and a melting-pot of ideas, through the 19th-century dynamism that characterized its material culture in a unique manner, often even revisiting its most ancient monuments. Hence the spirit of this city has skilfully blended its urban beauty to the industrial development of its countryside – today laying down the foundations for a new concept of culture that is synonymous to civilization and therefore synonymous to beauty, participation, identity and memory.*
*The aim is affirming an idea of "widespread culture" capable of promoting and fostering different vocations over the urban territory, through a genuine opening of urban spaces and its most beautiful sites by organizing cultural events as a great dynamic factor of social cohesion and stimuli for the territory, fostering a sort of virtuous collaboration and cooperation between public bodies and institutions wishing to narrate the great humanity of this city.*
*From this perspective, the exhibition entitled* Baroque Masterpieces. The Triumph of Painting in and around Novara *finds a worthy place for itself in this project for cultural development.*
*An articulated exhibition pathway that was born and developed in this city, for the city and for its surrounding territory.*
*"The end of the poet is to arouse wonder", wrote Giambattista Marino, one of the greatest exponents of Baroque poetry, approximately four-hundred years ago. And may this wonder accompany the journey of this exhibition towards a harmonious blend of feelings, colours, emotions that may touch the amazed souls of all those who visit it.*

Andrea Ballarè
*Mayor of Novara*

Paola Turchelli
*Town Councillor of Cultural Activities and Heritage*

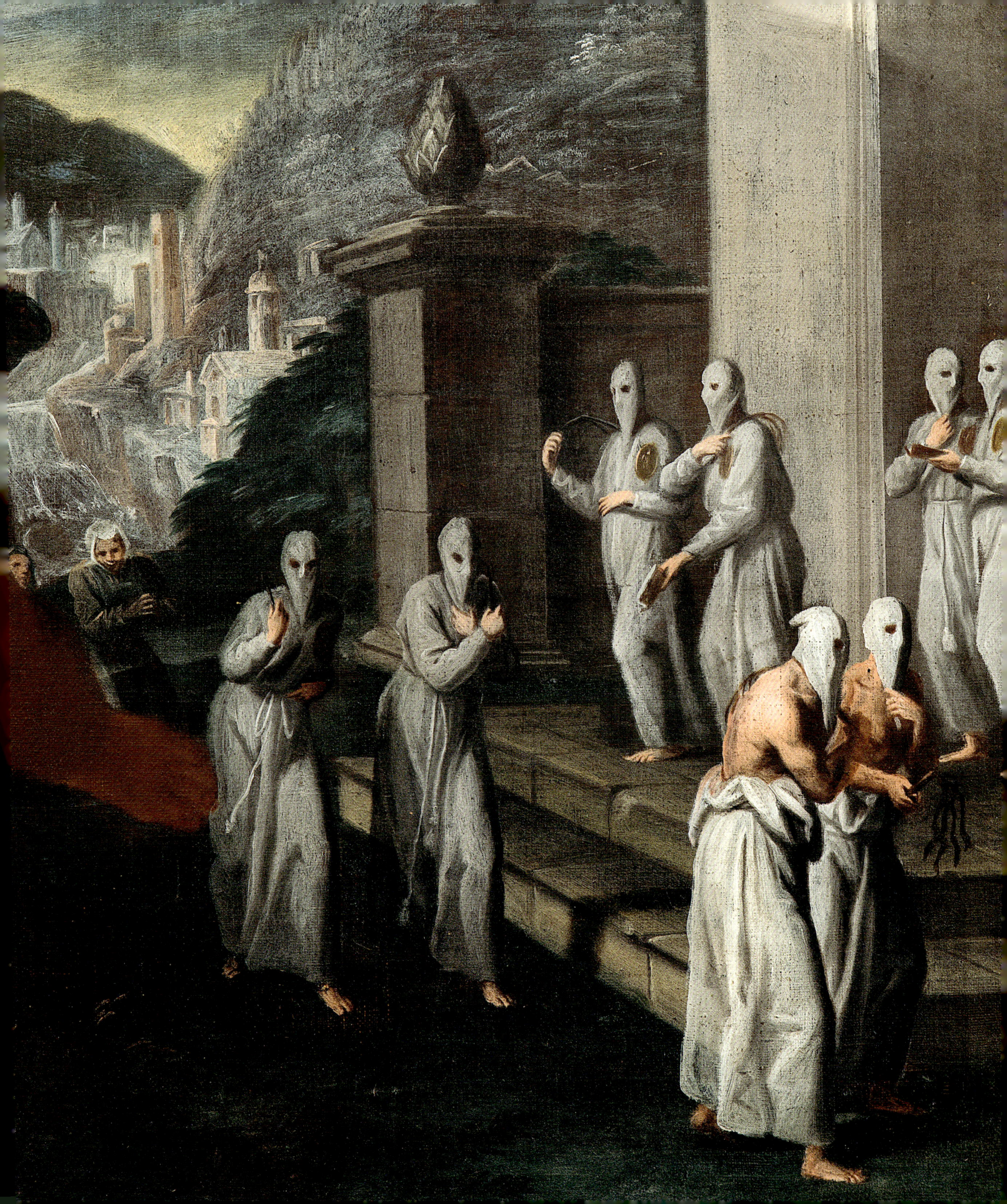

# Sommario / Contents

18 Capolavori del Barocco.
Dagli anni della peste all'alba del Settecento
nelle Terre Novaresi

19 Baroque Masterpieces.
From the Plague Years to the Dawn of the 18th Century
in and around Novara
*Annamaria Bava, Francesco Gonzales*

33 **Capolavori del Barocco nelle Terre Novaresi**
***Baroque Masterpieces in and around Novara***

139 **I Maestri del Barocco**
***Baroque Masters***

153 **Tessuti e paramenti**
***Fabrics and Vestments***

162 Bibliografia / Bibliography

# Capolavori del Barocco. Dagli anni della peste all'alba del Settecento nelle Terre Novaresi

ANNAMARIA BAVA, FRANCESCO GONZALES

Sono passati alcuni anni da quando si iniziò a pensare a una mostra dedicata al Seicento nella diocesi di Novara: un progetto che avrebbe unito gli sforzi dell'allora Soprintendenza per i Beni Artistici e Storici del Piemonte (ora Soprintendenza Belle Arti e Paesaggio per le Province di Alessandria, Asti, Cuneo, Novara, Verbano-Cusio-Ossola e Vercelli) e dell'Ufficio Beni Culturali della diocesi.

Oggi, dopo diverse vicissitudini, questo progetto trova finalmente realizzazione, naturalmente con modifiche in corso d'opera dovute a novità scientifiche, restauri e scoperte sul territorio che ci restituiscono una visione assai complessa di un periodo fecondo e vario.

Ha preceduto questo evento una serie di iniziative di "avvicinamento": nel 1994-1995 la mostra sui *Tessili nell'età di Carlo Bascapè*[1] rappresentò la conclusione di una vasta campagna di studi e di catalogazioni unica in Italia, condotta su tutto il territorio diocesano, che a sua volta stimolò ulteriori studi sistematici sul patrimonio dei tessili antichi della diocesi insieme alla riscoperta di documenti, opere e artisti gravitanti intorno al presule novarese. L'iniziativa era stata preceduta nel 1993 da convegni e da una mostra dedicata al grande vescovo Carlo Bascapè[2] nel quinto centenario del suo ingresso a Novara che, insieme agli studi sugli anni tra Cinque e Seicento, diedero spazio a novità circa il rapporto tra la committenza ecclesiastica e le arti figurative. Nel 2009 due importanti esposizioni: la mostra da *Gaudenzio a Pianca. Omaggio a Giovanni Testori*[3] allestita nella basilica di San Gaudenzio a Novara e la mostra di Arona *Pittori lombardi nel Verbano. Quadri di epoca barocca restaurati*[4]. Le due iniziative testimoniavano non solo la ricchezza del patrimonio diocesano, ma erano il segno tangibile dell'impegno della diocesi e delle parrocchie sul fronte del restauro e della tutela. Nel 2014 si realizzava la mostra *Capolavori caravaggeschi a Novara*[5] nell'Arengo del Broletto di Novara, colmando alcune lacune e aggiornando gli studi relativi a un periodo e a un tema, quello del caravaggismo, particolarmente significativo nell'ambito degli studi sul Novarese.

La mostra *Capolavori del Barocco* presenta un nutrito gruppo di opere, collocabili in un intervallo temporale che va dal 1630, anno dell'arrivo nel nostro territorio della peste, e il 1738, anno in cui è documentato il passaggio del Novarese ai Savoia. La quantità elevata di materiale ha imposto delle scelte e una selezione obbligata: si è dato spazio a dipinti di eccezionale qualità e si è completato il percorso di visita con rimandi ai luoghi del territorio diocesano densi di presenze di particolare importanza. Il percorso di visita, che parte dal salone dell'Arengo del Broletto, è completato da un capitolo dedicato ai tessili antichi, presso la Sala Casorati, dove sono esposti alcuni preziosi paramenti provenienti dal territorio; una sezione funzionale ad approfondire il dialogo e lo stretto rapporto esistente tra pittura e tessili nel XVII secolo.

La cesura imposta dal contagio della peste nel Ducato di Milano, e di conseguenza nel Novarese, fu netta e risolutiva per certi versi. In quell'occasione trovarono la morte alcuni dei fondatori della scuola pittorica lombarda vissuti a cavallo del XVI secolo: il Cerano, Daniele Crespi, il Bustino[6] per citarne alcuni. Appena prima erano scomparsi nel 1625 Giulio Cesare Procaccini, nel 1626 Morazzone e nel 1628 Camillo Procaccini, mentre Tanzio da Varallo[7] si spense nel 1633 non riuscendo a completare il cantiere della cappella Gibellini nella parrocchiale di Borgosesia. Insomma, sia per cause naturali sia per complicazioni dovute al flagello della peste, il crinale del 1630 segnò evidentemente la conclusione di un periodo ricco e vitale per la cultura figurativa lombarda[8] e la fine dei "pestanti" di testoriana memoria[9].

Il periodo di transizione è testimoniato nella città di Novara da alcuni spunti interessanti[10]. Melchiorre Gherardini[11], ereditando la bottega del suocero Cerano, porta a termine diverse importanti commissioni rimaste non fini-

# Baroque Masterpieces. From the Plague Years to the Dawn of the 18th Century in and around Novara

ANNAMARIA BAVA, FRANCESCO GONZALES

A number of years have passed since we began to think of an exhibition dedicated to the 17th century in the diocese of Novara: a project that would unite the efforts of the then Soprintendenza per i Beni Artistici e Storici of Piedmont (now Soprintendenza Belle Arti e Paesaggio per le Province di Alessandria, Asti, Cuneo, Novara, Verbano-Cusio-Ossola e Vercelli) and the diocese's own Ufficio Beni Culturali.
Today, after various vicissitudes, this project has finally come to fruition, naturally with some modifications being effected on the way due to new discoveries and restoration work in the area, giving us a very complex vision of a fruitful and varied period.
This event has been preceded by a number of initiatives to "draw" the theme in: in 1994–1995 the *Tessili nell'Età di Carlo Bascapè* exhibition[1] represented the conclusion of a vast campaign of study and cataloguing unique in Italy, conducted throughout the diocese, which in turn stimulated further systematic studies on the antique textile heritage of the diocese along with the rediscovery of documents, works, and artists gravitating around the bishop of Novara. The initiative was preceded in 1993 by conferences and an exhibition dedicated to the great Bishop Carlo Bascapè[2] in the fifth centenary of his entry in Novara and this, along with studies of the years between the 16th and 17th century, gave rise to new discoveries concerning the relationship between ecclesiastic patronage and the visual arts. In 2009, there were two major exhibitions: the exhibition on *Gaudenzio a Pianca. Omaggio a Giovanni Testori*[3] held in the Basilica of San Gaudenzio in Novara and the *Pittori Lombardi nel Verbano. Quadri di epoca barocca restaurati*[4] exhibition in Arona. The two initiatives bore witness not only to the wealth of the diocese's heritage, but were also a tangible sign of the commitment of the diocese and parishes with regard to restoration and protection. In 2014, the *Capolavori Caravaggeschi a Novara*[5] exhibition was held in the Arengo del Broletto in Novara, filling some gaps and updating studies relating to a period and a theme – the followers of Caravaggio – that are particularly significant in the context of studies on the Novara territory.
The *Baroque Masterpieces* exhibition offers a large group of works that can be dated to the years between 1630 – the year the plague arrived in the area – and 1738 – the year the Novara territory passed to the Savoys. The great amount of material has required that a selection be made: space has been made for paintings of exceptional quality and the tour route has been completed with references to places within the diocese that are of particular importance. The tour, which starts from the Salone dell'Arengo del Broletto, ends with a section dedicated to antique textiles in the Sala Casorati, which also houses some precious vestments from the territory; this section will help to deepen the dialogue and the close relationship between painting and textiles in the 17th century.
The caesura caused by the contagion of the plague in the Duchy of Milan and, consequently, in the Novarese district, was sharp and in some ways final. Some of the founders of the Lombard school of painting active at the turn of the 16th century died of the sickness: Cerano, Daniele Crespi, Bustino[6] to name but a few. Just before these, Giulio Cesare Procaccini died in 1625, Morazzone in 1626 and Camillo Procaccini in 1628, while Tanzio da Varallo[7] died in 1633, unable to complete the decoration of the Gibellini chapel in the parish church of Borgosesia. So whether for natural causes or complications resulting from the plague, the watershed of 1630 clearly marked the conclusion of a rich and vital period in Lombard figurative culture[8] and the end of the "plague-ridden" mentioned by Testori.[9]
The transition period was marked in the city of Novara by some interesting ideas.[10] On inheriting the workshop of his father-in-law, Cerano, Melchiorre Gherardini[11] completed several major commissions that had remained unfinished: altarpieces like the one for the Certosa di Pavia or

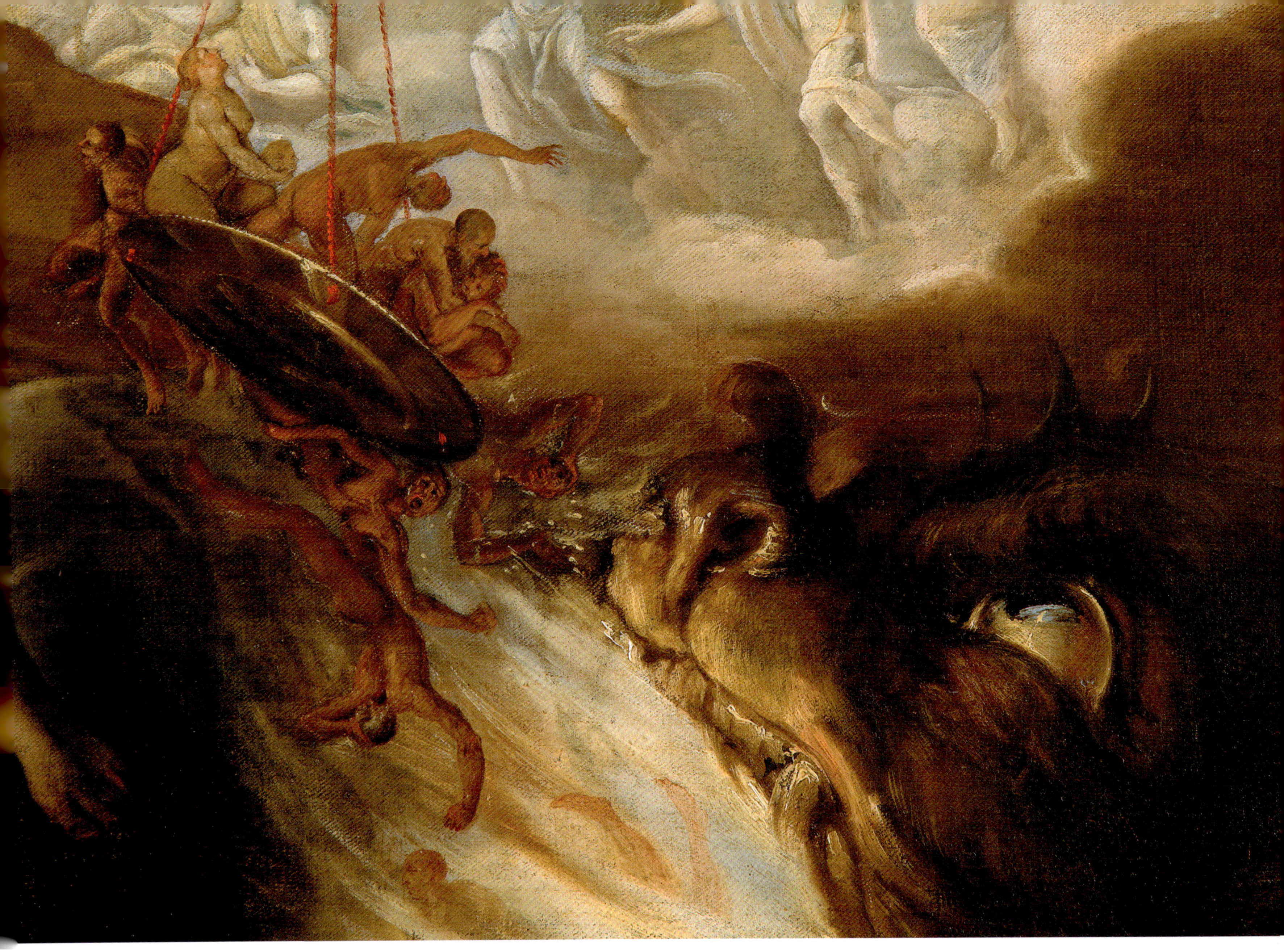

Melchiorre Gherardini detto / known as Ceranino, *San Michele arcangelo* (cat. 1), particolare / *St. Michael Archangel* (cat. 1), detail

te: pale d'altare come quella per la certosa di Pavia o come il *Martirio di sant'Agnese*[12] per l'omonimo convento novarese, oggi in Santa Maria delle Grazie; mentre intorno al 1637 sono datati i cantieri del Sacro Monte di Varallo con la cappella XXXVII e a seguire la cappella XXXIX. La produzione di Gherardini, sempre in bilico tra l'emulazione del maestro e la piena indipendenza, è testimoniata in mostra dalla bella tela con il *San Michele arcangelo*, già nella cappella Leonardi a Casalino, quasi un 'manifesto' degli anni inquieti del flagello manzoniano dove le urla delle anime che cadono rovinosamente nella bocca del Leviatano risuonano come un monito di inquietante efficacia. Altra figura ancora non perfettamente a fuoco e a cui in questa sede sono ricondotte alcune opere novaresi è Giovanni Maria Arduino[13], che unisce, alle giovanili dipendenze morazzoniane, una nuova eleganza di tratto e di impasti con rimandi in particolare alla pittura genovese. Sono da ricondurre, per evidenti riscontri stilistici, agli ultimi anni di Benedetto Crespi Castoldi detto il Bustino i quadroni con episodi della vita di Mosè e i quattro dipinti con i dottori della Chiesa conservati nel palazzo dei Vescovi di Novara. Lo stretto rapporto con le composizioni del Bustino per il Sacro Monte di Orta e il disegno morazzoniano fanno di questa serie l'estremo lembo dello stile del

like the *Martyrdom of St. Agnes*[12] for the eponymous convent in Novara, today in Santa Maria delle Grazie; while around 1637, work continued at Sacro Monte di Varallo in the chapel 37, followed by chapel 39. The production of Gherardini, always midway between emulating his master and full independence, is testified by the beautiful painting on show depicting the *St. Michael Archangel*, formerly in the Leonardi chapel at Casalino, which almost constitutes a "manifesto" of the troubled years of the Manzoni scourge, with the screams of souls falling into ruin in the mouth of Leviathan resonating as a warning of disturbing effectiveness. Another figure about whom little is known and to whom some works in Novara are attributed here is Giovanni Maria Arduino[13] who combined a youthful dependence on Morazzone with a new elegance in line and impasto revealing references in particular to Genoese painting. Thanks to evident stylistic references, the large pictures showing episodes from the life of Moses and the four paintings with the *Doctors of the Church* in the Palazzo dei Vescovi in Novara are to be attributed to the last years of Benedetto Crespi Castoldi, called Bustino. The close relationship with Bustino's compositions for the Sacro Monte di Orta and Morazzone's design make this series the last examples of the style of Mazzucchelli in Novara. The works in the Palazzo dei Vescovi also testify to a link with the bishop of Como, Giovanni Pietro Volpi, for whom Bustino painted several works. Locally, Bartolomeo Vandoni[14] from Oleggio registered considerable success: he too, taking his cue from Morazzone, developed a personal style by reinterpreting the models with a more intimate mood and sometimes concise manner. The legacy that this small group of painters inherited from the remains of the past century, the mists and metallic flashes of north Italian Mannerism, was modified thanks to figures who passed through the area, like Giovanni Battista Discepoli, called lo Zoppo di Lugano,[15] whose early works founded in late Mannerist style soon evolved into a fully baroque manner marked with references to Flemish and Genoese painting, developing a personal style evidenced by the altarpiece of San Grato at Lortallo di Ameno.

The fact remains, however, that Morazzone was the main point of reference for these workshops: little remained of Cerano or of his legacy, despite his work at the Accademia Ambrosiana. The weak imitators of his style, the direct heirs and those who were influenced by him were unable to interpret the bizarre and hallucinatory nature of his painting, and soon turned instead to dissolving the sharp brushstrokes, packed with pigment of the late Crespi. What developed was a lively period, that drew new energy in particular from the work of Giulio Cesare Procaccini. The models offered by Correggio combined with a sweetness of trait, a soft palette and modelled, softly-formed shapes, imprinted a fundamental shift in the young Carlo Francesco Nuvolone,[16] with results that combine the exuberance of Pietro da Cortona with a sweet and mellow melancholy. Coming from an established family of artists, Carlo Francesco has left our territory a large group of works: he worked over a wide area stretching from the plains to the northern borders of the diocese: witness the newly attributed painting from his youth at Strona[17] and other works in the exhibition. The painting showing the *Virgin Mary and Cardinal Federico Borromeo*, conserved in Arona and dating from the 1630s established the presence of Carlo Borromeo in terms of Borromeo patronage and preceded the important commission for the *Adoration of the Shepherds* for the Cathedral of Novara.[18] In the Arona painting, the manner of Nuvolone, in whom the puffy, windblown drapery and firm and rosy flesh reflect an evident link with Emilian painting and Flemish artists working in Genoa, has already been closely examined; in the *Adoration of the Shepherds* of Novara, we see a real fusion between the last vestiges of Morazzone and the sweetness of the young Pietro da Cortona in the *Adoration of the Shepherds* for the Sodalizio dei Piceni in Rome.

By mid-century, the affirmation of Stefano Danedi[19] called Montalto and his workshop is reflected in Novara and surroundings: in the altarpiece for Castagnola di Valduggia the *horror vacui* of the monumental figures of saints jostling in search of space, is offset by the softness of the brushwork and by devotional touches recalling Moncalvo[20] but with unexpected elements in the upper part of the painting, where the wings of the cherubs dissolve into a thousand transparencies and blend with the clouds in a celestial light, recalling the *St. Francis receiving the stigmata* by Discepoli in San Vittore al Corpo in Milan, and of the tormented paintwork and almost impressionistic manner of the *Transit of St. Joseph* by Ercole Procaccini the Younger.[21]

The commissions from the Odescalchi[22] bishops (Giulio Maria Odescalchi and Benedetto Odescalchi) proved crucial for the renewal of the Novarese decorative features in

Mazzucchelli in Novara. Le opere del palazzo dei Vescovi testimonierebbero peraltro il legame con il vescovo comasco Giovanni Pietro Volpi, per il quale il Bustino realizzò diverse opere. In ambito locale registra notevole successo l'oleggese Bartolomeo Vandoni[14]: anche lui, prendendo le mosse dal Morazzone, trova una sua via personale reinterpretando i modelli con una vena più intimista e a volte didascalica. L'eredità che questo sparuto gruppo di pittori porta con sé, tra gli stracci del secolo passato, le brume e i bagliori metallici del manierismo padano, vira grazie a figure di passaggio come Giovanni Battista Discepoli detto lo Zoppo da Lugano[15], che dalle prime opere ancorate agli esiti tardo-manieristi riesce a evolvere in senso pienamente barocco tra rimandi alla pittura fiamminga e a quella genovese, elaborando uno stile del tutto personale come dimostra la pala di San Grato a Lortallo di Ameno.

Resta comunque il Morazzone il modello di riferimento principe per queste botteghe: del Cerano o meglio del suo *testamento* restano poche ceneri, nonostante il suo operato presso l'Accademia Ambrosiana. Gli sparuti emuli del suo stile, gli eredi diretti e quelli che ne seguono le mosse, non riescono a rileggere la cifra bizzarra e allucinata della sua pittura, e vanno esaurendosi con lo sciogliersi delle pennellate taglienti e sfatte di materia dell'ultimo Crespi. Si apre invece un vivissimo periodo che trova in particolare nell'opera di Giulio Cesare Procaccini nuova linfa. I modelli correggeschi, uniti alla dolcezza dei tratti, a una tavolozza morbida e a figure modellate e sfumate, imprimono una svolta fondamentale nel giovane Carlo Francesco Nuvolone[16] con risultati che uniscono all'esuberanza di Pietro da Cortona una dolcezza malinconica e suadente. Carlo Francesco, proveniente da una affermata famiglia di artisti, lascia sul nostro territorio un nutrito gruppo di opere: la sua presenza registra un raggio di azione che spazia dalle pianure sino ai confini nord della diocesi: ne sono testimonianza la recuperata tela giovanile di Strona[17] e altre opere presenti in mostra. La tela con *L'Immacolata e il cardinale Federico Borromeo*, conservata ad Arona, del quarto decennio del XVII secolo, decreta l'affermazione di Carlo Francesco nei confronti della committenza Borromeo e precede l'importante esecuzione dell'*Adorazione dei pastori* per la cattedrale di Novara[18]. Nella tela di Arona è già sviscerata a pieno la poetica del Nuvolone, dove i panneggi gonfi e mossi dal vento e le carni sode e rosee riflettono le evidenti suggestioni nei confronti della pittura emiliana e dei fiamminghi di stanza a Genova; nell'*Adorazione dei pastori* di Novara si assiste a una vera fusione tra gli estremi lembi del Morazzone e la dolcezza del giovane Pietro da Cortona nell'*Adorazione dei pastori* per il Sodalizio dei Piceni a Roma.

Alla metà del secolo è testimoniata a Novara e nel territorio l'affermazione di Stefano Danedi detto il Montalto[19] e dalla sua bottega: nella pala di Castagnola di Valduggia l'*horror vacui* delle figure monumentali di santi che si affastellano in cerca di spazio è stemperata dalla morbidezza della pennellata e da echi di devozione alla Moncalvo[20] con guizzi inattesi nella parte alta del dipinto, dove le ali dei putti si sgranano in mille trasparenze e si fondono con le nubi nel chiarore celeste, memori del *San Francesco riceve le stimmate* del Discepoli in San Vittore al Corpo a Milano, così come della pittura dalla materia tormentata e quasi impressionistica del *Transito di san Giuseppe* di Ercole Procaccini il Giovane[21]. È determinante la funzione della committenza dei vescovi Odescalchi[22] (Giulio Maria Odescalchi e Benedetto Odescalchi) nel rinnovamento degli apparati decorativi novaresi del duomo e di altri cantieri che vedono agire Stefano Montalto e il fratello Giuseppe. Anche se non rimane testimonianza della decorazione ad affresco della cupola del duomo, restano in città le decorazioni di palazzo Cabrino e la volta di San Pietro al Rosario[23] e, sul territorio, altre opere di cui lo studio è in fase di approfondimento[24], a testimoniare l'incidenza della bottega dei Montalto nel Novarese.

Nella diocesi gaudenziana la svolta in senso classicista coincide con l'apertura a Milano della Seconda Accademia Ambrosiana[25] a opera di Dionigi Bussola[26] e Antonio Busca nel 1668[27]. Il continuo scambio di maestranze tra la capitale del Ducato e il Novarese prosegue e si consolida nella seconda metà del secolo. In particolare questo prolifico filone si concentra nell'area del Cusio intorno al cantiere del Sacro Monte di Orta e nelle numerose località che si affacciano sulla Riviera d'Orta. Alla presenza di Antonio Busca negli anni settanta al Sacro Monte è da collegare la ritrovata pala di Romagnano Sesia con la *Vergine dei Sette Dolori*. Il gusto prettamente accademico del disegno del Busca, in cui appaiono la monumentalità delle figure e i volumi torniti e sodi, ispirati alla statuaria tardoantica appresa durante il soggiorno romano del 1650[28], saranno di esempio anche per il romagnanese Tarquinio Grassi[29] che, nelle sue prime realizzazioni,

the Duomo and other sites that saw Stefano Montalto and his brother Giuseppe working in Novara. Although there is no record of the fresco decoration for the dome of the Duomo, the city still preserves the decorations in Palazzo Cabrino and for the vault of San Pietro al Rosario[23] and, in the surroundings, other works now being studied,[24] which all bear witness to the influence of the Montalto workshop in Novara.

In the Gaudenzian diocese, the breakthrough in classical terms coincided with the opening of the Seconda Accademia Ambrosiana[25] in Milan thanks to Dionigi Bussola[26] and Antonio Busca in 1668.[27] The exchange of artists between the capital of the duchy and the Novarese territory continued and was consolidated in the second half of the century. In particular, this prolific traffic focused on the area of Cusio around the site of the Sacro Monte di Orta and in many locations overlooking the Riviera d'Orta. The rediscovered altarpiece of Romagnano Sesia showing *Our Lady of the Seven Sorrows* may be attributed to the presence of Antonio Busca at Sacro Monte in the 1670s. The purely academic taste in Busca's drawing, in which appear the monumentality of the figures and firm, refined volumes inspired by the late-antique statuary learned during his stay in Rome in 1650,[28] would set an example for the Romagna-born Tarquinio Grassi[29] who, in his early works, frequently quoted the manner of his master. A figure about whom too little has been said is the Perugia-born Luigi Pellegrino Scaramuccia:[30] a complex and eclectic personality, ever-changing, inventive, who does not fit into the normal academic canon. Too often isolated in his use of a flowing line in the Cortona manner, he could also produce examples of lyrical classicism without having to reject an easy narrative vein, as found in the newly discovered altarpiece of Santa Marta di Vagna in Domodossola; he could also show himself disturbing and extravagant as evidenced by his late and Titianesque *Crowning with Thorns* and *Flagellation* in the Sanctuary of Santissima Pietà at Cannobio. Worthy too of attention is the figure of Giorgio Bonola,[31] a pupil of Scaramuccia and then of Maratta in Rome, the animator of the Accademia di San Luca di Corconio[32] founded with his father Rocco in 1695 and affiliated to the Roman Academy of the same name. Thanks to his father's trade and the network of contacts with Milan, a number of important projects concentrated between Corconio, Vacciago, Miasino and Ameno that saw the collaboration of Bonola, Giuseppe Nuvolone and Giuseppe Zanatta. Evidence of these close relations appears in the canvases in the presbytery of the parish church of San Rocco in Miasino[33] painted jointly by Giuseppe Nuvolone and Giorgio Bonola. Giuseppe Zanatta,[34] a former pupil of Nuvolone, reveals a restless personality and distinctive manner recognisable by the rucked and bunched draperies and dynamic, moving compositions revealed in the series of episodes from the life of Saint Anthony Abbot for Vacciago di Ameno.

The sense of narrative, the great historical and hagiographic novel, saw Federico Bianchi[35] and Filippo Abbiati[36] come to the fore in the painting sector towards the end of the 17th century. While Federico Bianchi, a diligent and slow stager of stories that are always in perfect balance, appears the last heir of a rigid academic setting, the volcanic and resplendent Filippo Abbiati worked mercilessly on his paintings on brown backgrounds in which the dark nights of Lombardy give way to the life stories of saints and the beatified that stand out in terms of size and theatrical gestures, presented in the rooms of palaces and in the aisles of churches. In the masterpiece of the *Visitation* of Arona, and in the cycle of canvases of *St. Lawrence at the Well*, formerly on view in the nave of the Cathedral of Novara, prelates alternate with mere onlookers like ectoplasm; flashes of lights made of dense matter draw scenes commented by cartouches within frames of swirls in a constant crescendo in which the action becomes pure theatre.

The watershed of the 17th century was characterised by the presence of the last traces of *marattismo* combined with the experiments in light and lessons of Venetian painting. Stefano Maria Legnani called Legnanino[37] swept away the lesson of Carlo Cignani in fluid brushstrokes and bold compositions: an expert decorator and narrator, he achieved results of an intimate lyricism in two paintings in the Musei Civici of Novara with the *Stories of St. Joseph* from the chapel of San Giuseppe in the duomo of Novara of 1708, as also in the Chapel of Madonna di Loreto in San Gaudenzio in 1694 and in the lantern of Scurolo with freshly-laid views and beating of wings. The fluid brushstrokes and palette of soft colours make the two paintings in the Musei Civici the masterpieces of his career and the "manifesto" of Lombard *Barocchetto*.

Giuseppe Tosi from Oleggio, called Cuzzio[38] succeeded in developing a personal and lively style: figures with sharp profiles and metallic drapery, like in the *Virgin Mary* in the

avrà modo di citare la maniera del maestro. Rimane ancora troppo in ombra invece la figura del perugino Luigi Pellegrino Scaramuccia[30]: una personalità complessa ed eclettica, mutevole, cangiante, che sfugge ai normali canoni accademici. Isolato troppo spesso nel suo facile *ductus* cortonesco, ha di contro esiti di classicismo lirico senza per questo rinunciare a una vena narrativa corsiva, come nella ritrovata pala di Santa Marta di Vagna di Domodossola; si rivela invece inquieto e stravagante come nell'estrema pittura tizianesca della *Coronazione di spine* e della *Flagellazione* del santuario della Santissima Pietà di Cannobio. Merita attenzione la figura di Giorgio Bonola[31], allievo di Scaramuccia e poi di Maratta a Roma, animatore dell'Accademia di San Luca di Corconio[32] fondata insieme al padre Rocco nel 1695 e affiliata all'omonima accademia romana. Grazie ai commerci paterni e alla rete di rapporti con Milano, si concentrò tra Corconio, Vacciago, Miasino e Ameno una serie di importanti cantieri che videro la collaborazione tra Bonola, Giuseppe Nuvolone e Giuseppe Zanatta. Testimonianza di questi stretti rapporti sono i teleri del presbiterio della parrocchiale di San Rocco a Miasino[33] realizzati a quattro mani da Giuseppe Nuvolone e Giorgio Bonola. Giuseppe Zanatta[34], già allievo di Nuvolone, rivela una personalità inquieta e dal tratto distintivo riconoscibile dai panneggi arrovellati e cincischianti e da composizioni dinamiche e mosse come nella serie degli episodi della vita di sant'Antonio Abate per Vacciago di Ameno.

Il senso narrativo, il grande romanzo storico e agiografico vedono le personalità di Federico Bianchi[35] e Filippo Abbiati[36] spiccare nel panorama pittorico dello scorcio del XVII secolo. Se Federico Bianchi, diligente e piano sceneggiatore di storie sempre in perfetto equilibrio, appare l'ultimo erede della rigida impostazione accademica, Filippo Abbiati, vulcanico e rutilante, percorre le tele senza tregua su fondi bruni in cui si perdono le notti di Lombardia e prendono vita storie di santi e beati che giganteggiano, per dimensioni e per gestualità teatrale, nelle sale dei palazzi e nelle navate delle chiese. Nel capolavoro della *Visitazione* di Arona, nel ciclo dei teleri di *San Lorenzo al Pozzo*, un tempo esposti nella navata della cattedrale di Novara, come ectoplasmi si alternano prelati a semplici comparse; lampi di luce fatta di materia densa disegnano scene commentate da cartigli entro cornici di volute in un crescendo incessante in cui l'azione diventa puro teatro.

Il crinale del XVII secolo si caratterizza per la compresenza degli ultimi lembi del marattismo unito alle sperimentazioni e agli esiti luministici della pittura veneta. Stefano Maria Legnani detto il Legnanino[37] scioglie la lezione di Carlo Cignani in pennellate fluide e in composizioni ardite: decoratore e narratore esperto, come nella cappella della Madonna di Loreto in San Gaudenzio del 1694 e nella lanterna dello Scurolo con scorci e battiti d'ali di fresca stesura, raggiunge esiti di lirismo intimo nelle due tele dei Musei Civici di Novara con le *Storie di san Giuseppe* provenienti dalla cappella di San Giuseppe del duomo di Novara del 1708. La pennellata fusa e la tavolozza dai colori tenui fanno delle due tele dei Musei Civici il capolavoro del maestro e il "manifesto" del Barocchetto lombardo.
L'oleggese Giuseppe Tosi detto il Cuzzio[38] riesce a elaborare uno stile personale e vivo: figure dai profili taglienti e panneggi metallici, come nell'*Immacolata* della chiesa del Torrion Quartara a Novara, sino a sviluppare nella pala di Fara Novarese del 1729 una sensibilità luministica in cui la materia si sfalda come colpita dal riverbero da luci tremolanti, avvicinandosi alle soluzioni in linea con la pittura lombarda del primo Settecento di Pietro Antonio Magatti. Tutt'altra fibra, ombrosa e sfuggente, è quella di Antonio Lucini[39], attivo a cavallo del Settecento, fautore di una pittura severa dai toni neorinascimentali in alcuni frangenti. Nella pala della *Madonna della Cintura* per i padri agostiniani di Gravellona Lomellina, ora nel palazzo dei Vescovi di Novara, emerge il gusto di grande ritrattista nel particolare di san Lino papa in ginocchio e nei volti dei santi, mentre riprende, nell'impostazione, lo schema rigido e simmetrico della pala rinascimentale, quasi in una ostinata e isolata volontà di *retour à l'ordre* ante litteram. Di lì a poco il varesino Pietro Antonio Magatti[40] saprà rileggere i temi sacri della tradizione narrativa lombarda del XVII secolo, sciogliendo il dramma entro la luce abbagliante del venetismo del Tiepolo e di Piazzetta come nel *San Luigi*, ora conservato nel palazzo dei Vescovi, già nell'antica prepositurale di San Nicolò in Novara o come nella commovente tavola della *Crocifissione* di collezione privata novarese in cui il blu-verde del cielo, segnato da un lampo saettante, abbaglia come un fuoco d'artificio l'orizzonte del paesaggio con la città turrita. Fuoco d'artificio o d'artiglieria, la stessa artiglieria sabauda che di lì a poco illuminerà i cieli del Novarese consegnando la città e il contado nella mani di Carlo Emanuele III di Savoia.

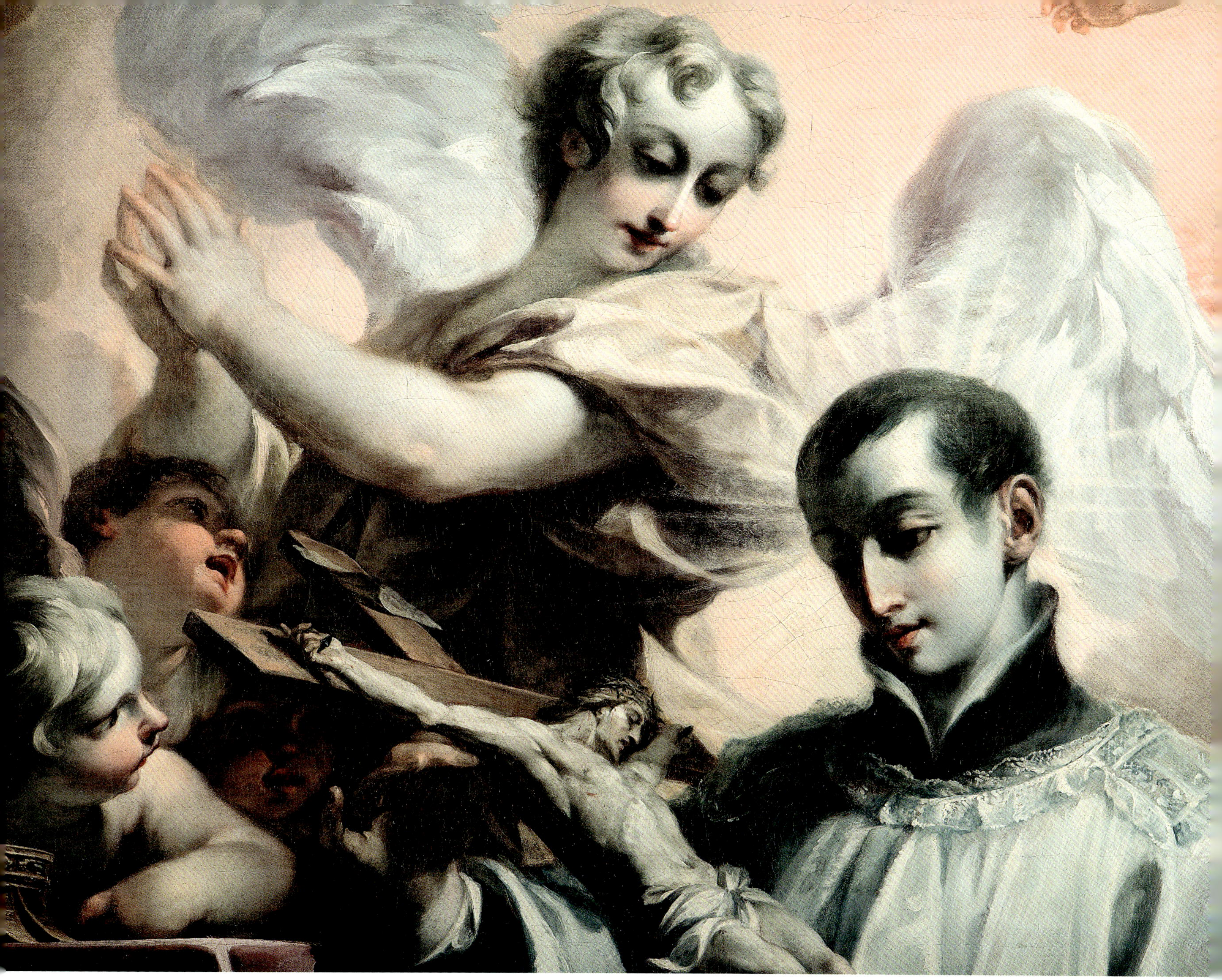

Pietro Antonio Magatti, *San Luigi Gonzaga adorante il Crocifisso* (cat. 49), particolare / *St. Luigi Gonzaga Adoring the Crucifix* (cat. 49), detail

church of Torrion Quartara in Novara. And in the altarpiece of Fara Novarese painted in 1729, he revealed a sensitivity in the use of light in which matter crumbles apart as though illuminated by flickering lights, and in this he was close to the solutions adopted in Lombard painting of the early 18th century by Pietro Antonio Magatti.

Of a totally different, shadowy and elusive nature is Antonio Lucini,[39] active at the turn of the 18th century, a proponent of a severe form of painting with occasionally Neo-Renaissance tones. In *Madonna of the Belt* altarpiece for the Augustinian fathers of Gravellona Lomellina now in the Palazzo dei Vescovi of Novara, the taste of a great portraitist emerges in the detail of Saint Pius V kneeling and in the faces of the saints, while in composition he adopts the rigid and symmetrical pattern of a Renaissance altarpiece, almost in an isolated and stubborn *ante litteram* desire for a *retour à l'ordre*. Soon after, Pietro Antonio Magatti[40] from Varese would revise the sacred themes of the Lombard

Parallelamente agli artisti attivi nel Novarese, ci pare utile proporre una sezione dedicata alle figure che furono fonte d'ispirazione per almeno due generazioni lungo tutto il XVII secolo in terra gaudenziana.

In questo estremo lembo del Ducato di Milano la formazione degli artisti che all'inizio del secolo si accingevano a intraprendere il mestiere di pittore, tolta l'Accademia Ambrosiana, avveniva per lo più attraverso la bottega: un luogo dove il giovane apprendista aveva modo non solo di sperimentare e far propria la tecnica, indispensabile al fine del suo futuro mantenimento, ma anche di modellarsi letteralmente sulla scia dell'opera del maestro. Questo tipo di iter formativo, soprattutto in zone isolate nel caso in cui la famiglia non avesse avuto mezzi sufficienti per un alunnato presso una grande bottega o presso l'Accademia, lo ritroviamo per tutto il XVII secolo. Una seconda fonte didattica erano certamente le quadrerie delle chiese e la collezioni private. In particolare quelle private, a volte, potevano ospitare opere di importanti artisti o copie tratte da originali. La copia *tout court* non era certo un fenomeno alieno nel XVII secolo: le stesse Collezioni Civiche di Novara[41], in cui sono confluite numerose opere di collezioni private cittadine, contengono dei *d'après* seicenteschi da Guido Reni, Artemisia Gentileschi, Pietro da Cortona per citarne alcuni, e permettevano comunque al giovane di trarre ispirazione da modelli celebri. Sempre in bottega era possibile copiare i disegni o i cartoni che costituivano l'eredità stessa della bottega o accedere all'apparato di incisioni e stampe che non potevano mancare in un atelier di livello. Una terza strada era quella del viaggio di formazione. In particolare il viaggio a Roma era per i giovani pittori una tappa fondamentale e spesso risolutiva[42]. Oltre alla Città Eterna il bacino del Novarese poteva contare su altre mete altrettanto ricche e ambite: *in primis* Milano, la capitale del Ducato, che nelle chiese e nelle collezioni poteva vantare un ricchissimo apparato figurativo con opere della scuola locale ma anche con provenienze da Venezia, Bologna e Genova. Più complicato forse il rapporto con il nord Europa: essenzialmente solo nelle zone alpine dell'Ossola e della Valsesia si osservano evidenti scambi con maestranze d'oltralpe con ricadute nel territorio novarese di confine. Se il viaggio a Roma rimaneva comunque il fine principe, era altresì arricchente la visita di Genova e Bologna, città relativamente vicine, che non richiedevano grandi impegni economici. In particolare Genova, raggiungibile in soli due giorni di viaggio (direttamente da Novara passando da Casale Monferrato oppure via Milano, Pavia, Voghera, Tortona, Serravalle), vitale e ricca capitale della Repubblica sino almeno alla metà del Seicento, poteva risultare per molti un luogo d'attrazione. Al suo pari Bologna, raggiungibile in tre giorni di viaggio, passando da Pavia, Piacenza, Parma e Modena, era meta ambita. In base a queste due direttrici è facile quindi ipotizzare quali fossero i modelli principali e le scuole pittoriche che ebbero una qualche influenza – diretta o indiretta – sugli artisti operanti nel nostro territorio. La scuola bolognese-emiliana del primo Seicento è ben delineata grazie all'opera di Pier Francesco Gianoli da Campertogno[43]: il suo imprinting valsesiano, Tanzio in particolare, lo porta per affinità elettiva a volgersi verso esempi di caravaggismo edulcorato come le opere del tardo Guercino e della sua scuola. Gianoli nella tela per la parrocchiale di Boca riprende la *Santa Maria Maddalena de' Pazzi* di Bartolomeo Gennari oggi nella Pinacoteca di Cento; nell'*Annunciazione* di Boccioleto la figura di Dio Padre sembra avere come modello quella di Reni per la chiesa romana della Trinità, ma non ne possiede la tipica leggerezza e levità di tratto, lo vede attraverso gli occhi di Guercino, intriso di bruni e dal panneggio segnato. Così come in altre composizioni sembra evidente la lezione di Giovanni Lanfranco e del suo chiaroscuro fatto di sagome spezzate e dalla forte incidenza luminosa, come nella serie degli *Apostoli* di Gianoli in collezione Borromeo all'Isola Bella o come nella *Crocifissione* della Pinacoteca di Varallo già in Santa Maria della Grazie a Varallo, che ha come suo contraltare la tela di Lanfranco nella Galleria Nazionale d'Arte Antica di Palazzo Barberini, mentre vera scuola per il pittore di Campertogno sembra essere stato il ciclo del maestro emiliano nella cappella di Sant'Agostino e la pala dell'*Incoronazione della Vergine* nella cappella di San Guglielmo nella chiesa romana di Sant'Agostino.

Ad altro versante si volge Carlo Francesco Nuvolone, che muove i primi passi nell'ambiente milanese del Cerano e di Giulio Cesare Procaccini, per poi virare in senso pienamente barocco, intorno agli anni quaranta, con la pala per la cattedrale di Novara e con la *Purificazione della Vergine* del Museo Civico di Piacenza del 1645. In questi anni Carlo Francesco subisce il fascino della rinnovata esuberanza formale dei bolognesi, certo di Reni e di Guercino, come pure di Pietro da Cortona e della scuola genovese.

narrative tradition of the 17th century, dissolving drama within the dazzling light of the Venetian manner of Tiepolo and Piazzetta in *St. Louis*, now preserved in the Palazzo dei Vescovi, and formerly in the old provost's church of San Nicolò in Novara, and in the moving panel of the *Crucifixion* in a private collection in Novara in which the blue-green of the sky, marked by a darting bolt of lightning, lights up the horizon of landscape with the towered city like a firework. A firework or artillery, the Savoyard artillery that would soon light up the skies of Novara consigning the city and the countryside around into the hands of Charles Emmanuel III of Savoy.

In parallel, alongside the artists active in the Novarese area, we have felt it useful to include a section dedicated to those who were a source of inspiration for at least two generations in the 17th century in Gaudenzi land.

In this remote corner of the Duchy of Milan, apart from the Accademia Ambrosiana, the training of artists who were about to embark on a career of painting at the beginning of the century took place mostly in other artists' studios: a place where the young apprentice had the means to experience and adopt not only the techniques essential for his future employment, but also literally to shape himself in the manner of his master. This type of training, especially in remote areas where the family had not sufficient means for an apprenticeship with a large studio or at the Academy, can be found throughout the 17th century. A second source of teaching certainly came from paintings in churches and private collections. Private ones especially, at times, could include works by important artists or copies taken from the original. Copying *tout court* was not an unusual phenomenon in the 17th century: the Civic collections of Novara[41] themselves, which contain many works from private collections, have 17th-century pictures *d'après* Guido Reni, Artemisia Gentileschi and Pietro da Cortona, to name just a few, and they enabled young painters to be inspired by famous models. Back in the *bottega*, he was able to copy the drawings or sketches constituting the basis of the studio's assets or examine the collection of engravings and prints that every workshop of a certain level possessed. A third way was to go on a training trip. In particular, the journey to Rome was a milestone for young painters and often decisive.[42] In addition to the Eternal City, Novarese artists could count on other equally rich and desirable destinations: *in primis* Milan, the capital of the Duchy, which could boast a rich array of figurative works in churches and collections by artists of the local school but also by those from Venice, Bologna and Genoa. Perhaps the relationship with northern Europe was more complicated: essentially, it is only in the alpine areas of Ossola and Valsesia that we can observe obvious exchanges with artists beyond the Alps having repercussions in the border area of the Novara territory. While a trip to Rome remained the main destination, a visit to Genoa or Bologna, both relatively close, cooed be equally enriching and did not require large amounts of money. Genoa in particular, just a two-day trip (directly from Novara via Casale Monferrato or via Milan, Pavia, Voghera, Tortona and Serravalle), was a vital and rich capital of the Republic until at least the mid-17th century, and could be for many a place of attraction. Bologna too, reached in three days of travel, via Pavia, Piacenza, Parma and Modena, was a popular destination. Based on these two directions, it is easy to hypothesise what were the main models and schools that might have had some direct or indirect influence on the artists working in our territory.

The Bolognese-Emilian school of the early 17th century is well defined thanks to the work of Pier Francesco Gianoli from Campertogno:[43] His Valsesian imprinting, and that of Tanzio in particular, led him through elective affinity to turn to examples of sweetened Caravaggesque art like the works of the late Guercino and his school. In his picture for the parish church of Boca, Gianoli borrowed from Bartolomeo Gennari's *Santa Maria Maddalena de 'Pazzi* now in the Pinacoteca di Cento; in the *Annunciation* by Boccioleto, the figure of God the Father seems to have the version by Reni for the Roman church of the Trinità as its model, but it does not have his typical lightness of touch and soft line, seeing it through the eyes of Guercino, full of browns and underscored drapery. Just as in other compositions, the influence of Giovanni Lanfranco and his chiaroscuro made of broken-up silhouettes and the great importance of light is clear, as also in the series of the *Apostles* by Gianoli in the Borromeo collection on Isola Bella or like in the *Crucifixion* at the Pinacoteca di Varallo and formerly in Santa Maria della Grazie in Varallo, which has as its counterpart the canvas by Lanfranco in the Galleria Nazionale d'Arte Antica in Palazzo Barberini. A real school for the painter from Campertogno seems to have been the cycle by the Emilian master in the chapel

Nell'*Adorazione dei pastori* di Novara i modelli cortoneschi si fondono con quelli del genovese Orazio De Ferrari[44]: la tavolozza ancora cupa si accende nei riflessi rosei delle carni del Bambino, negli squillanti vermigli della Vergine e nei violacei degli angeli con il filatterio di ceranesca memoria. *L'Immacolata con il cardinale Federico Borromeo* di Arona sembra quasi modellata su una scultura lignea policroma: il panneggio saettante e inamidato che avvolge come una valva di conchiglia la Vergine risolve in esuberante vigore i modelli di Procaccini e di Daniele Crespi, suggestioni non dissimili da quelle che, negli stessi anni, stava elaborando Giovanni Stefano Danedi detto il Montalto.
Il mondo fiammingo che ha in Rubens il rappresentante del rinnovamento formale degli inizi del XVII secolo trova numerosi riferimenti indiretti nella produzione di Carlo Francesco Nuvolone come del fratello Giuseppe: nel ciclo di Sant'Agostino il riferimento con le stampe di Alexander Voet il Giovane tratte da Rubens è evidente così come la *Vita illustrata di Sant'Agostino* pubblicata nel 1624 da Adams Schelte a Bolswert resta la fonte iconografica principale[45]. A Oleggio la tela con *San Francesco Saverio e santa Caterina* di Giuseppe Nuvolone dialoga in modo diretto con la stampa tratta da Rubens del 1622 di Adams Schelte a Bolswert raffigurante *Sant'Ignazio di Loyola e san Francesco Saverio*.
Con il consolidarsi delle accademie, e con l'affermarsi in modo dirompente della scuola romana, i riferimenti stilistici e iconografici trasformano in complicati rebus i rimandi figurativi. Si assiste così a una omologazione diffusa in particolare su modelli maratteschi, complice nel novarese la creazione dell'Accademia di San Luca di Corconio.
Il secolo si chiude con personalità non incasellabili entro gli schemi di scuole locali e regionali che caratterizzavano i pittori di inizio Seicento. Luigi Scaramuccia, anomalo artista-letterato la cui carriera e ricca produzione non è stata ancora completamente approfondita, poneva le basi per un tipo di formazione che non si stenta a definire eclettica, in cui la "sete" di conoscenza e la consapevolezza crescente del mestiere di pittore preludevano ad alunni d'eccezione come Andrea Lanzani. Il respiro e l'orizzonte sembrano aprirsi in pochi anni, la circolazione delle maestranze italiane nelle capitali europee agevolava la diffusione di uno stile internazionale, in cui la grande decorazione, fatta di cromatismi accesi e contrasti tenui come pastelli, diviene la cifra stilistica di un'intera epoca.

*Desideriamo ringraziare in modo particolare per la collaborazione e l'incoraggiamento: Orietta Benocci Adam, Filippo Maria Ferro, don Carlo Maria Scaciga, don Mario Perotti, Maria Rosa Fagnoni.*

[1] *I tessili nell'età di Carlo Bascapè vescovo di Novara, 1593-1615*, a cura di P. Venturoli, catalogo della mostra, Novara 1994.
[2] Per la figura di Carlo Bascapè si veda: *Da Carlo Borromeo a Carlo Bascapè: la pastorale di Carlo Borromeo e il Sacro Monte di Arona*, atti della giornata culturale (Arona, 12 settembre 1984), Novara 1985; *Barnabiti studi: numero speciale in ricordo del Ven. Carlo Bascapè, barnabita e vescovo di Novara*, Centro Studi Storici Padri Barnabiti, Roma 1994; *Carlo Bascapè sulle orme del Borromeo: coscienza e azione pastorale in un vescovo di fine Cinquecento*, atti dei convegni di studio (Novara, Orta e Varallo Sesia, 1993), Novara 1994.
[3] *Da Gaudenzio a Pianca. Omaggio a Giovanni Testori*, a cura di A. Bava e F. Gonzales, catalogo della mostra, Novara 2009.
[4] *Pittori lombardi nel Verbano. Quadri di epoca barocca restaurati*, a cura di M. Dell'Omo, catalogo della mostra, Gravellona Toce 2009.
[5] *Capolavori caravaggeschi a Novara. Pittura di realtà a Novara e nel suo territorio*, a cura di A. Bava e F. Gonzales, catalogo della mostra, Novara 2014.
[6] Per un approfondimento sull'opera di Cerano si veda: *Mostra del Cerano*, a cura di M. Rosci, con introduzione di A.M. Brizio, catalogo della mostra, Novara 1964; M. Rosci, *Il Cerano*, Milano 2000; *Il Cerano, 1573-1632. Protagonista del Seicento lombardo*, a cura di M. Rosci, catalogo della mostra, Milano 2005. Per Daniele Crespi si veda: N. Ward Neilson, *Daniele Crespi*, Soncino 1996; F. Frangi, *Daniele Crespi. La giovinezza ritrovata*, Milano 2012. Per Antonio Maria Crespi Castoldi detto il Bustino si veda: M. Bona Castellotti, ad vocem *Crespi Castoldi Antonio Maria*, in *Dizionario biografico degli italiani*, vol. 30, Roma 1984.
[7] Per un approfondimento sull'opera di Giulio Cesare Procaccini si veda: M. Rosci, *Giulio Cesare Procaccini*, Soncino 1993. Per Giovan Battista Mazzucchelli detto il Morazzone si veda: J. Stoppa, *Il Morazzone*, Milano 2003. Per Camillo Procaccini si veda: *Camillo Procaccini, 1561-1629: le sperimentazioni giovanili tra Emilia, Lombardia e Canton Ticino*, a cura di D. Cassinelli e P. Vanoli, catalogo della mostra, Cinisello Balsamo 2007. Per Antonio d'Enrico detto Tanzio da Varallo si veda: *Mostra di Tanzio da Varallo*, a cura di G. Testori, catalogo della mostra, Torino 1959; *Tanzio da Varallo: realismo fervore e contemplazione in un pittore del Seicento*, a cura di M. Bona Castellotti, catalogo della mostra, Milano 2000; *Tanzio da Varallo incontra Caravaggio: pittura a Napoli nel primo Seicento*, a cura di C.

of Sant'Agostino and the altarpiece with the *Coronation of the Virgin* in the chapel of San Guglielmo in the Roman church of Sant'Agostino.

Carlo Francesco Nuvolone turned the other way, taking his first steps in the Milanese environment of Cerano and Giulio Cesare Procaccini, and then turning in a fully Baroque direction in the 1640s, with the altarpiece for the Cathedral of Novara and with the *Purification of the Virgin* in the Museo Civico di Piacenza of 1645. In these years Carlo Francesco fell under the spell of the renewed formal exuberance of the Bolognese artists, and of Reni and Guercino, as well as of Pietro da Cortona and the Genoese school. In the *Adoration of the Shepherds* in Novara, the Cortona-derived models blend with those of the Genoese Orazio de Ferrari:[44] the palette is still dark but is accented with rosy highlights in the flesh tones of the Child, in the dazzling scarlet of the Virgin and in the violet tones of the angels with the phylactery harking back to Cerano. *The Virgin Mary with Cardinal Federico Borromeo* of Arona seems almost modelled on a polychrome wooden sculpture: the darting and starched drapery that envelopes the Virgin like a shell, resolves the models of Procaccini, and Daniele Crespi exuberant vigour in compositions that were not dissimilar to those being developed in those same years by Giovanni Stefano Danedi, known as Montalto.

The Flemish world which had Rubens as its representative of a formal renewal at the beginning of the 17th century had several indirect influences on the production of Carlo Francesco Nuvolone and on his brother, Giuseppe: in the Sant'Agostino cycle, the link with the prints by Alexander Voet the Younger adapted from Rubens is evident, just as the *Illustrated life of St. Augustine* published in 1624 by Adams Schelte a Bolswert remains the main source of iconography.[45] At Oleggio, the canvas with *Saint Francis Xavier and Saint Catherine* by Giuseppe Nuvolone shows a direct link with the print made after Rubens in 1622 by Adams Schelte a Bolswert depicting *Saint Ignatius of Loyola and Saint Francis Xavier*.

With the consolidation of the academies, and with the rapid rise of the Roman school, the stylistic and iconographic references transform the figurative references into complicated puzzles. We thus witness a widespread uniformity in particular with regard to models that have their origin in Maratti, who in Novara was involved in the creation of the Accademia di San Luca at Corconio.

The century ends with figures that cannot be pigeonholed within the frameworks of local and regional schools that characterised the painters of the early 17th century. Luigi Scaramuccia, an artist and writer whose career and rich production has not yet been completely studied, was one of these: he laid the basis for a kind of training that it is not hard to define as eclectic, in which the "thirst" for knowledge and the growing awareness of the painter's trade, led to exceptional students like Andrea Lanzani. The range and the horizon seem to expand in just a few years, and the coming and going of Italian artists in European capitals facilitated the circulation of an international style, in which large-scale decoration, formed of bright colours and soft contrasts like pastels, became the typical style of an entire era.

*We wish particularly to thank the following for their assistance and encouragement: Orietta Benocci Adam, Filippo Maria Ferro, don Carlo Maria Scaciga, don Mario Perotti, Maria Rosa Fagnoni.*

[1] *I tessili nell'età di Carlo Bascapè vescovo di Novara, 1593-1615*, edited by P. Venturoli, catalogue of the exhibition, Novara 1994.

[2] Concerning Carlo Bascapè, see: *Da Carlo Borromeo a Carlo Bascapè: la pastorale di Carlo Borromeo e il Sacro Monte di Arona*, proceedings of the Giornata Culturale (Arona, 12 September 1984), Novara 1985; *Barnabiti studi: numero speciale in ricordo del Ven. Carlo Bascapè, barnabita e vescovo di Novara*, Centro Studi Storici Padri Barnabiti, Roma 1994; *Carlo Bascapè sulle orme del Borromeo: coscienza e azione pastorale in un vescovo di fine Cinquecento*, Novara 1994.

[3] *Da Gaudenzio a Pianca. Omaggio a Giovanni Testori*, edited by A. Bava and F. Gonzales, catalogue of the exhibition, Novara 2009.

[4] *Pittori Lombardi nel Verbano. Quadri di epoca barocca restaurati*, edited by M. Dell'Omo, catalogue of the exhibition, Gravellona Toce 2009.

[5] *Capolavori caravaggeschi a Novara*, edited by A. Bava and F. Gonzales, Novara 2014.

[6] For more information concerning the work of Cerano, see: *Mostra del Cerano*, edited by M. Rosci, with an introduction by A.M. Brizio, Novara 1964; M. Rosci, *Il Cerano*, Milano 2000; *Il Cerano: protagonista del Seicento lombardo, 1573-1632*, edited by M. Rosci, catalogue of the exhibition, Milano 2005. For Daniele Crespi, see: N. Ward Neilson, *Daniele Crespi*, Soncino 1996; F. Frangi, *Daniele Crespi. La giovinezza ritrovata*, Milan 2012. For Antonio Maria Crespi Castoldi called Bustino, see: M. Bona Castellotti, ad vocem *Crespi Castoldi Antonio Maria*, in *Dizionario biografico degli italiani*, vol. XXX, Roma 1984.

[7] For more information concerning the work of Giulio Cesare Procaccini, see: M. Rosci, *Giulio Cesare Procaccini*, Soncino 1993. For Giovan Battista Mazzucchelli called Morazzone, see: J. Stoppa, *Il Morazzone*, Milano 2003. For Camillo Procaccini, see: *Camillo Procaccini, 1561-1629: le spe-*

Terzaghi, catalogo della mostra, Cinisello Balsamo 2014.
[8] Per un approfondimento sulla cultura figurativa tra Piemonte e Lombardia si veda: *Le frontiere dell'arte. Una raccolta di testi di Marco Rosci con saggi in suo onore*, a cura di F. Gonzales, Novara 2013.
[9] Per un quadro sulla pittura Lombarda del Seicento: *Il Seicento Lombardo*, a cura di G. Testori, catalogo della mostra, Milano 1973; *La peinture en Lombardie au XVII^e^ siècle. La violence des passions et l'idéal de beauté*, a cura di F. Frangi e A. Morandotti, catalogo della mostra, Cinisello Balsamo 2014.
[10] Per un quadro sulla pittura del Seicento nel Novarese si veda: F.M. Ferro, M. Dell'Omo, *La pittura del Sei e Settecento nel Novarese*, Novara 1996. *Pittura tra il Verbano e il Lago d'Orta dal Medioevo al Settecento*, a cura di M. Gregori, Cinisello Balsamo 1996.
[11] Per un approfondimento sull'opera di Melchiorre Gherardini si veda: A. Spiriti, ad vocem *Gherardini Melchiorre detto il Ceranino*, in *Dizionario biografico degli italiani*, vol. LIII, Roma 2000.
[12] Cfr. F. Gonzales, in *Da Gaudenzio a Pianca* cit., pp. 180, 182.
[13] Per Giovanni Maria Arduino si veda: *Maestri lombardi in Piemonte nel primo Seicento*, a cura di A. Bava e C.E. Spantigati, catalogo della mostra, Torino 2003, p. 58.
[14] Per Bartolomeo Vandoni si veda: F. Fiori, *Bartolomeo Vandoni pittore oleggese (1603-1676): per un repertorio delle opere*, in "Bollettino storico per la provincia di Novara", 80, 1989, pp. 149-175.
[15] Per lo Zoppo da Lugano si veda: *Giovan Battista Discepoli detto lo Zoppo da Lugano: un protagonista della pittura barocca in Lombardia*, a cura di F. Frangi e A. Bernardini, catalogo della mostra, Milano 2001.
[16] Per Carlo Francesco Nuvolone si veda: F.M. Ferro, *Nuvolone, una famiglia di pittori nella Milano del '600*, Soncino 2003.
[17] Cfr. M. Epifani a p. 56 del presente catalogo.
[18] Si veda M. Dell'Omo, *La cattedrale di Novara. Arredi e decorazioni dal Cinquecento all'Ottocento*, Novara 1993, pp. 122-124.
[19] Per Stefano Danedi detto il Montalto si veda: *Giovanni Stefano e Giuseppe Montalto. Due pittori trevigliesi nella Lombardia barocca*, a cura di O. D'Albo, atti della giornata di studi (Treviglio, 12 aprile 2014), Milano 2015.
[20] Per il Moncalvo si veda: *Guglielmo Caccia detto il Moncalvo, 1568-1625: dipinti disegni*, a cura di G. Romano e C. Spantigati, catalogo della mostra, Torino 1997.
[21] Cfr. M. Magni, *Documenti per Stefano Montalto ed Ercole Procaccini sul ciclo pittorico di S. Marta a Porlezza*, in "Arte lombarda", 76-77, 1986, pp. 146-152.
[22] Per un quadro generale del periodo e della committenza Odescalchi si veda: M. Dell'Omo, *Scelte figurative all'epoca degli Odescalchi (1650-1689) in città e sui laghi*, in *Forme che volano 1630-1738. Il Barocco nelle province di Novara e del Verbano Cusio Ossola*, a cura di M. Dell'Omo e S. Monferrini, atti delle giornate di studio (Novara, 17-19 maggio 2012), Borgomanero 2014. Per la figura di Benedetto Odescalchi si veda: A. Menniti Ippolito, ad vocem *Innocenzo XI, beato*, in *Dizionario biografico degli italiani*, vol. LXII, Roma 2004, pp. 478-495.
[23] Cfr. A.M. Malosso, M. Perotti, *San Pietro al Rosario in Novara: luogo di millenaria invocazione mariana*, Novara 1998, pp. 41-48.
[24] Alcune tele, conservate in origine nell'antica chiesa parrocchiale di Piedimulera, raffiguranti il *Cristo morto*, *San Carlo Borromeo* e *San Francesco*, a una prima lettura stilistica potrebbero essere ricondotte all'ambito del Montalto.
[25] Per la Seconda Accademia Ambrosiana si veda: S. Modena, *La Seconda Accademia Ambrosiana*, in "Arte lombarda", 5, 1960, pp. 84-92.
[26] Per Dionigi Bussola si veda: *Un artista del Seicento tra Piemonte e Lombardia: l'opera dello scultore Dionigi Bussola nei Sacri Monti*, a cura di G. Bora e F. Cervini, atti del convegno (Domodossola, 5 giugno 2004), Gravellona Toce 2006.
[27] Per l'Accademia Ambrosiana si veda: G. Bora, *L'Accademia Ambrosiana*, Milano 1992.
[28] Per il viaggio a Roma di Antonio Busca e Giovanni Ghisolfi cfr. M. Gregori (a cura di), *Pittura in Brianza e in Valsassina: dall'Alto Medioevo al Neoclassicismo*, Milano 1993, p. 290.
[29] Per Tarquinio Grassi si veda: M. Dell'Omo, *Notizie dagli archivi per i pittori "valsesiani" Tarquinio Grassi e Giovanni Antonio De Groot*, in "De Valle Sicida", XIV, 1, 2003.
[30] Per Luigi Pellegrino Scaramuccia si veda: *Pittura tra il Verbano e il Lago d'Orta* cit., pp. 295, 296, 297.
[31] Per Giorgio Bonola si veda: *Giorgio Bonola e il suo tempo*, a cura di C. Bermani, atti del convegno di studi nel terzo centenario della morte (Orta San Giulio, 8-10 settembre 2000), Novara 2002.
[32] Per uno studio sull'Accademia di San Luca di Corconio si veda: C. Savoini, *Accademici di San Luca di Corconio nella chiesa di San Pietro a Carcegna*, in "Arte lombarda", n.s., 102-103 (3-4), 1992, pp. 69-74.
[33] Cfr. M. Dell'Omo, M. Epifani, F. Mattioli Carcano, *La chiesa parrocchiale di San Rocco a Miasino*, Borgomanero 2014, pp. 135-142.
[34] Per Giuseppe Zanatta si veda: *Pittura tra il Verbano e il lago d'Orta* cit., p. 315.
[35] Per Federico Bianchi si veda ivi, pp. 320, 322.
[36] Per Filippo Abbiati si veda: F. Frangi, *Filippo Abbiati. Biografia*, in *Pittura tra il Verbano e il lago d'Orta* cit., p. 323.
[37] Per Stefano Maria Legnani detto il Legnanino si veda: M. Dell'Omo, *Il Legnanino*, Ozzano Emilia 1996; *Palazzo Carignano. Gli appartamenti barocchi e la pittura del Legnanino*, a cura di E. Gabrielli, catalogo della mostra, Firenze 2011.
[38] Per il Cuzzio si veda: F. Fiori, *Giuseppe Antonio Tosi detto il Cuzzio, pittore novarese fra tradizione e innovazione*, in *Forme che volano* cit., pp. 253-259.
[39] Per Antonio Lucini si veda: V. Zani, *Una riapertura su Antonio Lucini*, in "Arte cristiana", 87, 1999, pp. 276-291.
[40] Per Pietro Antonio Magatti si veda: *Pietro Antonio Magatti: 1691-1767*, a cura di S. Coppa e A. Bernardini, catalogo della mostra, Cinisello Balsamo 2001.
[41] Cfr. *Museo novarese. Documenti studi e progetti per una nuova immagine delle collezioni civiche*, a cura M.L. Tomea Gavazzoli, catalogo della mostra, Novara 1987, pp. 271-320.
[42] È utile citare il soggiorno romano di Tanzio da Varallo e del Vermiglio in occasione del giubileo del 1600 come momento di aggiornamento del gusto figurativo. Per un approfondimento del tema si veda: *Tanzio da Varallo incontra Caravaggio* cit.
[43] Per Pier Francesco Gianoli si veda: P. Sitzia, G. Sitzia, P. Venturoli, *Il pittore Pier Francesco Gianoli a Grignasco e in Diocesi di Novara*, Novara 2001.
[44] Per Orazio de Ferrari si veda: P. Donati, *Orazio de Ferrari*, Genova 1997.
[45] L'importanza del ciclo agostiniano di Adams Schelte a Bolswert è evidenziata nel saggio di A. Anselmi, *Antiveduto Grammatica, Cassiano dal Pozzo e Vittorio Amedeo di Savoia: un dono per Margarita de la Cruz e un problematico, inedito,* Sant'Agostino *nelle Descalzas Reales di Madrid. Tra politica e devozione, l'espressione degli affetti*, in *I rapporti tra Roma e Madrid nei secoli XVI e XVII: arte diplomazia e politica*, atti del convegno, Roma 2014, pp. 436-438.

*rimentazioni giovanili tra Emilia, Lombardia e Canton Ticino*, edited by D. Cassinelli, P. Vanoli, catalogue of the exhibition, Milano 2007. For Antonio d'Enrico called Tanzio da Varallo, see: *Mostra di Tanzio da Varallo*, edited by G. Testori, catalogue of the exhibition, Torino 1959; *Tanzio da Varallo: realismo fervore e contemplazione in un pittore del Seicento*, edited by M. Bona Castellotti, catalogue of the exhibition, Milano 2000; *Tanzio da Varallo incontra Caravaggio: pittura a Napoli nel primo Seicento*, edited by C. Terzaghi, catalogue of the exhibition, Milano 2014.

[8] For more information concerning the figurative culture of Piedmont and Lombardy, see: *Le frontiere dell'arte. Una raccolta di testi di Marco Rosci con saggi in suo onore*, edited by F. Gonzales, Novara 2013.

[9] For an overview of Lombard painting of the 17th century: *Il Seicento Lombardo*, edited by G. Testori, catalogue of the exhibition, Milano 1973. *La peinture en Lombardie au XVII$^{ème}$ siècle. La violence des passions et l'idéal de beauté*, edited by F. Frangi and A. Morandotti, exhibition catalogue, Cinisello Balsamo 2014.

[10] For an overview of 17th century painting in the Novarese, see: M. Dell'Omo and F.M. Ferro, *La pittura del Sei e Settecento nel Novarese*, Novara 1996. *Pittura tra il Verbano e il Lago d'Orta dal Medioevo al Settecento*, edited by M. Gregori, Cinisello Balsamo 1996.

[11] For more information concerning the work of Melchiorre Gherardini, see: Andrea Spiriti, *Gherardini Melchiorre called Ceranino*, in *Dizionario biografico degli italiani*, vol. LIII, Roma 2000.

[12] Cf. F. Gonzales, in *Da Gaudenzio a Pianca* cit., pp. 180, 182.

[13] For Giovanni Maria Arduino, see: *Maestri lombardi in Piemonte nel primo Seicento*, edited by A. M. Bava and C.E. Spantigati, catalogue of the exhibition, Torino 2003, p. 58.

[14] For Bartolomeo Vandoni see: Flavia Fiori, *Bartolomeo Vandoni pittore oleggese (1603-1676): per un repertorio delle opere*, in "Bollettino storico per la provincia di Novara", 80, 1989, pp. 149-175.

[15] For lo Zoppo di Lugano see: *Giovan Battista Discepoli detto lo Zoppo da Lugano : un protagonista della pittura barocca in Lombardia*, edited by F. Frangi and A. Bernardini, catalogue of the exhibition, Milano 2001.

[16] For Carlo Francesco Nuvolone, see: F.M. Ferro, *Nuvolone, una famiglia di pittori nella Milano del '600*, Soncino 2003.

[17] Cf. M. Epifani on p. 56 of the catalogue.

[18] See M. dell'Omo, *La cattedrale di Novara. Arredi e decorazioni dal Cinquecento all'Ottocento*, Novara 1993, pp. 122-124.

[19] For Stefano Danedi called Montalto, see: G. Stefano and G. Montalto. *Due pittori trevigliesi nella Lombardia barocca*, organised by O. D'Albo, study day (Treviglio, 12 April 2014), Milano 2015.

[20] For il Moncalvo, see: *Guglielmo Caccia called Moncalvo, 1568-1625: dipinti disegni*, edited by G. Romano and C. Spantigati, catalogue of the exhibition, Torino 1997.

[21] Cf. M. Magni, *Documenti For la Stefano Montalto ed Ercole Procaccini sul ciclo pittorico di S. Marta a Porlezza*, in "Arte lombarda", 76-77, pp. 146-152.

[22] For a general overview of the period and of the Odescalchi patronage, see: M. dell'Omo, *Scelte figurative all'epoca degli Odescalchi (1650-1689) in città e sui laghi*, in *Forme che volano. 1630-1738. Il Barocco nelle province di Novara e del Verbano Cusio Ossola*, edited by M. Dell'Omo and S. Monferrini, proceedings of the study days, Borgomanero 2014. Concerning Benedetto Odescalchi, see: A. Menniti Ippolito, ad vocem *Innocenzo XI, beato*, in *Dizionario biografico degli italiani*, vol. LXII, Roma 2004, pp. 478-495.

[23] Cf. A.M. Malosso, M. Perotti, *San Pietro al Rosario in Novara: luogo di millenaria invocazione mariana*, Novara 1998, pp. 41-48.

[24] Some pictures, originally conserved in the parish church of Piedimulera, depicting the *Dead Christ*, *Saint Carlo Borromeo and Saint Francis*, may with an initial stylistic examination be attributed to the circle of Montalto.

[25] For the Seconda Accademia Ambrosiana, see: S. Modena, *La Seconda Accademia Ambrosiana*, in "Arte lombarda", 5, 1960, pp. 84-92.

[26] For Dionigi Bussola, see: *Un artista del Seicento tra Piemonte e Lombardia: l'opera dello scultore Dionigi Bussola nei Sacri Monti*, organised by G. Bora and F. Cervini, proceedings of the conference (Domodossola, 5 July 2004), Gravellona Toce 2006.

[27] For the Accademia Ambrosiana, see: G. Bora, *L'Accademia Ambrosiana*, Milano 1992.

[28] For the journey to Rome of Antonio Busca and Giovanni Ghisolfi cf. M. Gregori (ed. by), *Pittura in Brianza e in Valsassina: dall'Alto Medioevo al Neoclassicismo*, Milano 1993, p. 290.

[29] For Tarquinio Grassi, see: M. Dell'Omo, *Notizie dagli archivi per i pittori "valsesiani" Tarquinio Grassi e Giovanni Antonio De Groot*, in "De Valle Sicida", XIV, 1, 2003.

[30] For Luigi Pellegrino Scaramuccia, see: M. Gregori (ed. by), *Pittura tra il Verbano e il lago d'Orta* cit., pp. 295-297.

[31] For Giorgio Bonola, see: *Giorgio Bonola e il suo tempo,* organised by C. Bermani, proceedings of the study conference in the third centenary of his death (Orta San Giulio, 8-10 September 2000), Novara 2002.

[32] For a study of the Accademia di San Luca di Corconio, see: C. Savoini, *Accademici di San Luca di Corconio nella chiesa di San Pietro a Carcegna*, in "Arte lombarda", n.s., 102-103 (3-4), 1992, pp. 69-74.

[33] Cf. *La chiesa Parrocchiale di San Rocco a Miasino*, edited by M. Dell'Omo, M. Epifani, F. Mattioli Carcano, Borgomanero 2014, pp. 135-142.

[34] For G. Zanatta, see: *Pittura tra il Verbano e il Lago d'Orta* cit., p. 315.

[35] For Federico Bianchi, see: Ibid., pp. 320, 322.

[36] For Filippo Abbiati, see: F. Frangi, *Filippo Abbiati. Biografia*, in M. Gregori (ed. by), *Pittura tra il Verbano e il lago d'Orta* cit., p. 323.

[37] For Stefano Maria Legnani known as Legnanino, see: M. Dell'Omo, *Il Legnanino*, Ozzano Emilia 1996; *Palazzo Carignano. Gli appartamenti barocchi e la pittura del Legnanino*, edited by E. Gabrielli, catalogue of the exhibition, Firenze 2011.

[38] For il Cuzzio, see: F. Fiori, *Giuseppe Antonio Tosi detto il Cuzzio, pittore novarese fra tradizione e innovazione*, in *Forme che volano* cit., pp. 253-259.

[39] For Antonio Lucini, see: V. Zani, *Una riapertura su Antonio Lucini*, in "Arte cristiana", 87, 1999, pp. 276-291.

[40] For Pietro Antonio Magatti, see: *Pietro Antonio Magatti: 1691-1767*, edited by S. Coppa and A. Bernardini, catalogue of the exhibition, Cinisello Balsamo 2001.

[41] Cf. *Museo novarese. Documenti studi e progetti per una nuova immagine delle collezioni civiche*, edited by M.L. Tomea Gavazzoli, catalogue of the exhibition, Novara 1987, pp. 271-320.

[42] It is useful to mention the time in Rome of Tanzio da Varallo and Vermiglio for the jubilee in 1600 as an opportunity to refresh the figurative taste. For more information on this subject, see: *Tanzio da Varallo incontra Caravaggio* cit.

[43] For Pier Francesco Gianoli, see: P. Sitzia, G. Sitzia and P. Venturoli, *Il pittore Pier Francesco Gianoli a Grignasco e in Diocesi di Novara*, Novara 2001.

[44] For Orazio de Ferrari, see: P. Donati, *Orazio de Ferrari*, Genova 1997.

[45] The importance of the St. Augustine cycle by Adams Schelte a Bolswert is highlighted in the essay by A. Anselmi, *Antiveduto Grammatica, Cassiano dal Pazzo e Vittorio Amedeo di savoia: un dono For Margherita de la Cruz e un problematico inedito, Sant'Agostino nelle Descalzas Reales di Madrid. Tra politica e devozione, l'espressione degli affetti*, in *I rapporti tra Roma e Madrid nei secoli XVI e XVII: arte diplomazia e politica*, organised by A. Anselmi, proceedings of the conference, Roma 2014, pp. 436-438.

# Capolavori del Barocco nelle Terre Novaresi
## *Baroque Masterpieces in and around Novara*

## Melchiorre Gherardini detto Ceranino
(Milano, 1607-1668)

### 1. *San Michele arcangelo*

olio su tela, 135 × 225 cm
Novara, collezione privata

Il dipinto, reso noto da Marco Rosci (in *Da Gaudenzio Ferrari* 2007, pp. 40-41), raffigura l'arcangelo Michele, l'alfiere di Cristo, con uno stendardo con croce rossa in campo bianco, in atto di giudicare, recando nella mano sinistra una bilancia su cui pesare le anime (psicostasia). La figura angelica scende in corsa dalla volta celeste, divisa da schiere angeliche concentriche, verso gli inferi, appoggiata su una nuvola. In basso la bocca infernale personificata dal Leviatano risucchia, in un vortice infuocato, le anime dei dannati. Il vortice creato dalla bocca della bestia muove i panni dell'arcangelo; il vessillo, come una vela mossa da vento di tempesta, si contorce intorno al braccio di san Michele che a colpi d'ali possenti tenta di bilanciare il volo.
Il dipinto era conservato fino al secolo scorso nella cappella del castello Leonardi di Casalino (*ibidem*). Nella stessa cappella si trovava un *San Francesco stigmatizzato* di Ortensio Crespi datato 1603 (Rosci 2000, p. 271) a testimoniare un forte legame della casata nei confronti dell'*entourage* del Cerano. La tela appare una derivazione, con minime varianti di dimensioni, dell'analoga composizione segnalata in collezione privata padovana (*ibidem*) concepita con un *pendant* raffigurante *San Michele arcangelo vincitore degli angeli ribelli*. L'opera si collega con la produzione dell'ultimo Cerano, come *La Madonna guida Simon de Monfort alla vittoria sugli albigesi* del Museo Ala Ponzone di Cremona, e con le opere di transizione databili allo scadere degli anni trenta del XVII secolo, testimonia la stretta dipendenza di Gherardini nei confronti dei modi del maestro sia nell'intonazione e nella tavolozza bruna, sia negli effetti dei bagliori dell'armatura e dei ricami della fusciacca. Il volto dell'arcangelo, di tre quarti, su cui ricade l'ombra della folta chioma resa con pennellate rapide, rimanda ad analoghe soluzioni della prima produzione autonoma del Ceranino.

*Francesco Gonzales*

*Bibliografia*: M. Rosci, in *Da Gaudenzio Ferrari* 2007, pp. 40-41.

## Melchiorre Gherardini known as Ceranino
(Milan, 1607–1668)

### 1. *St. Michael Archangel*

oil on canvas, 135 × 225 cm
Novara, private collection

The painting, which was made known by Marco Rosci (in *Da Gaudenzio Ferrari* 2007, pp. 40–41), depicts the Archangel Michael, the standard bearer of Christ, with a banner with a red cross on a white field, in the act of judging, and bearing a balance in his left hand in which to weigh the souls (psychostasia). The angel descends rapidly from the sky divided by concentric angelic hosts, towards the underworld on a cloud. Below can be seen the mouth of hell personified by Leviathan who, in a fiery whirlwind, sucks in the souls of the damned. The vortex created by the mouth of the beast moves the Archangel's drapes, while the banner shakes like a sail moved by a storm wind, twisting around the arm of the angelic figure who flaps his powerful wings in an attempt to balance his flight.
Until the last century, the painting used to hang in the chapel of the Castello Leonardi di Casalino (*Ibid.*). In the same chapel, there used to be a *St. Francis with stigmata* by Ortensio Crespi dated 1603 (Rosci 2000, p. 271) in witness of the strong bond between the family and the circle of of Cerano. The canvas appears a derivation with minimal variations in size of a similar composition reported in a private collection in Padua (*Ibid.*) designed with a pendant depicting *St. Michael Archangel Defeating the Rebel Angels*. The work can be linked to Cerano's last works, like the *The Virgin Guiding Simon de Monfort to Victory over the Albigensians* in the Museo Ala Ponzone of Cremona, and to transitional works datable to the end of the 1630s, revealing the close dependence of Gherardini with regard to the style of the master, both in the tones and use of a brown palette, as well as in the reflections in the armour and in the embroidery of the sash. The face of the archangel is shown at a three-quarter angle and is shaded by the shadow of the mass of hair, rendered with rapid brushstrokes echoing similar solutions in the early independent production of Ceranino.

*Francesco Gonzales*

*Bibliography*: M. Rosci, in *Da Gaudenzio Ferrari* 2007, pp. 40–41.

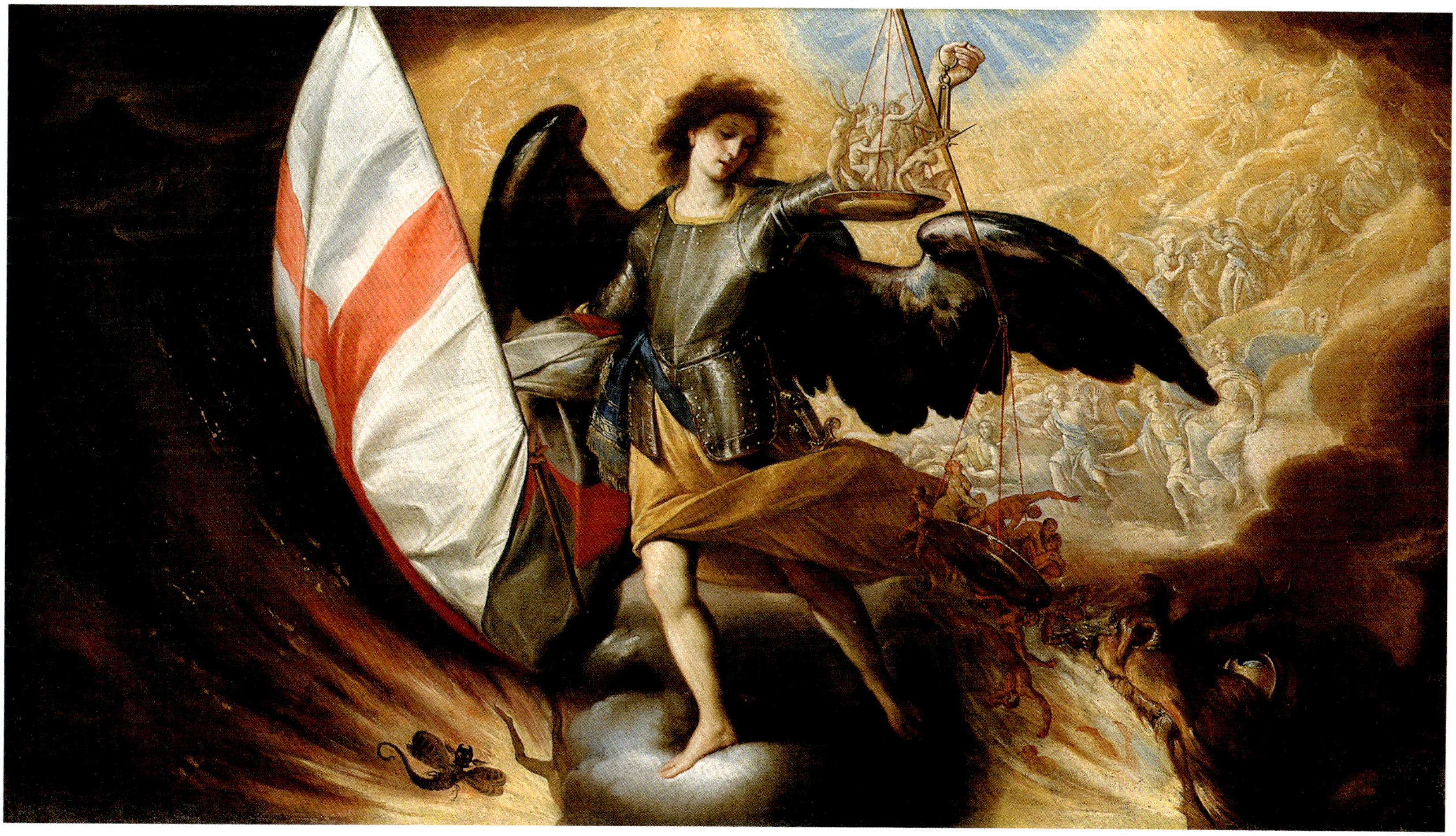

## Giovanni Maria Arduino
(?, circa 1580 - Milano, 1647)

### 2. *Annunciazione*

circa 1635
olio su tela, 150 × 120 cm
Novara, Musei Civici, inv. 13

Non si conosce l'antica collocazione di questa bella tela pervenuta alle raccolte pubbliche novaresi nel 1890, con la donazione della collezione di Cesare Morbio, presso la quale era stata vista già nel 1861 da Charles Eastlake, che la segnalava come opera del Morazzone (Stoppa 2003, p. 277). Attribuita in seguito al Moncalvo e poi ad Antonio Maria Crespi Castoldi, è stata più di recente riconosciuta a Giovanni Maria Arduino, pittore di origine genovese ma attivo a Milano almeno dal 1611 e fino alla morte (1647), la cui dimenticata figura è stata riscoperta soltanto negli ultimi anni (F. Cavalieri, in *Maestri lombardi* 2003, p. 58, n. 19, con bibl. prec.).
L'attribuzione è confortata dai molti ed eloquenti rimandi a opere certe del pittore quali le tre tele dell'oratorio di San Biagio a Magenta: dai panneggi gonfi e sontuosi alle delicate cromie, dall'aspro profilo della Vergine a qualche incertezza rilevabile nella costruzione delle anatomie, dal delicato chiaroscuro dei volti alle inconfondibili tipologie degli angioletti in cielo.
I raffinati effetti di controluce mostrano il pittore molto attento alla lezione del Morazzone anche se fra le pieghe del suo linguaggio lombardo si intuiscono memorie della probabile prima formazione ligure. Arduino, sulla cui vita si sa ancora molto poco, operò ripetutamente per chiese di Milano e del Ducato e non si può escludere che quest'opera, che dovrebbe risalire alla metà circa del quarto decennio del XVII secolo, fosse nata proprio per Novara.

*Federico Cavalieri*

*Bibliografia*: F. Cavalieri, in *Maestri lombardi* 2003, p. 58, n. 19, con bibl. prec.; Stoppa 2003, p. 277.

## Giovanni Maria Arduino
(?, circa 1580 – Milan, 1647)

### 2. *Annunciation*

circa 1635
oil on canvas, 150 × 120 cm
Novara, Musei Civici, inv. 13

The original location of this beautiful painting, which arrived in the public collections of Novara in 1890 with the donation of the Cesare Morbio collection, is not known. The picture had been seen by Charles Eastlake in Morbio's collection in 1861, and he had attributed the work to Morazzone (Stoppa 2003, p. 277). Later attributed to Moncalvo and then to Antonio Maria Crespi Castoldi, it has more recently been given to Giovanni Maria Arduino, a painter of Genoese origin but active in Milan at least from 1611 and until his death (1647). Overlooked for a long time, he was rediscovered only in recent years (F. Cavalieri, in *Maestri lombardi* 2003, p. 58, no. 19, prev. bibl.).
The attribution is supported by many and eloquent references to firmly attributed works by the artist, such as the three paintings in the oratory of S. Biagio at Magenta: the sumptuous and puffy drapery rendered in delicate colours, the sharp profile of the Virgin with some uncertainty detectable in the underlying anatomical details, and the delicate chiaroscuro in the faces of the unmistakable types of cherubs in heaven, all point to him.
The refined backlighting effects show the painter was very responsive to the lessons of Morazzone although among the folds of his Lombard style we can also perceive the memories of an earlier, probably Ligurian, training. Arduino, whose life is still very little known, worked repeatedly for churches in Milan and the Duchy and it is not inconceivable that the present picture, which probably dates to about the mid-1630s, was painted for Novara.

*Federico Cavalieri*

*Bibliography*: F. Cavalieri, in *Maestri lombardi* 2003, p. 58, no. 19, prev. bibl.; Stoppa 2003, p. 277

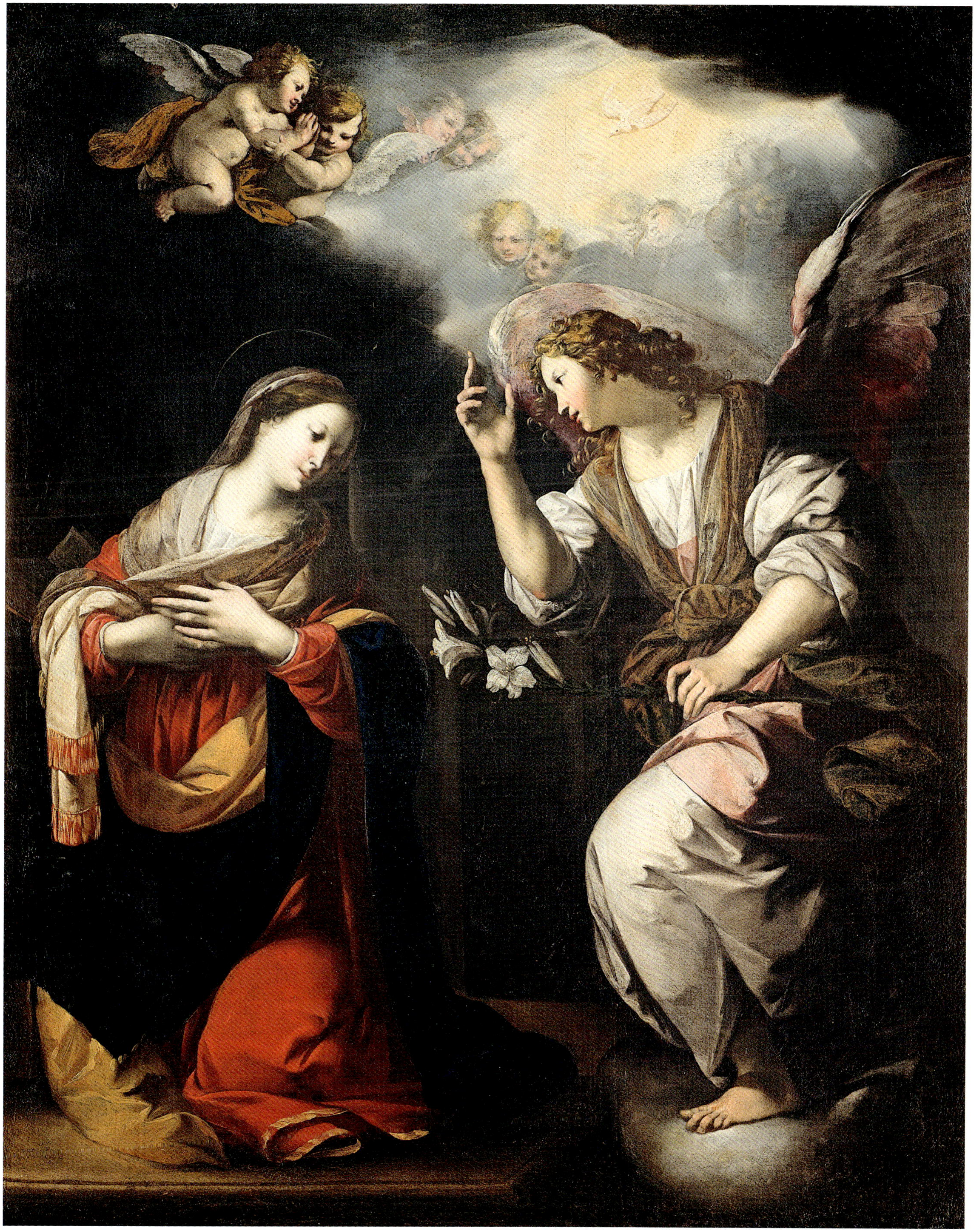

**Pittori lombardi**
(terzo quarto del XVII secolo)

3. *San Pietro*
4. *San Paolo*
5. *Santo vescovo (Gaudenzio?)**
6. *Il vescovo Carlo Bascapè**

circa 1630-1640
olio su tela, 150 × 75 cm (ciascuno)
Novara, chiesa di San Marco

**opere non in mostra*

Nonostante il loro livello elevato, non sembra che i quattro quadri che affiancano l'apertura del coro nella chiesa di San Marco, già appartenente ai barnabiti, siano stati oggetto di studi. Non ne fa menzione neppure Visconti nella sua monografia sull'edificio, che pure è corredata da illustrazioni che li mostrano (Visconti 1957, figg. a pp. 51 e 59). Nulla è dato sapere sulla loro storia, anche se i soggetti legati alla chiesa novarese e all'ordine barnabitico e l'armonico inserimento nel partito architettonico fanno pensare che siano stati realizzati per questa collocazione.
Le tele raffiguranti *San Pietro* e *San Paolo*, identiche nell'impostazione e nello sfondo spoglio, spettano alla medesima mano, come mostrano gli intensi volti e la resa dei panneggi. Evidente la dipendenza dai modi del Morazzone, interpretati però con maggiore asprezza e con uno speciale gusto per le vesti gonfie che si pongono in parallelo, senza forse del tutto coincidere, con lo stile di Giovanni Maria Arduino (cfr. cat. 2). Delle altre tele, analoghe per formato e dimensioni, quella con il *Santo vescovo (Gaudenzio?)* mostra modi affini nel rosso risvolto del manto e nelle mani. La quarta, connotata da piane forme narrative adatte a un ritratto, sembra invece spettare a una mano differente. Le tele potrebbero risalire al periodo del completamento della decorazione della zona presbiteriale, poco dopo il 1630. Che la serie sia stata concepita in modo unitario è confermato dalla prospettiva dei basamenti su cui poggiano le figure, due studiate per la visione frontale e due per la visione dal basso.

*Federico Cavalieri*

*Bibliografia*: Visconti 1957, figg. a pp. 51 e 59.

**Lombard painters**
(third quarter of the 17th century)

3. *St. Peter*
4. *St. Paul*
5. *Holy Bishop (Gaudentius?)**
6. *Bishop Carlo Bascapè**

circa 1630–1640
oil on canvas, 150 × 75 cm each
Novara, church of San Marco

**works not on exhibition*

Despite their high level of quality, it seems that the four paintings on either side of the choir in the church of San Marco, which used to belong to the Barnabites, have never been studied. Not even Visconti mentions them in his monograph about the building, which is even accompanied by illustrations that show them (Visconti 1957, ill. on pp. 51 and 59). Nothing is known about their history although the institutions connected with the church of Novara and the Barnabite order, together with their harmonious integration into the architecture itself, suggest that they may have been made for this position.
The paintings depicting *St. Peter* and *St. Paul*, identical in setting and bare background, were executed by the same hand, as shown by the intense faces and the depiction of the drapery. There is an evident dependence on the manner of Morazzone, but interpreted with greater harshness and with a special taste for swelling drapes that rise in parallel waves, without perhaps fully coinciding with the style of Giovanni Maria Arduino (see cat. 2). Of the other paintings, which are similar in format and size, the one with the *Holy Bishop (Gaudentius?)* shows a similar style in the red lining of the cape and in the hands. The fourth, characterised by flat narrative forms suitable for a portrait, seems to have been painted by a different hand. The pictures may date back to the time of completion of the decoration of the presbytery, shortly after 1630. That the series was conceived as a single project is confirmed by the perspective of the bases on which the figures stand, two of which designed for viewing from the front and two from below.

*Federico Cavalieri*

*Bibliography*: Visconti 1957, ill. on pp. 51 and 59.

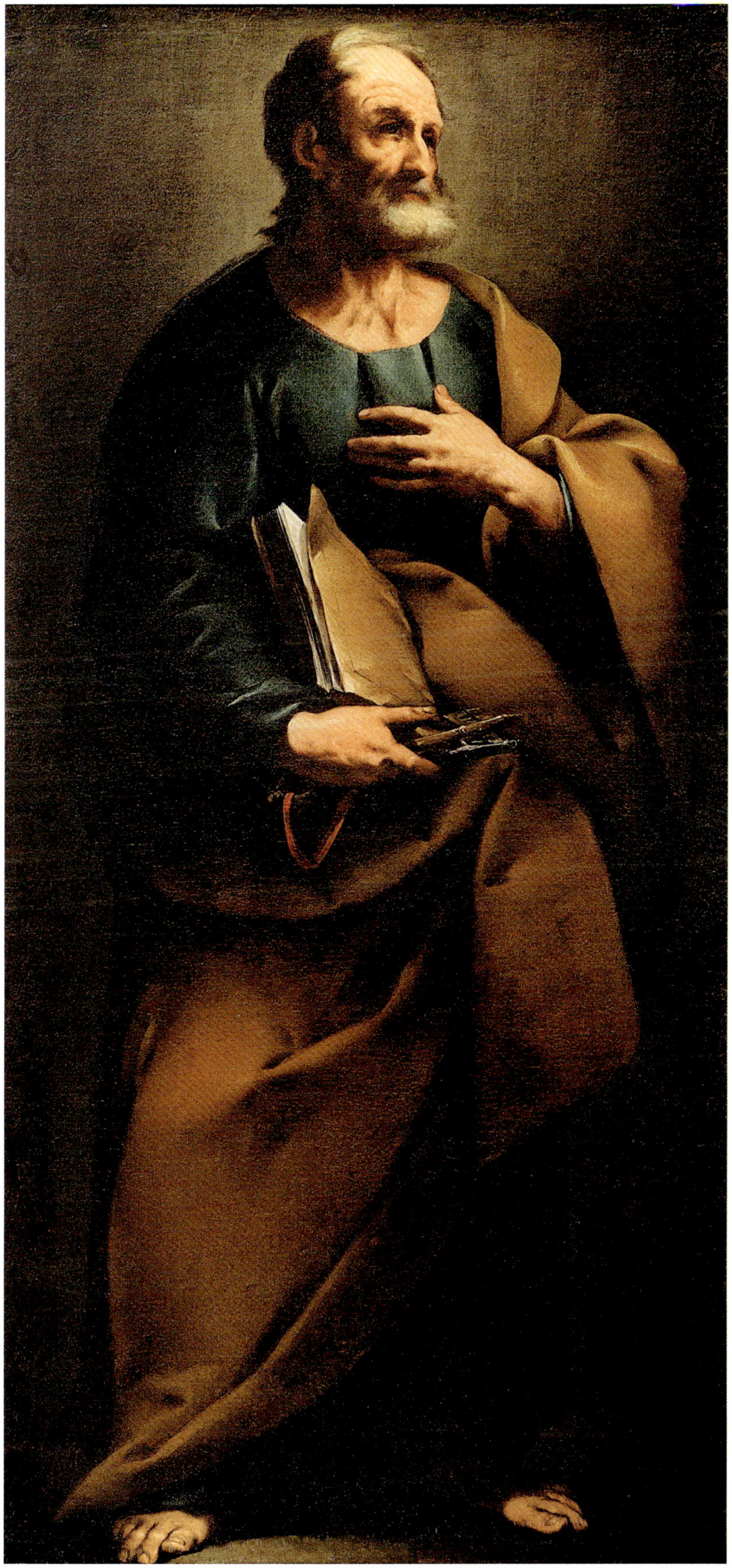

3.

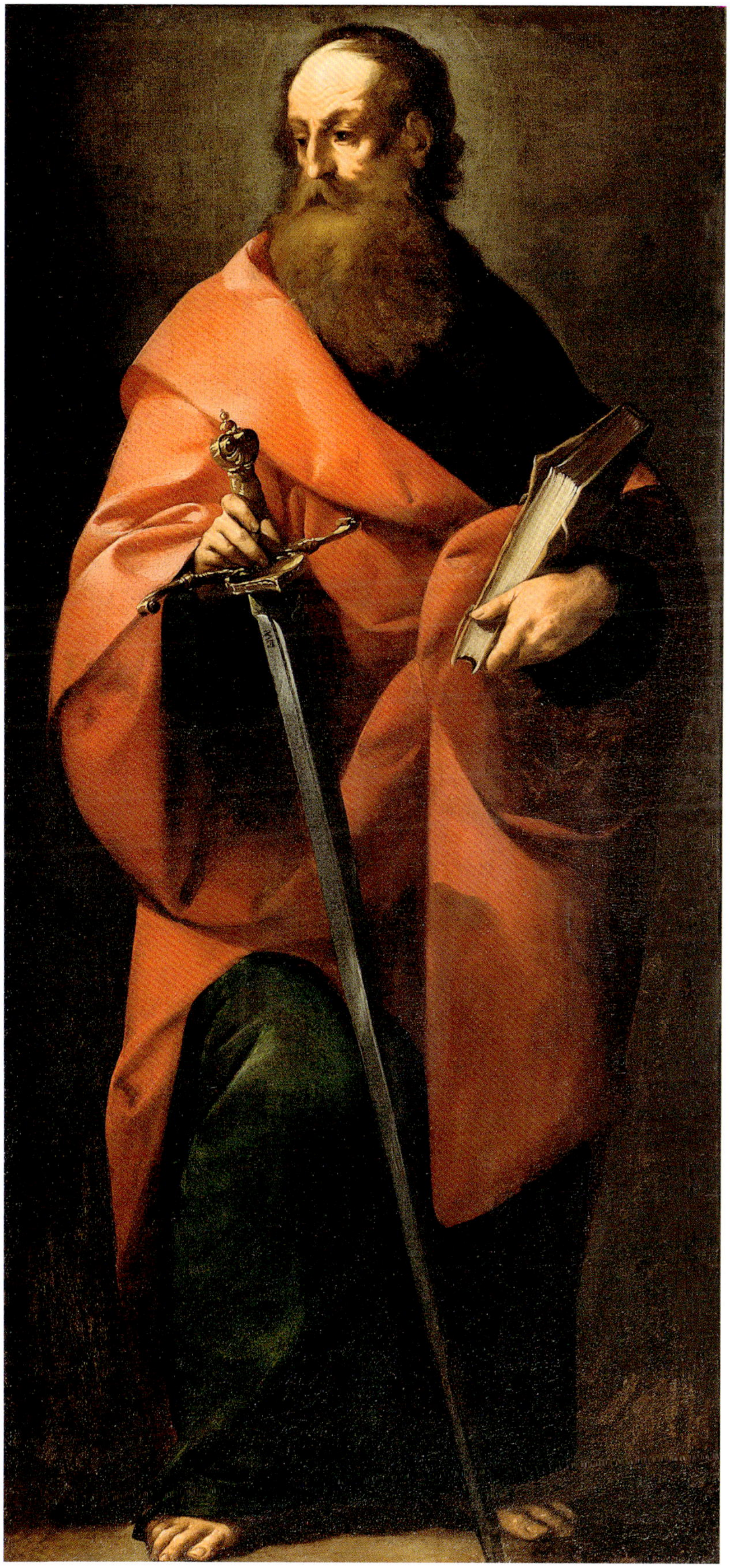

4.

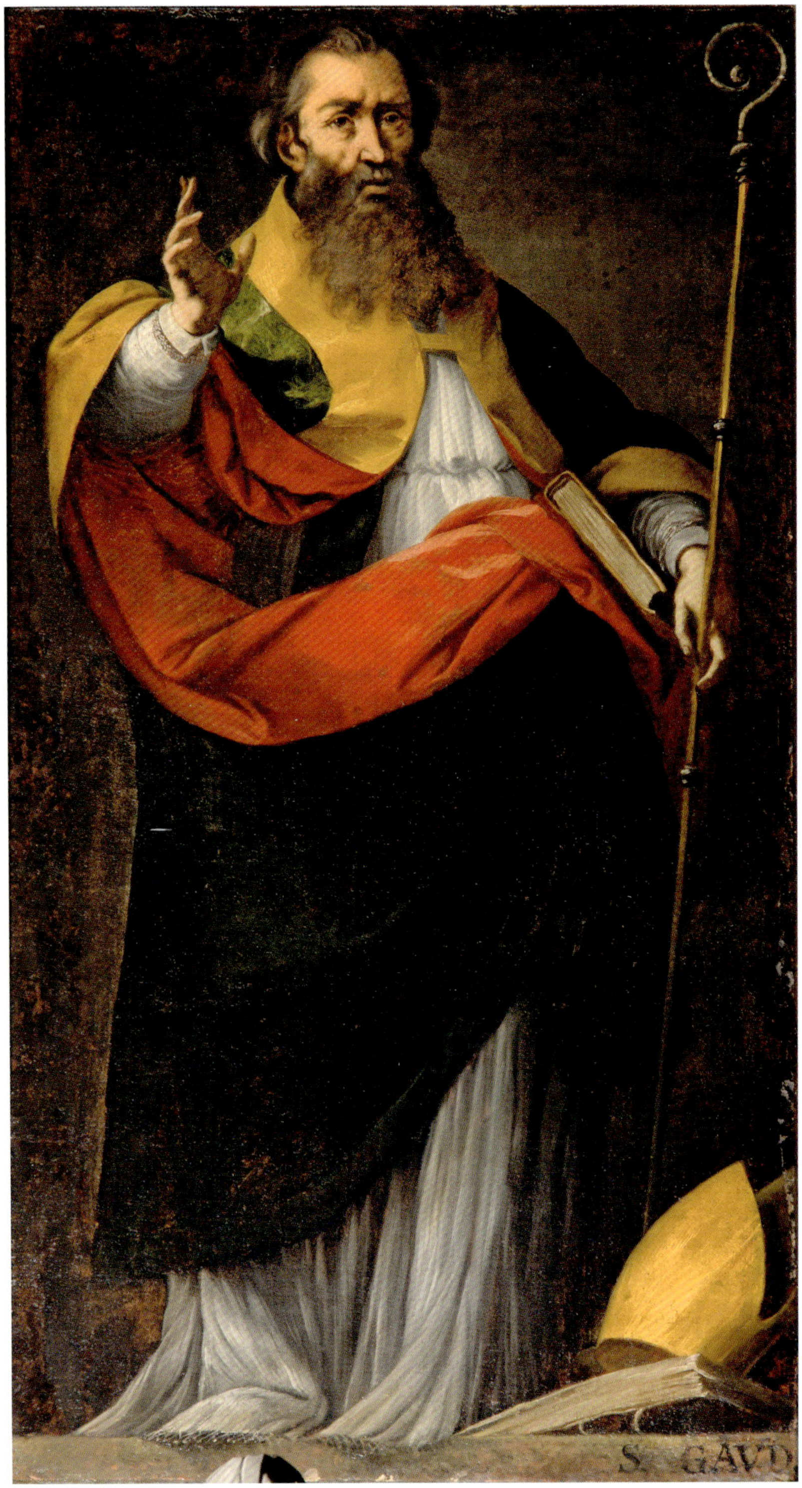


5.

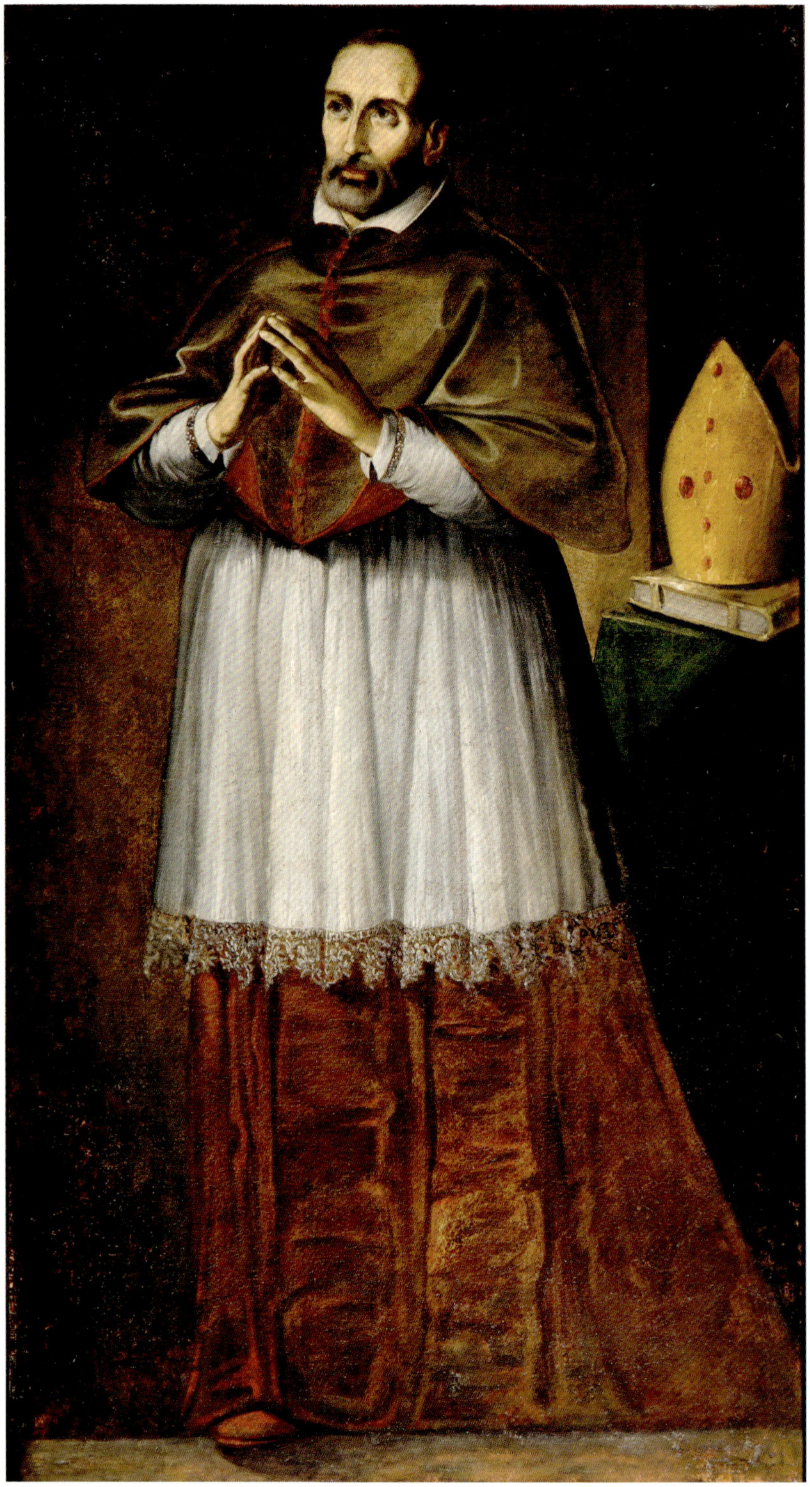

6.

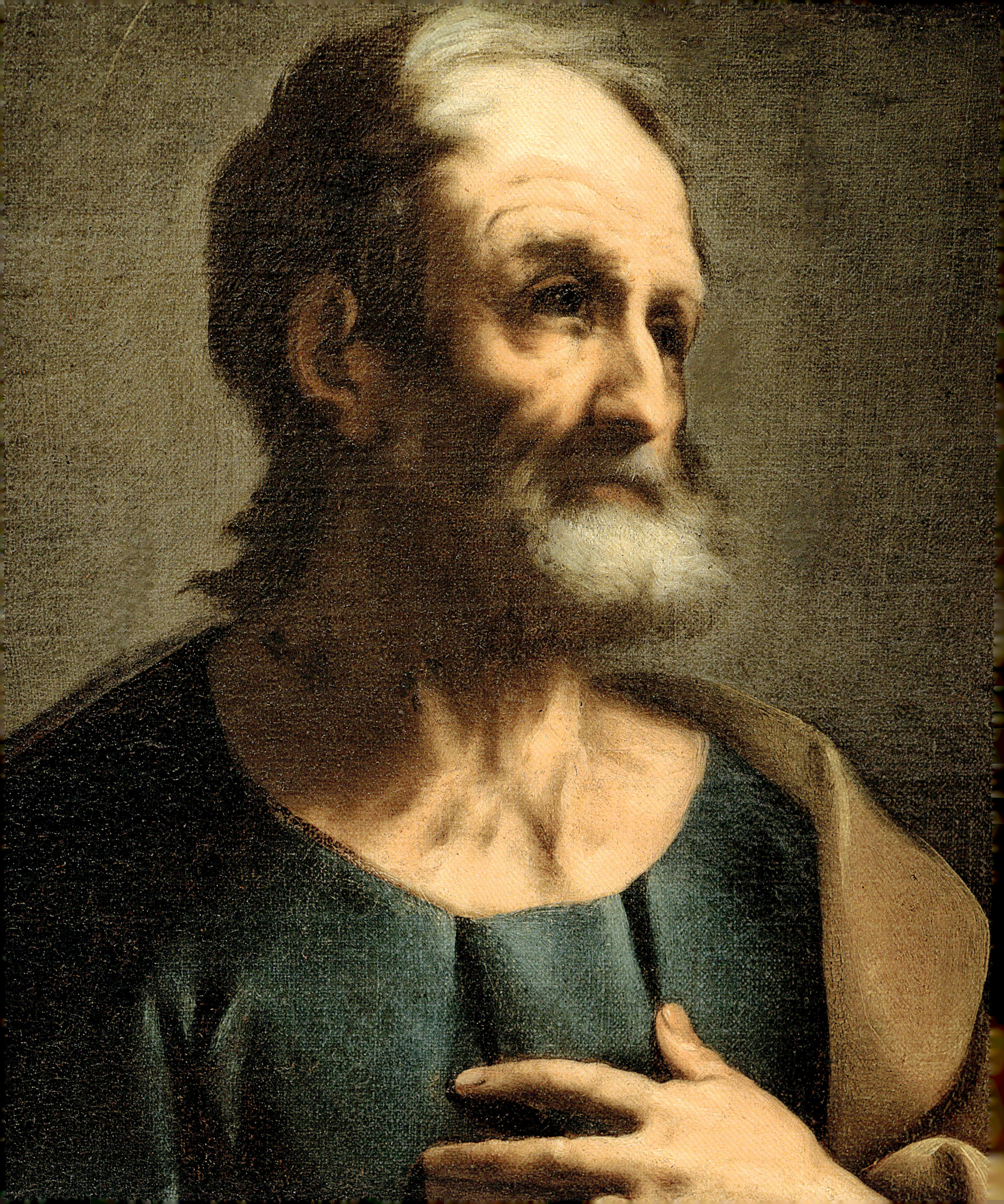

## Giovan Battista Discepoli detto lo Zoppo da Lugano

(Castagnola, Lugano, 1590? - Lugano?, 1654)

### 7. *La Vergine col Bambino appare a san Grato e san Bernardo*

olio su tela, 250 × 170 cm
Lortallo di Ameno, oratorio di San Grato

Rivelata da due angeli intenti a schiudere le cortine di un'ampia tenda verde, la Vergine con il Bambino, incoronata da altri due angioletti, appare a san Grato vescovo d'Aosta, che regge tra le mani la testa del Battista da lui ritrovata in Terra Santa, e a san Bernardo di Chiaravalle, accanto al quale sta il diavolo da lui scacciato, simboleggiante l'eresia sconfitta. Posti ai piedi della Madonna, i due santi, resi identificabili, oltre che dagli attributi iconografici, da due iscrizioni loro corrispondenti, richiamano, con gesti eloquenti, l'attenzione del fedele alla visione celeste. Tuttora conservato nel piccolo oratorio d'origine, sulle colline della Riviera d'Orta, il dipinto, già ricordato da Lazaro Agostino Cotta, all'inizio del Settecento, con attribuzione al Discepoli (Cotta [*post* 1716] ed. 1994, p. 116), è stato reso noto solo in tempi recenti da Marina Dell'Omo (in Cotta [*post* 1716] ed. 1994 e Dell'Omo 1995b), che ne ha stabilito l'esecuzione a un momento successivo alla visita pastorale del vescovo Tornielli del 1639, nella quale si indicava di provvedere all'esecuzione della pala, registrata in loco nella successiva ricognizione vescovile del 1661. Nonostante l'ampio intervallo cronologico che intercorre tra le due visite non sia risolutivo nel chiarirne la datazione, la tela è stata avvicinata, in maniera convincente, alla stagione più felice della carriera dello Zoppo, intorno o poco oltre la metà degli anni quaranta del Seicento, in un momento molto vicino alla *Madonna del Carmelo e santi* nella chiesa di San Pietro in Campagna a Luino, del 1647 (F. Frangi, in *Maestri lombardi* 2003). Accomunate da una severa impostazione piramidale, che riflette probabilmente le indicazioni di una committenza di provincia, entrambe le prove rivelano, nella stesura pittorica palpitante e densa, l'adesione di Discepoli al nuovo corso barocco inaugurato sulla scena milanese da Francesco Cairo, Carlo Francesco Nuvolone e Johann Christoph Storer. Nella tela di Lortallo manifestano questo aggiornamento i bagliori dorati e i cangiantismi del sontuoso piviale di san Grato, raffinatezze che non contrastano però con lo schietto naturalismo di matrice genovese esibito nel volto del san Bernardo, che chiama in causa una riflessione dell'artista sulle prove di Giovan Battista Carlone e Orazio De Ferrari (F. Frangi, in *Giovan Battista Discepoli* 2001).

*Odette D'Albo*

*Bibliografia*: Cotta [*post* 1716] ed. 1994, p. 116; M. Dell'Omo, in Cotta [*post* 1716] ed. 1994, p. 141, nota 199; Dell'Omo 1995b, pp. 104-105; Ferro, Dell'Omo 1996, p. 146; F. Frangi, in *Pittura tra il Verbano e il Lago d'Orta* 1996, p. 310; Colombo 2001, p. 559; Frangi 2001, pp. 50-52; F. Frangi, in *Giovan Battista Discepoli* 2001, p. 110, n. 15; F. Frangi, in *Maestri lombardi* 2003, pp. 60-61, n. 20; Dell'Omo 2006, p. 23; Frangi 2013b, p. 61.

## Giovan Battista Discepoli also known as lo Zoppo da Lugano

(Castagnola, Lugano, 1590? – Lugano?, 1654)

### 7. *The Virgin with Child Appearing to St. Gratus and St. Bernard*

oil on canvas, 250 × 170 cm
Lortallo di Ameno, oratory of San Grato

Two angels are intent on pulling back the fabric of heavy green drapes, revealing the Holy Child and the Virgin Mary as she is being crowned by two other angels, appearing before St. Gratus of Aosta who is holding the head of John the Baptist (that he discovered in the Holy Land) in his hands, and St. Bernard of Clairvaux flanked by the devil he had cast away – symbolizing the defeat of heresy. At the foot of the Virgin Mary, the two saints (who are identifiable not only by their iconographic features, but also by two inscriptions corresponding to them) capture the attention of the faithful towards the heavenly vision with their eloquent gestures. The painting, which is still preserved in its small oratory of origin in the Riviera d'Orta hillside, was already mentioned by Lazaro Agostino Cotta during the early 1700s as being attributed to Discepoli (Cotta [*post* 1716] ed. 1994, p. 116). This has only been made known recently by Marina Dell'Omo (in Cotta [*post* 1716] ed. 1994 and Dell'Omo 1995b), who established its creation following the pastoral visit of Bishop Tornielli in 1639, during which the altarpiece was commissioned and then subsequently registered on site during the following pastoral visit by the bishop in 1661. Although the long interval between these two visits is not sufficient in providing a definite dating of the painting, the work has convincingly been accosted to the most productive period of lo Zoppo's career (namely around or slightly beyond the mid-1640s) at a time very close to the painting entitled *Our Lady of Carmel and Saints* (1647) preserved in the San Pietro in Campagna Church in Luino (F. Frangi, in *Maestri lombardi* 2003). United by a severe pyramidal layout (probably mirroring the will of a provincial client), both of the works reveal Discepoli's accession to the new Baroque trend (in the way the paint was spread, in a thick and throbbing manner) inaugurated on the Milan scene by Francesco Cairo, Carlo Francesco Nuvolone and Johann Cristoph Storer. This new trend is manifested in Lortallo's work by the golden shimmers and iridescent hues of St. Gratus's lavish pluvial; but these subtleties do not clash with the blunt naturalism of a Genoese matrix that are exhibited in St. Bernard's features, leading to considerations by the artist regarding the works of Giovan Battista Carlone and Orazio De Ferrari (F. Frangi, in *Giovan Battista Discepoli* 2001).

*Odette D'Albo*

*Bibliography*: Cotta [*post* 1716] ed. 1994, p. 116; M. Dell'Omo, in Cotta [*post* 1716] ed. 1994, p. 141, note 199; Dell'Omo 1995b, pp. 104-105; Ferro, Dell'Omo 1996, p. 146; F. Frangi, in *Pittura tra il Verbano e il Lago d'Orta* 1996, p. 310; Colombo 2001, p. 559; Frangi 2001, pp. 50-52; F. Frangi, in *Giovan Battista Discepoli* 2001, p. 110, no. 15; F. Frangi, in *Maestri lombardi* 2003, pp. 60-61, no. 20; Dell'Omo 2006, p. 23; Frangi 2013b, p. 61.

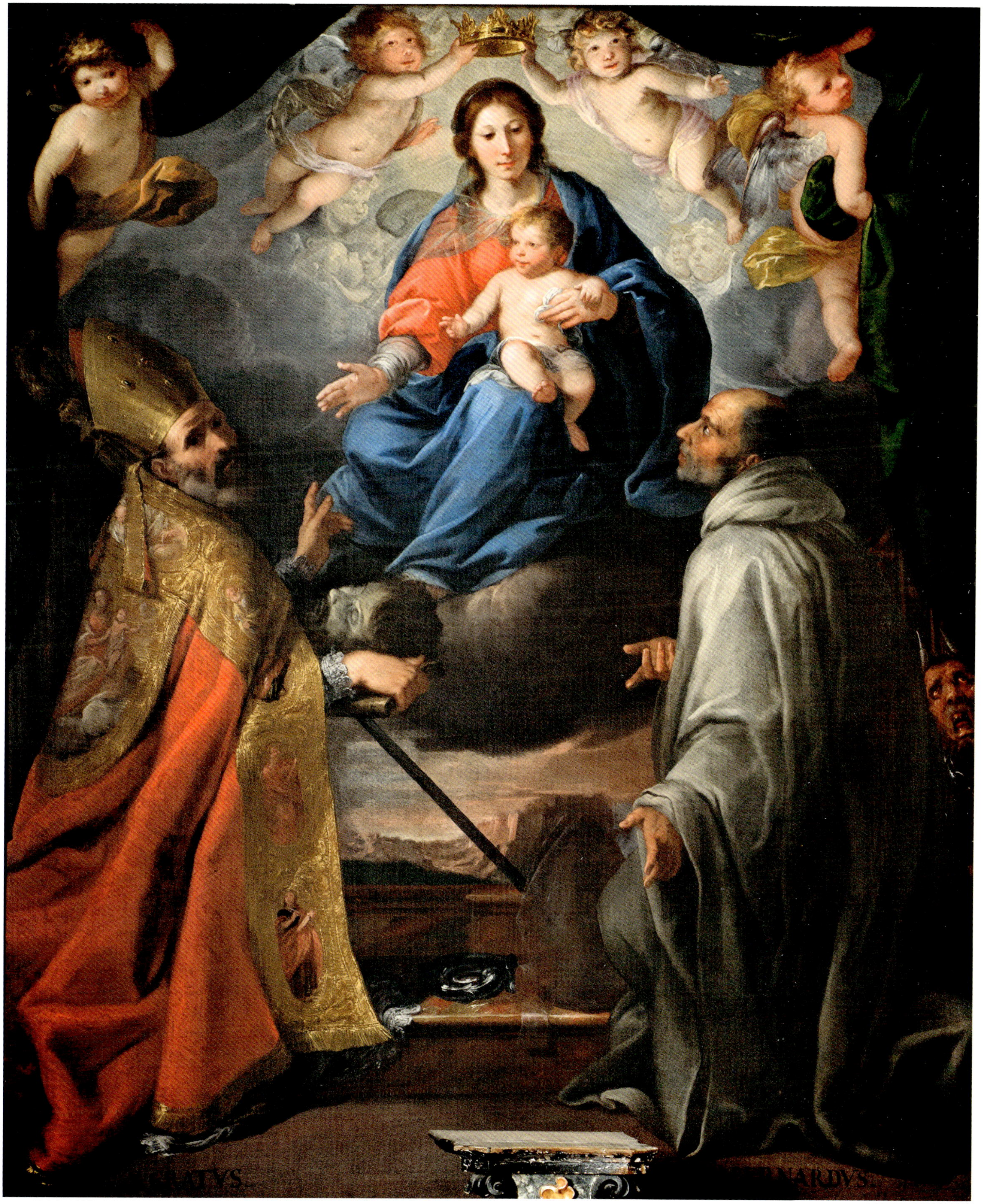

**Bartolomeo Vandoni**
(Oleggio, 1603-1683)

## 8. *Natività di Gesù**

1635
olio su tela, 211 × 148 cm
Oleggio, Museo d'Arte Religiosa "P. A. Mozzetti"

*Iscrizioni*: in basso al centro dell'opera, "Bartholomeus Vandonus Olleg[ensi]s F[ecit] 1635"; in basso a destra, "R.P.I.A.S.F.Q.F."; in alto, "Gloria in Excelsis Deo".

**opera non in mostra*

Conservata dal 1971 nel Museo d'arte religiosa, l'opera in esame era in origine la pala dell'altare di patronato della famiglia Salari, dedicato alla Natività e a san Giuseppe. Era ubicato nella chiesa medievale dei Santi Fabiano e Sebastiano, sede della confraternita omonima e demolita nella metà del XIX secolo per lasciare un piazzale più ampio davanti alla chiesa parrocchiale dei Santi Pietro e Paolo apostoli, ricostruita su progetto di Alessandro Antonelli. Nella chiesa distrutta è menzionato un altare dedicato alla Natività con una "tabula depicta" (ASDN, t. 267, f. 14) ricordata anche nel 1852 (APO, f. 5, a. 1852). Di questo pittore è stato tracciato un primo profilo nel 1989 (Fiori 1989) che va arricchendosi di anno in anno: dai primi lavori di influsso morazzoniano, si pensi alla decorazione della VI cappella dell'Orazione nell'orto al Sacro Monte di Varese e alla imponente pala dell'altare maggiore di Sant'Anna a Bellinzago, sino al *San Gerolamo nel deserto* in Sant'Alessandro a Milano e alla *Madonna con santi* a Clivio, al sorprendente dipinto della *Pentecoste* al santuario oleggese alla Madonna di Loreto, e alla tela di *Sant'Omobono* all'altare dei Calzolai nella chiesa di Sant'Eufemia a Novara (Fiori 1989). Nel museo oleggese sono conservate altre due opere di Vandoni: una *Madonna con santi e donatori*, datata 1652, di recentissima acquisizione, e una *Circoncisione*, stanca copia dell'omonima opera dei Fiammenghini conservata in San Gaudenzio a Novara.
Nella tela della *Natività* vi è una sensibilità attenta al realismo proprio del secondo quarto del XVII secolo, con un riferimento immediato alla *Natività* di Vermiglio dipinta nel 1622 per la chiesa novarese di Santa Maria delle Grazie e ora a Brera. Per la resa pittorica della cesta si rimanda a quella presente nella *Natività* del 1633 dei fratelli Lampugnani di Legnano.

*Flavia Fiori*

*Bibliografia*: Cotta [*post* 1716] ed. 1994; Barlassina, Picconi 1933, p. 157; Ferro, Dell'Omo 1996, p. 235; Fiori 1989, pp. 149-175; F. Fiori, B. Vandoni, in *Conoscere il Museo d'arte religiosa* 2010, pp. 62-63, 152-153.

**Bartolomeo Vandoni**
(Oleggio, 1603–1683)

## 8. *The Nativity**

1635
oil on canvas, 211 × 148 cm
Oleggio, Museo d'Arte Religiosa "P. A. Mozzetti"

*Inscriptions*: at the bottom, in the centre of the work: "Bartholomeus Vandonus Olleg(ensi)s F(ecit) 1635"
bottom right: "R.P.I.A.S.F.Q.F."
top: "Gloria in Excelsis Deo".

**work not on exhibition*

This painting has been in the Museum of Religious Art in Oleggio since 1971, but was originally the altarpiece of the Salari family chapel, dedicated to the Nativity and St. Joseph, in the medieval church of Santi Fabiano e Sebastiano, which was the seat of the brotherhood of the same name and was demolished in the mid-nineteenth century to create a larger square in front of the parish church of Santi Pietro e Paolo Apostoli, rebuilt to a design by Alessandro Antonelli. Mention is made of an altar dedicated to the Nativity with a "tabula depicta" (ASDN, t. 267, f. 14) in the church that was pulled down, which is also referred to in 1852 (APO, f. 5, a. 1852). This painter's activity was first outlined in 1989 (Fiori 1989) and has been fleshed out year after year, from the early works influenced by Morazzoni, such as the decoration of the sixth chapel, *The Agony in the Garden*, on the Sacro Monte in Varese, the magnificent altarpiece on the high altar of the church of Sant'Anna in Bellinzago, the *St. Jerome in the Desert* in Sant'Alessandro in Milan, the *Madonna with Saints* in Clivio and the surprising painting of Pentecost in the church in Oleggio and the Madonna of Loreto, or *St. Omobonus* on the altar of the shoemakers in the church of Sant'Eufemia in Novara (Fiori 1989). The museum in Oleggio contains another two paintings by Vandoni: a very recently acquired *Madonna with Saints and Donors*, dated 1652, and a *Circumcision*, an uninspired copy of a work by the Fiammenghini in San Gaudenzio in Novara.
The *Nativity* displays the sensibility typical of the second quarter of the 17th century and invites comparison with Vermiglio's *Nativity* painted in 1622 for the church of Santa Maria delle Grazie in Novara and now in Brera. The rendering of the basket recalls the approach used in depicting a similar object in the 1633 *Nativity* painted by the Lampugnani brothers from Legnano.

*Flavia Fiori*

*Bibliography*: Cotta [*post* 1716] ed. 1994; Barlassina, Picconi 1933, p. 157; Ferro, Dell'Omo 1996, p. 235; Fiori 1989, pp. 149-175; F. Fiori, B. Vandoni, in *Conoscere il Museo d'arte religiosa* 2010, pp. 62-63, 152-153.

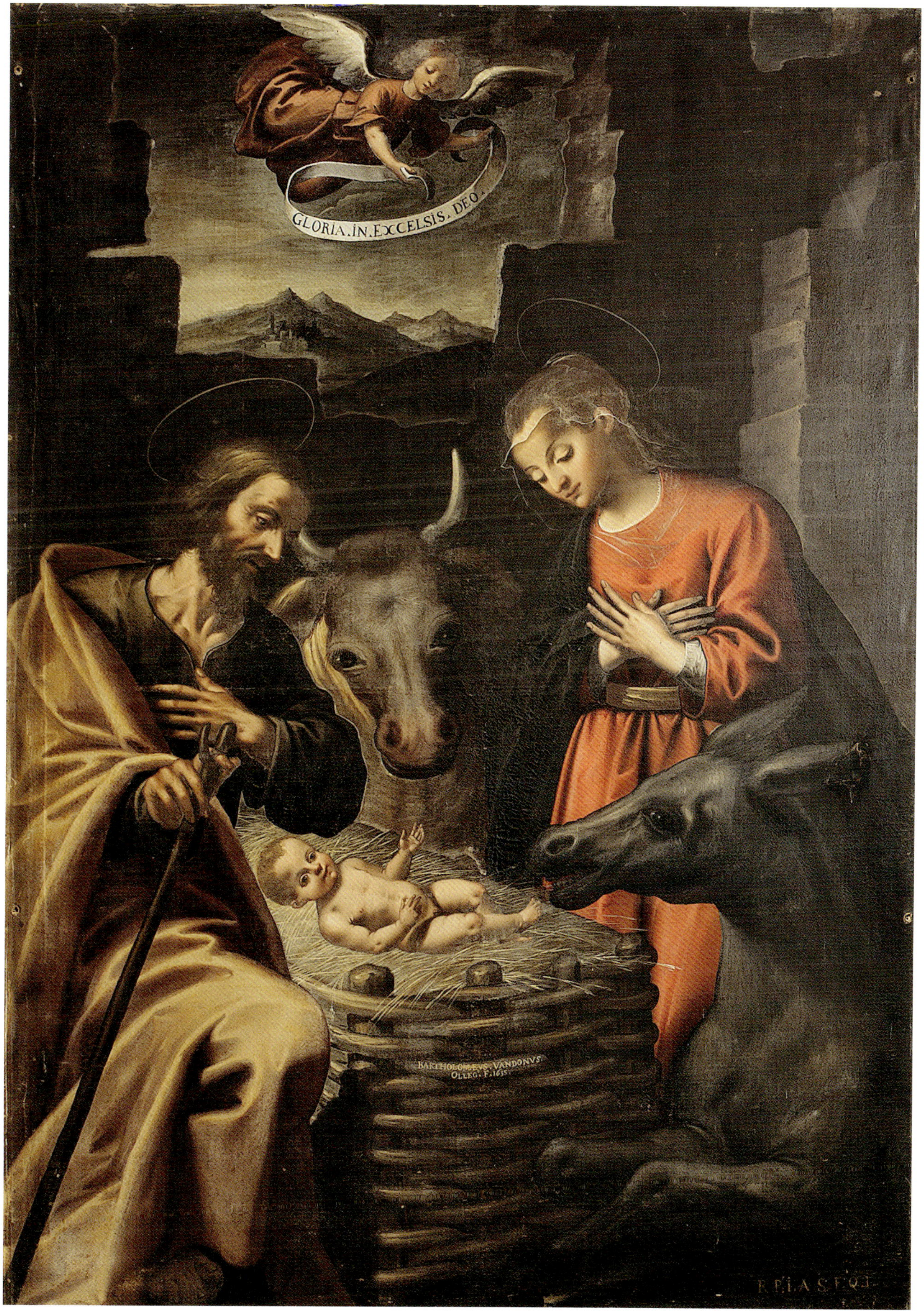
GLORIA.IN.EXCELSIS.DEO.
BARTHOLOMEVS VANDONVS
OLLEG. F. 1635.
R.P.I.A.S.F.Q.T.

## Giovanni Stefano Danedi (o Doneda) detto Montalto

(Treviglio, 1612 - Milano, 1690)

### 9. *Sant'Antonio di Padova con Gesù Bambino e i santi Giovanni Battista, Marco, Carlo Borromeo e Defendente*

olio su tela, 260 × 197 cm
Castagnola di Valduggia, chiesa di San Lorenzo

*Iscrizioni*: firmato "Steph. Montalt. fecit".

I santi Giovanni Battista, coperto di un ampio manto scarlatto e con il bastone a forma di croce, e Marco, alle cui spalle sta il leone, entrambi in ginocchio in primo piano, introducono con lo sguardo e i gesti al fulcro della composizione, uno statuario sant'Antonio di Padova abbracciato con tenerezza da Gesù Bambino e attorniato da una folta schiera di angioletti. Accanto al santo, in piedi, sono raffigurati san Carlo Borromeo e il soldato romano san Defendente, con la palma del martirio. Sin dal 1669 (ASDN, Visite pastorali, c. 214, f. 109*r*) l'opera era posta sul primo altare a destra rispetto al maggiore, all'interno di un'ancona in legno intagliato e dorato, assetto modificato tra il 1834 e il 1837 durante la ristrutturazione dell'edificio condotta su disegno di Alessandro Antonelli (Barlassina, Picconi 1931). Perduta la cornice originale, oggi il dipinto orna l'altare a destra dell'ingresso della chiesa. Nota da tempo nella letteratura su Montalto, la tela è stata variamente datata dalla fine degli anni cinquanta del Seicento (Venturoli 1990) alla fase tarda della lunga carriera del pittore (L. Bandera Gregori, in *Pittura tra Adda e Serio* 1987), indicazioni che sono da rivedere alla luce dei documenti ritrovati da Marina Dell'Omo (2003), che la ricordano in loco già nel 1652. A questo riferimento va aggiunto il termine *post quem* del 1649, anno nel quale la parrocchia di Castagnola ottenne l'autonomia da quella della vicina Arlezze (Barlassina, Picconi 1931). Firmato sulla targa in primo piano, il dipinto, che precede di poco la *Decollazione del Battista* della chiesa parrocchiale di Barzio, in Valsassina, del 1655-1656 (Coppa 2015), è la prima prova di Montalto databile con certezza dopo gli affreschi del presbiterio del duomo di Monza, del 1648, nei quali l'artista, affrancatosi dai cupi esordi sotto l'orbita di Morazzone, approda, forse sulla scorta di un soggiorno a Roma, a tinte schiarite e luminose che però, evidenti nella grande decorazione, si riscontrano con minor frequenza nelle opere coeve su tela. Di questo aspetto rende conto l'opera in esame, nella quale i colori vivaci risaltano su uno sfondo ancora scuro, mentre le asprezze morazzoniane, pure avvertibili nei volti affilati dei santi, cedono il passo a un fare più delicato e sentimentale, da leggere accanto agli esiti raggiunti, in anni precedenti, da Carlo Francesco Nuvolone, ad esempio nell'*Adorazione dei pastori* del duomo di Novara, messa in opera nel 1643 (Ferro 2003, p. 196).

*Odette D'Albo*

*Bibliografia*: Fornoni s.d. [1915-1920], III, pp. 85-86; Barlassina, Picconi 1931, p. 205; Mallè s.d. [ma 1974], p. 391; Rosci 1960, p. 60; Pesenti 1968, p. 102; D. Rizzio, in *San Carlo e la Valsesia* 1984, p. 50; Bandera Gregori 1985, p. 39; Tirloni 1985, pp. 454-455; L. Bandera Gregori, in *Pittura tra Adda e Serio* 1987, p. 174; Venturoli 1990; Bona Castellotti 1992, p. 127; De Pascale 1994, p. 96; Ferro, Dell'Omo 1996, p. 118, n. 229; Baini, Colombo 2000, p. 98; Dell'Omo 2003, p. 319, nota 14; Pacia 2009, p. 18; Coppa 2015, p. 54; D'Albo 2015, p. 21.

## Giovanni Stefano Danedi (or Doneda) known as Montalto

(Treviglio, 1612 – Milan, 1690)

### 9. *St. Anthony of Padua with the Christ Child and SS. John the Baptist, Mark, Charles Borromeo and Defendens*

oil on canvas, 260 × 197 cm
Castagnola di Valduggia, church of San Lorenzo

*Inscriptions*: signed "Steph. Montalt. fecit".

St. John the Baptist, clothed in a large scarlet robe and bearing a cross-shaped staff, and St. Mark, with the lion behind him, are kneeling in the foreground; by their gaze and gestures, they draw the viewer' s eyes towards the focus of the composition, a statuary St. Anthony of Padua tenderly embraced by the Christ Child and surrounded by a large group of angels. Next to the saint, standing, we see St. Charles Borromeo and St. Defendens, a Roman soldier, holding the palm of martyrdom. After 1669 (ASDN, Visite pastorali, c. 214, f. 109*r*), the work was located on the first altar to the right of the main one, within an altarpiece in carved and gilded wood; this was altered between 1834 and 1837 during the renovation of the building by Alessandro Antonelli (Barlassina, Picconi 1931). With the original frame lost, the painting today adorns the altar to the right of the church' s entrance.

The picture has been noted in the literature of Montalto for some time, but has been variously dated from the late 1650s (Venturoli 1990) to the late phase of the painter' s long career (L. Bandera Gregori, in *Pittura tra Adda e Serio* 1987); these suggestions now need to be reviewed in the light of the documents found by Marina Dell' Omo (2003), which mention the painting as being in loco as early as 1652. This point should be added to the *post quem* date of 1649, the year in which the parish of Castagnola became independent of nearby Arlezze (Barlassina, Picconi 1931). Signed on the panel in the foreground, the painting, which was executed shortly before the *Beheading of John the Baptist* in the parish church of Barzio, in Valsassina of 1655-1956 (Coppa 2015), is the first work by Montalto that can be dated with certainty after the frescoes for the presbytery in the cathedral of Monza of 1648. In these, the artist, have shrugged off his dark beginnings in the circle of Morazzone, began to use bright and sunny colours, perhaps in the wake of a stay in Rome. However, while evident in the artist's large-scale decorations, these are found less frequently in his contemporary works on canvas. The present work reflects this: the bright colours are shown against what is still a dark background, while the harshen details typical of Morazzone, noticeable also in the faces of the saints, give way to a make more delicate and sentimental touch, which may be compared to the results achieved in slightly earlier years, by Carlo Francesco Nuvolone, for example in the *Adoration of the Shepherds* in the cathedral of Novara, executed in 1643 (Ferro 2003, p. 196).

*Odette D'Albo*

*Bibliography*: Fornoni n.d. [1915-1920], III, pp. 85-86; Barlassina, Picconi 1931, p. 205; Mallè s.d. [but 1974], p. 391; Rosci 1960, p. 60; Pesenti 1968, p. 102; D. Rizzio, in *San Carlo e la Valsesia* 1984, p. 50; Bandera Gregori 1985, p. 39; Tirloni 1985, pp. 454-455; L. Bandera Gregori, in *Pittura tra Adda e Serio* 1987, p. 174; Venturoli 1990; Bona Castellotti 1992, p. 127; De Pascale 1994, p. 96; Ferro, Dell'Omo 1996, p. 118, n. 229; Baini, Colombo 2000, p. 98; Dell'Omo 2003, p. 319, nota 14; Pacia 2009, p. 18; Coppa 2015, p. 54; D'Albo 2015, p. 21.

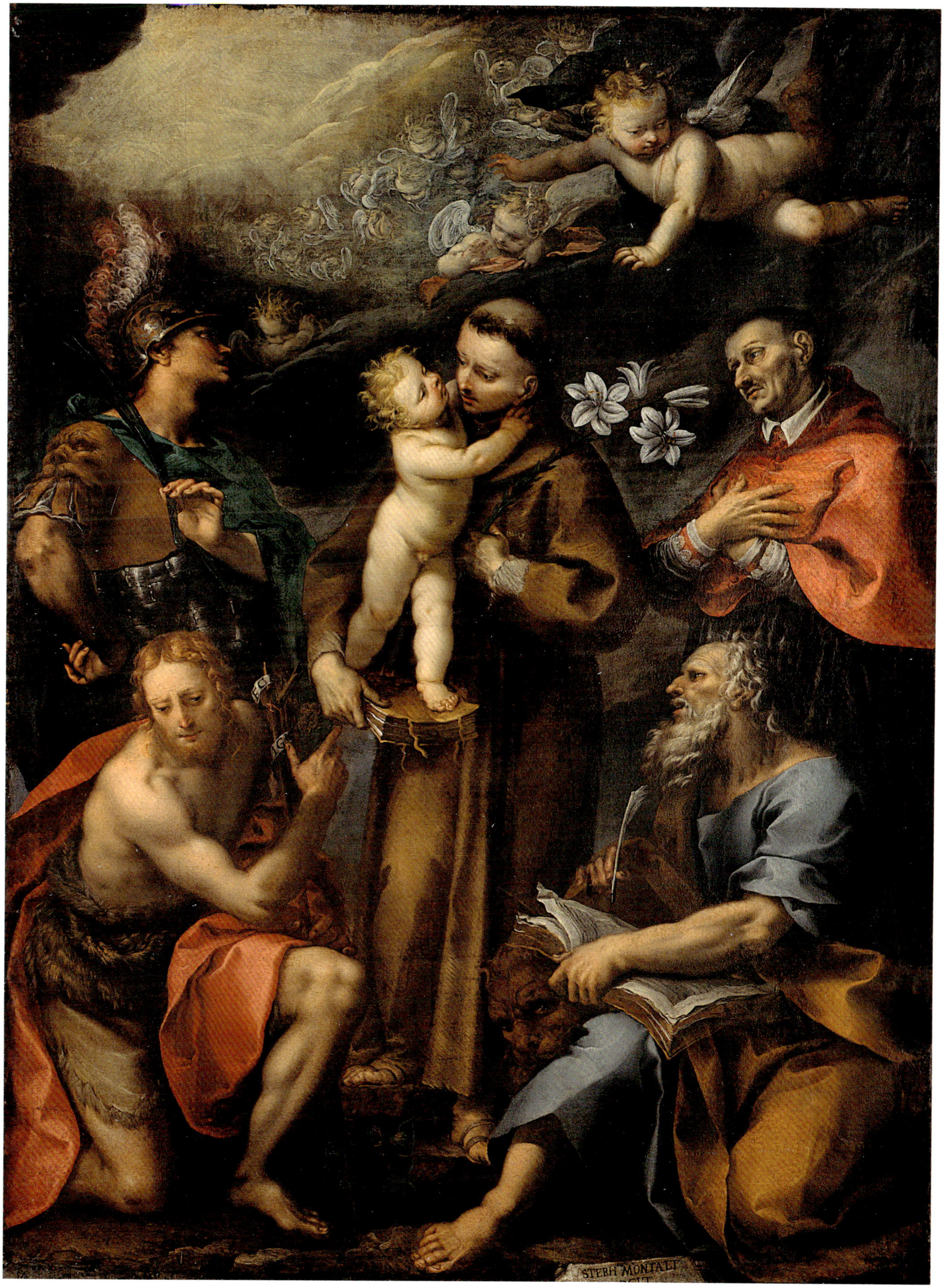
STEPH MONTALT

## Carlo Francesco Nuvolone

(Milano, 1609-1662)

### 10. *Federico Borromeo prega l'Immacolata*

olio su tela, 230 × 200 cm
Arona, collegiata di Santa Maria

Federico era devoto all'Immacolata e nell'opera in esame intercede presso di lei affinché sciolga la terribile pestilenza. L'importante pala, citata da Medoni (1844) e recuperata con sensibile attenzione agli studi (Spantigati 1977; *Musei del Piemonte* 1978; Venturoli 1992; 1996), è quindi memoria fedele della viva presenza del cardinale, da aggiungere ai "ricordi figurativi" del Manzoni; secondo la testimonianza ottocentesca dell'arciprete Lissandrini, la tela era collocata nel coro, appesa sopra l'inginocchiatoio dove il cardinale amava sostare nelle visite aronesi.
Un'immagine di commossa pietà e di sottile malinconia di Federico, eseguita qualche anno dopo la scrittura del *De pestilentia* e la sua scomparsa nel settembre 1631; in ogni caso compiuta il 29 gennaio 1642, secondo quanto è annotato nel Libro Cassa della Veneranda Fabbrica di Santa Maria (1631-1655). Siamo in una fase di esordio del pittore, affascinato dagli esempi del Morazzone e dei Procaccini e alla ricerca di un proprio linguaggio: dopo la *Santa Marta con altri santi* di Brera e ormai vicino ad aprire, con l'*Adorazione dei pastori* di Novara, un'autentica stagione barocca che si dispiegherà nelle superbe imprese di Piacenza (*Purificazione*), di Milano (*Assunzione della Vergine*, ora a Brera), di Parma (*Madonna e santi*).
Di fresca "beltà" è l'invenzione dell'Immacolata accuratamente elaborata in piccole tavole, la più nota conservata al Museo del Castello di Milano, l'altra in raccolta privata (F.M. Ferro, in *Museo d'arte antica del Castello Sforzesco* 1999, pp. 192-193; 2003, pp. 183-184) e una terza pure in collezione (Moro 2010, p. 72); il recente culto promosso da Paolo V nel 1615 ispira un modello iconografico fortunato.
I precetti di Federico espressi nel *De pictura sacra* vengono seguiti con fedeltà e fervore, e Carlo Francesco ne appunta il volto e le riflessioni da umanista nella tavoletta presso la Quadreria del collegio Oblati Missionari a Rho e nella pergamena del Museo di Gallarate. Incanta "la straordinaria ricchezza di accordi cromatici" (S.A. Colombo, in *Pittura tra il Verbano e il Lago d'Orta* 1996): i bianchi serici e perlacei, i toni grigi e rosati e l'"azzurro indicibile", ritenuto da Roberto Longhi una distinzione del pittore, risaltano sul fondo dorato e sciolgono le caligini dei "pestanti". L'immagine ritorna nella cappella X al Sacro Monte di Orta, firmata con Giuseppe nel 1654, e nelle interpretazioni che del tema offriranno i due fratelli negli anni 1655-1660 (ad Alessandria, Gallarate, Masnago, Acletta).
Sul lago borromaico il giovane Carlo Francesco lascia altre pagine

## Carlo Francesco Nuvolone

(Milan, 1609–1662)

### 10. *Federico Borromeo Praying to the Virgin*

oil on canvas, 230 × 200 cm
Arona, collegiate church of Santa Maria

Federico was a devotee of the Virgin May, and here is depicted interceding with her to remove a terrible plague. The important altarpiece, mentioned by Medoni (1844) and restored with considerable attention to studies (Spantigati 1977; *Musei del Piemonte* 1978; Venturoli 1992; 1996), offers a faithful record of the living presence of the cardinal, to be added to Manzoni's "figurative memories"; according to the 19th-century testimony of the Cardinal Lissandrini, the painting used to hang in the choir, above the kneeler where the cardinal used to spend time during his visits to Arona.
An image of heartfelt piety and of Federico's subtle melancholy, it was painted a few years after the writing of *De pestilentia* and his death in September 1631; it was certainly completed by January 29, 1642, as it is recorded in the *Libro Cassa* of the Veneranda Fabbrica di Santa Maria (1631-1655). The picture dates from the early phase in the painter's career, when he was fascinated by the work of Morazzone and Procaccini and was looking for his own style: after the *St. Martha with other saints* of the Brera and the *Adoration of the Shepherds* from Novara, a authentic baroque season was about to unfold in the superb works of Piacenza (*Purification*), Milan (*Assumption of the Virgin*, now in the Brera), Parma (*Madonna and Saints*).
The image of the Virgin carefully depicted in small panels is of a fresh beauty, the most famous of which is in the Museum of the Castle of Milan, another in a private collection (F.M. Ferro, in *Museo d'arte antica del Castello Sforzesco* 1999, pp. 192-193; 2003, pp. 183-184) and a third also in a collection (Moro 2010, p. 72); the recent cult, promoted by Pope Paul V in 1615, inspired a successful iconographic model.
The precepts of Federico expressed in *De Pictura* were followed faithfully and fervently; Carlo Francesco elected them in the face of the humanist in the panel in the picture gallery of the Collegio Oblati Missionari in Rho and in the parchment of the museum of Gallarate. "The extraordinary richness of chromatic tones" enchants (S.A. Colombo, in *Pittura tra il Verbano e il Lago d'Orta* 1996): the silky, pearly whites, the greys and pinks and "splendid blue", considered by Roberto Longhi to be a distinguishing mark of the painter, stand out against the golden ground and dissolve the mists of "plague-ridden". The image returns in the X chapel at Sacro Monte in Orta, painted with Giuseppe in 1654, and in the interpretations of the theme offered by the two brothers between 1655 and 1660 (in Alexandria, Gallarate, Masnago, Acletta).

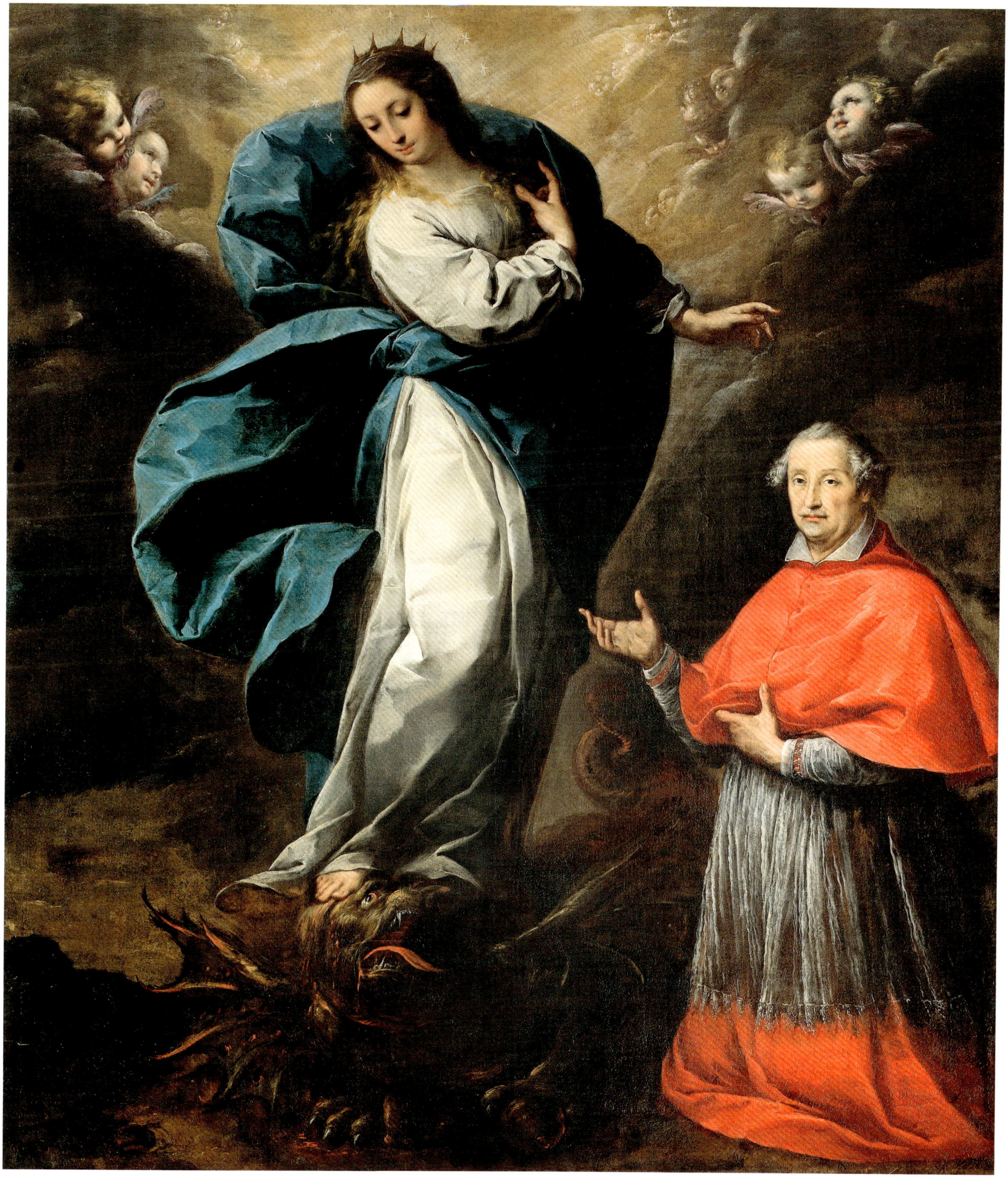

di delicata poesia: ad Arona la tavoletta con *La Vergine che appare a santa Rosa da Lima* (Ferro 2003), a Varallo Pombia *La Madonna col Bambino tra sant'Anna e san Giuseppe appare a san Vincenzo* (1631-1632) e a Traffiume la *Sant'Anna e san Gioacchino con la Vergine* (circa 1640).

*Filippo M. Ferro*

*Bibliografia*: Medoni 1844, p. 127; Spantigati 1977, pp. 100-101; *Musei del Piemonte* 1978, p. 154; Venturoli 1992, p. 39; S.A. Colombo, in *Pittura tra il Verbano e il Lago d'Orta* 1996, pp. 292-293, tav. 87 a p. 159; Ferro, Dell'Omo 1996, p. 193, n. 648; Venturoli 1996, p. 82; F.M. Ferro, in *Museo d'arte antica del Castello Sforzesco* 1999, pp. 192-193, n. 608; Ferro 2003, pp. 183-184, cf. 59 tav. XIX e cf. 60 tav. XX; F. Bergamaschi, in *Carlo e Federico* 2005, pp. 280-281, n. 57 e tav. a p. 233; Dell'Omo 2009a, p. 11, fig. 1.

On the lake, the young Carlo Francesco left a series of other delicate works: in Arona, a panel with the *Virgin appearing before St. Rosa of Lima* (Ferro 2003) and at Varallo Pombia with *The Virgin and Child between St. Anne and St. Joseph Appearing to St. Vincent* (1631-1632) and at Traffiume, *St. Anne and St. Joachim with the Virgin* (ca. 1640).

*Filippo M. Ferro*

*Bibliography*: Medoni 1844, p. 127; Spantigati 1977, pp. 100-101; *Musei del Piemonte* 1978, p. 154; Venturoli 1992, p. 39; S.A. Colombo, in *Pittura tra il Verbano e il Lago d'Orta* 1996, pp. 292-293, pl. 87 on p. 159; Ferro, Dell'Omo 1996, p. 193, no. 648; Venturoli 1996, p. 82; F.M. Ferro, in *Museo d'arte antica del Castello Sforzesco* 1999, pp. 192-193, no. 608; Ferro 2003, pp. 183-184, cf. 59 pl. XIX and cf. 60 pl. XX; F. Bergamaschi, in *Carlo e Federico* 2005, pp. 280-281, no. 57 and pl. on p. 233; Dell'Omo 2009a, p. 11, ill. 1.

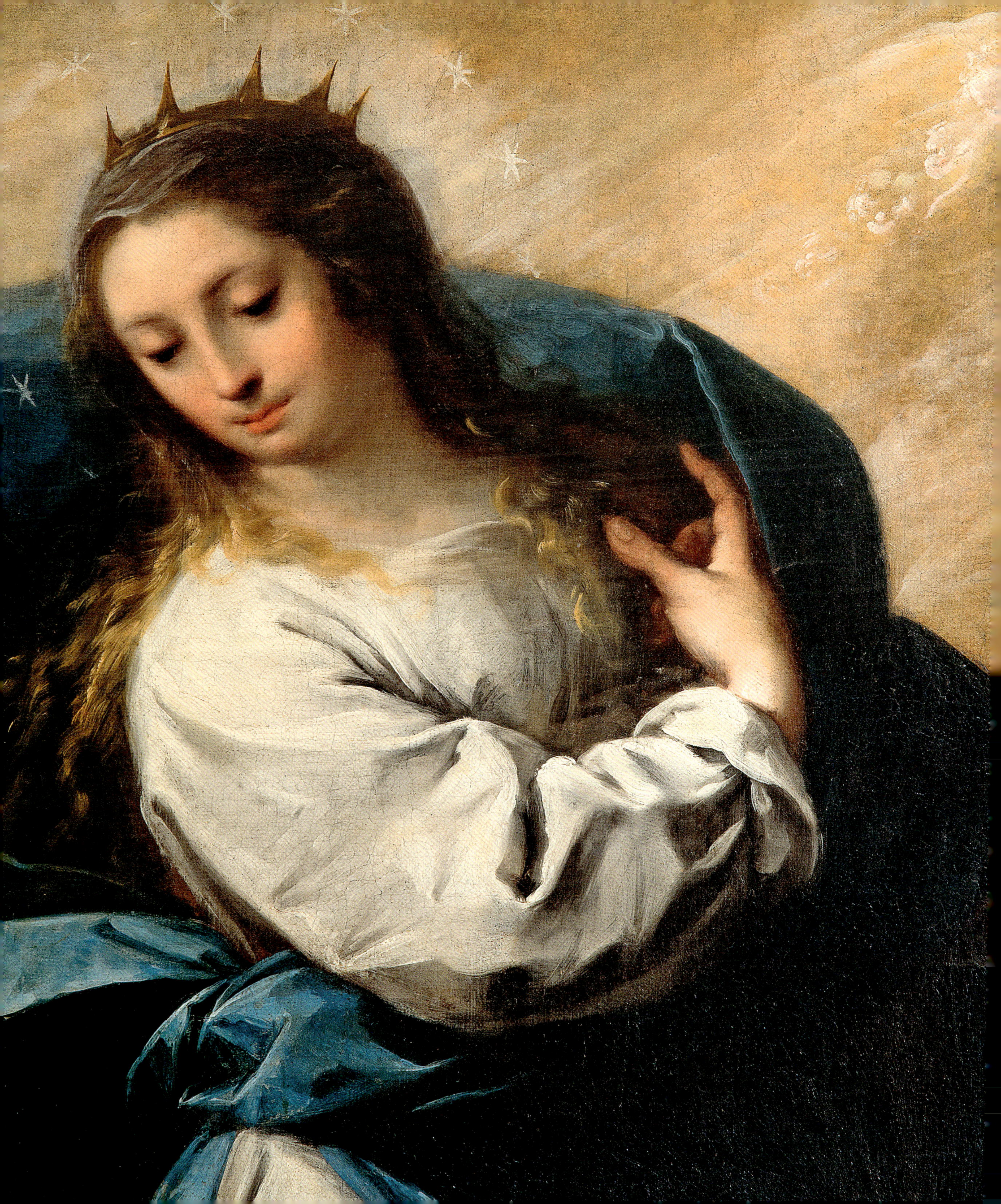

## Carlo Francesco Nuvolone

(Milano, 1609-1662)

### 11. *Riposo durante la fuga in Egitto*

olio su tela, 168 × 109 cm
Borgomanero, oratorio di San Giuseppe

L'oratorio di San Giuseppe viene ricostruito nel 1651, e la tela in esame è ricordata nell'inventario del 20 luglio 1652, redatto in occasione della visita pastorale del vescovo Benedetto Odescalchi: "un quadro grande fatto a oglio di buona mano con sopra Santo Gioseffo, la madre Santissima col figliolino, che rappresentano il viaggio fatto in Egitto". Nella scena di deliziosa intimità, Giuseppe è protagonista, coglie e porge alla Vergine e al Bambino i datteri della palma inclinata dagli angioletti, come raccontano lo Pseudo Matteo (20-21) e la *Legenda aurea* di Jacopo da Varagine. Il dipinto del giovane Carlo Francesco riprende una tradizione figurale della Sacra famiglia che risale a Gaudenzio e che si è espressa compiutamente nelle incisioni di Camillo Procaccini e nello splendido rame del Cerano a Oxford. L'immersione dei fuggitivi in una natura partecipe e guardata con meraviglia risponde bene al gusto del cardinal Federico e alla sua predilezione per i paesaggi di Jan Breughel e Paul Bril (*La Peinture en Lombardie* 2014). Incantevoli sono gli accordi cromatici, i bruni-verdi del san Giuseppe, il brillante contrasto azzurro-rosso del manto della Vergine che sfoggia un turbante da zingarella. E toccanti sono l'affabilità e la dolcezza dei sentimenti che evocano Correggio e Barocci e che segnano l'inclinazione serena, magica, della nuova vena barocca in Lombardia (*ibidem*). Del tema il giovane maestro offre varie versioni, il dipinto più rigido a Digione, Musée des Beaux-Arts (Ferro 2003, pp. 171-172, cf. 21, fig. 9), la tavoletta in collezione Orsi (ivi, p. 182, cf. 57, tav. XVI) e quella splendida apparsa sul mercato francese (Ferro 2013, p. 93, fig. 2). Quanto al "bambino vispo" ricorre nelle *Sacre famiglie* dell'Ambrosiana (Ferro 2003, pp. 187-188, cf. 76, fig. 24a) e di varie raccolte private (ivi, cf. 75). La tela di Borgomanero, databile tra il 1636 e il 1643 (Venturoli 1992), è vicina alla pala per il duomo di Novara e alla sua elegante e commossa intonazione poetica; e in città se ne citano copie a comprovare il successo dell'invenzione (Dell'Omo 1991a).
La presenza di Carlo Francesco nel territorio sarà in seguito notevole per l'intervento al Sacro Monte d'Orta con il fratello Giuseppe (cappella X, 1654) e per le pale di vibrante e soffusa levità pittorica (ormai circa 1660) dell'attiguo territorio ticinese a Oleggio (*Annunciazione*) e a Bedisco di Oleggio (*Sant'Antonio di Padova col Bambino*).

*Filippo M. Ferro*

*Bibliografia*: Zanetta 1984, I, p. 44; Zanetta, Chironi, Temporelli 1988, p. 66; Dell'Omo 1991a, pp. 189-198; Venturoli 1992, pp. 38-50; Ferro, Dell'Omo 1996, p. 193, n. 646, tav. 99; Ferro 2003, pp. 182-183, cf. 57, tav. XVII.

## Carlo Francesco Nuvolone

(Milan, 1609-1662)

### 11. *Rest on the Flight into Egypt*

oil on canvas, 168 × 109 cm
Borgomanero, oratory of San Giuseppe

The oratory of San Giuseppe was rebuilt in 1651 and the canvas is mentioned in the inventory of 20 July 1652, drawn up on the occasion of the pastoral visit of Bishop Benedetto Odescalchi: "A large picture made with oils of a good hand showing St. Joseph, the Holy Mother with her little Son, shown on the journey into Egypt". In the delightfully intimate scene, Joseph is the protagonist, gathering and holding out to the Virgin and Child the dates from a palm tree bent over by putti, as told by Pseudo-Matthew (20–21) and in the Golden Legend by Jacobus de Voragine. The painting by the young Charles Francesco takes a figural tradition of the Holy Family dating back to Gaudenzio and which was fully expressed in the engravings by Camillo Procaccini and in the splendid plate by Cerano in Oxford. The immersion of the fugitives in a nature that participates and looks on with wonder responds well to the taste of Cardinal Federico and his predilection for the landscapes of Jan Brueghel and Paul Bril (*La Peinture en Lombardie* 2014). The chromatic tones – the brown-green of St. Joseph and the brilliant contrast of red and blue in the mantle of the Virgin who sports a gypsy-like turban – are enchanting. Touching too are the affability and sweetness of the feelings evoking Correggio and Barocci and marking the serene and magic manner of the new Baroque vein in Lombardy (*Ibid.*).The young artist offered various versions of the theme, the most rigid of which is at Dijon in the Musée des Beaux-Arts (Ferro 2003, pp. 171-172, cf. 21, ill. 9), the panel in the Orsi collection (*Ibid.*, p. 182, cf. 57, pl. XVI) and the splendid one that has appeared on the French market (Ferro 2013, p. 93, ill. 2). As for the "lively boy", he recurs in the Holy Families of the Ambrosiana (Ferro 2003, pp. 187-188, cf. 76, ill. 24a) and in various private collections (*Ibid.*, cf. 75). The Borgomanero canvas, dated between 1636 and 1643 (Venturoli 1992), is close to the altarpiece for the Duomo of Novara and its elegant and emotional poetic intonation; the town contains a number of copies that underscore the success of the composition (Dell'Omo 1991a).
The presence of Carlo Francesco in the area became all the more significant with his work in the Sacro Monte d'Orta with his brother Giuseppe (chapel X, 1654), and for vibrant and soft altarpieces (circa 1660) for the neighbouring Ticino area to Oleggio (*Annunciation*) and at Bedisco di Oleggio (*St. Anthony of Padua and Child*).

*Filippo M. Ferro*

*Bibliography*: Zanetta 1984, I, p. 44; Zanetta, Chironi, Temporelli 1988, p. 66; Dell'Omo 1991a, pp. 189-198; Venturoli 1992, pp. 38-50; Ferro, Dell'Omo 1996, p. 193, no. 646, pl. 99; Ferro 2003, pp. 182-183, cf. 57, pl. XVII.

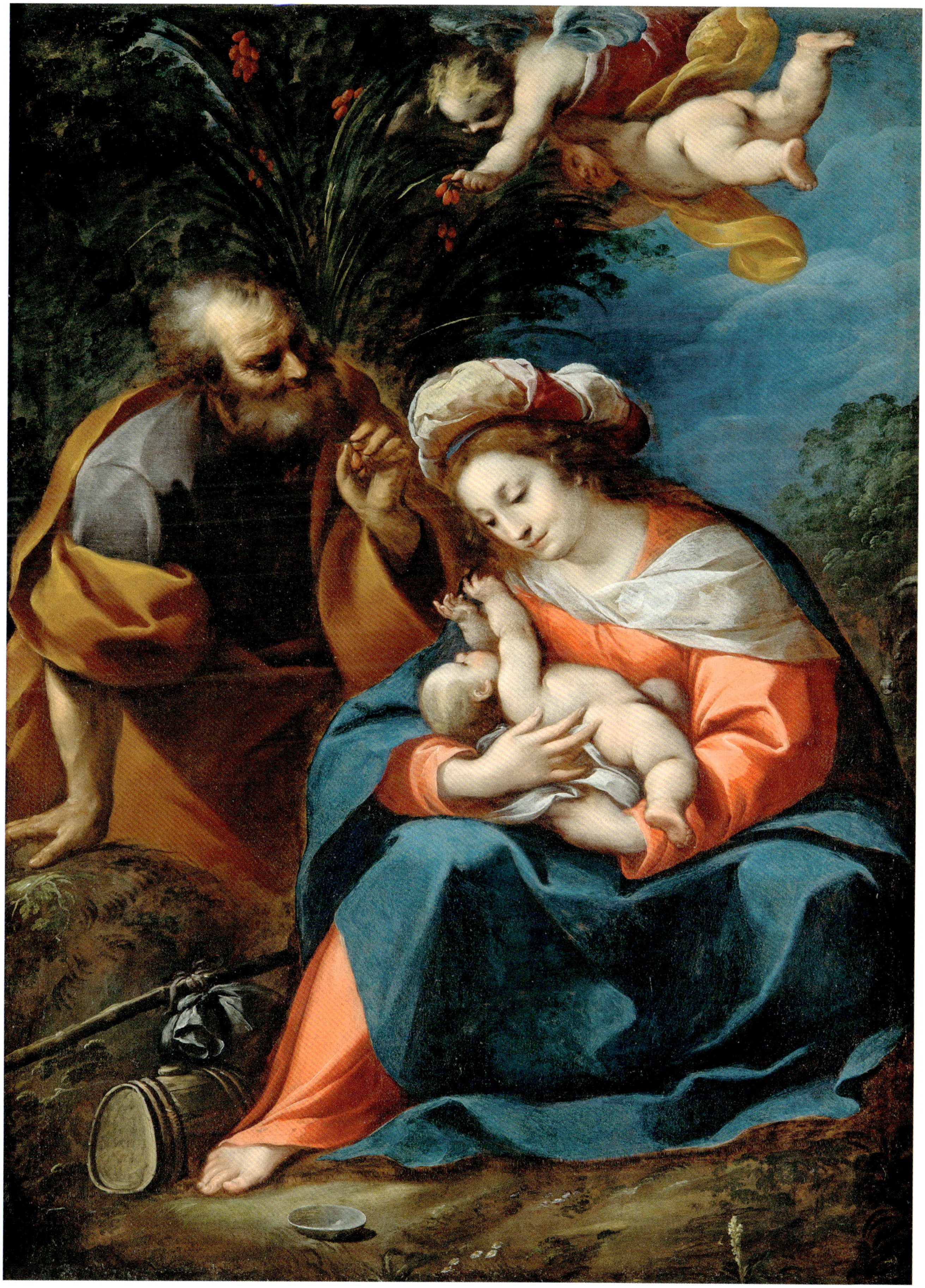

## Carlo Francesco Nuvolone
(Milano, 1609-1662)

### 12. *Maddalena penitente e angeli*

olio su tela, 268 × 173 cm
Novara, collezione privata

La bionda Maddalena nuda, alla quale scivola dai fianchi un manto rosso, è inginocchiata in un bosco che si apre a destra su un arioso paesaggio. La confortano due angeli drappeggiati di bianco, ocra e azzurro, in alto tre cherubini in volo, uno dei quali porge una corona di fiori. Già pala dell'altare maggiore nella chiesa monastica femminile di Santa Maria Maddalena ad Alessandria (Bartoli 1776-1777, II), fu eseguita secondo il Mantelli (1836) nel 1655, e da lui giudicata "uno de' pochi capi d'opera dell'arte che possiede la città nostra [Alessandria]". Sempre Mantelli riferisce che fu oggetto di disposizioni censorie da parte dei vescovi Gattinara nel 1752 e De Rossi nel 1769, per cui fu spostata nel 1783 in altro luogo del monastero, per approdare in proprietà privata alla soppressione dello stesso. Ne eseguì una copia fedele, firmata, già in Santa Maria Maddalena a Novara e ora ai Civici Musei cittadini, il fratello minore Giuseppe, menzionata per la prima volta nella visita Odescalchi del 1658 e oggetto di analoghe preoccupazioni censorie (S. Coppa, in *Museo novarese* 1987; Ferro 2003).
L'opera cade in anni che vedono i due fratelli collaborare strettamente nella bottega familiare, al punto da rendere spesso problematica la distinzione delle competenze, come attestano fra i molti gli esempi gli affreschi della cappella X del Sacro Monte di Orta del 1654, firmati congiuntamente, o il ciclo della Beata Vergine del Rosario di Vimercate, saldato nel 1652, i cui pagamenti furono corrisposti ai "Signori fratelli Panfili Nuvoloni".
Le tipologie delicate degli angeli dai riccioli vaporosi rimandano al Morazzone e ancor più a Giulio Cesare Procaccini. Decisamente procacciniano è il volto riverso in molle abbandono della Maddalena che, come già quello della giovanile *Santa Marta col drago* di Brera (1636), trae spunto dai languori estatici di tante sante martiri di Giulio Cesare, fra cui la *Santa Cecilia* o la *Santa Rufina* del "quadro delle tre mani", sempre di Brera.

*Simonetta Coppa*

*Bibliografia*: Bartoli 1776-1777, II, p. 83; Chenna 1785-1835, III, p. 284; Mantelli 1836, pp. 81-82; S. Coppa, in *Museo novarese* 1987, pp. 294-295; Spantigati 1988, p. 109; Ferro 2003, cf. 183, p. 220, e g. 29, p. 242 (per la copia di Giuseppe); Ferro 2004, pp. 94-99; *Rinascimento Risorgimento* 2011; Frangi 2013a, p. 22.

## Carlo Francesco Nuvolone
(Milan, 1609–1662)

### 12. *The Penitent Magdalene and Angels*

oil on canvas, 268 × 173 cm
Novara, private collection

The blond and naked Magdalene, a red mantle slipping from her waist, kneels in a wood with an airy landscape visible to the right. She is comforted by two angels with white, ochre and light-blue drapes; three cherubim fly above, one of them proffering a crown of flowers. Formerly the main altarpiece in the convent of Santa Maria Maddalena in Alessandria (Bartoli 1776-1777, II), according to Mantelli (1836) it was painted in 1655 and was judged by him to be "one of the few masterpieces of art that our city [Alessandria] possesses". Mantelli also stated that it was the object of a series of censorious dispositions by bishops Gattinara in 1752 and De Rossi in 1769; indeed, as a result it was moved in 1783 to another location within the convent, before passing into private ownership when the convent was suppressed. The artist's younger brother, Giuseppe, painted a faithful, signed copy of it for the church of Santa Maria Maddalena in Novara (now in the Civici Musei), which was mentioned for the first time during the Odescalchi visit of 1658. It too provoked some censorious comments (S. Coppa, in *Museo novarese* 1987; Ferro 2003).
The work dates from a period in which the two brothers were working closely in the family studio, making it difficult in many cases to distinguish their two hands, as is evident – choosing from the many possible examples – by looking at the frescoes in the X Chapel at Sacro Monte di Orta of 1654, which were signed jointly, or at the cycle of the Beata Vergine del Rosario in Vimercate, finished in 1652, payment for which was made to the "Signori fratelli Panfili Nuvoloni".
The delicate forms of the angels with the wispy curls recall Morazzone and, even more, Giulio Cesare Procaccini. The upturned face of the Magdalen in gentle surrender is also typical of Procaccini, and like that of the youthful *St. Martha with the dragon* in the Brera (1636), its draws its ecstatic languour from the many martyred saints painted by Procaccini, such as the *St. Cecilia* or the *St. Rufina*, in the "three-handed picture" in the Brera.

*Simonetta Coppa*

*Bibliography*: Bartoli 1776–1777, II, p. 83; Chenna 1785-1835, III, p. 284; Mantelli 1836, pp. 81-82; S. Coppa, in *Museo novarese* 1987, pp. 294-295; Spantigati 1988, p. 109; Ferro 2003, cf. 183, p. 220, and g. 29, p. 242 (per la copia di Giuseppe); Ferro 2004, pp. 94-99; *Rinascimento Risorgimento* 2011; Frangi 2013a, p. 22.

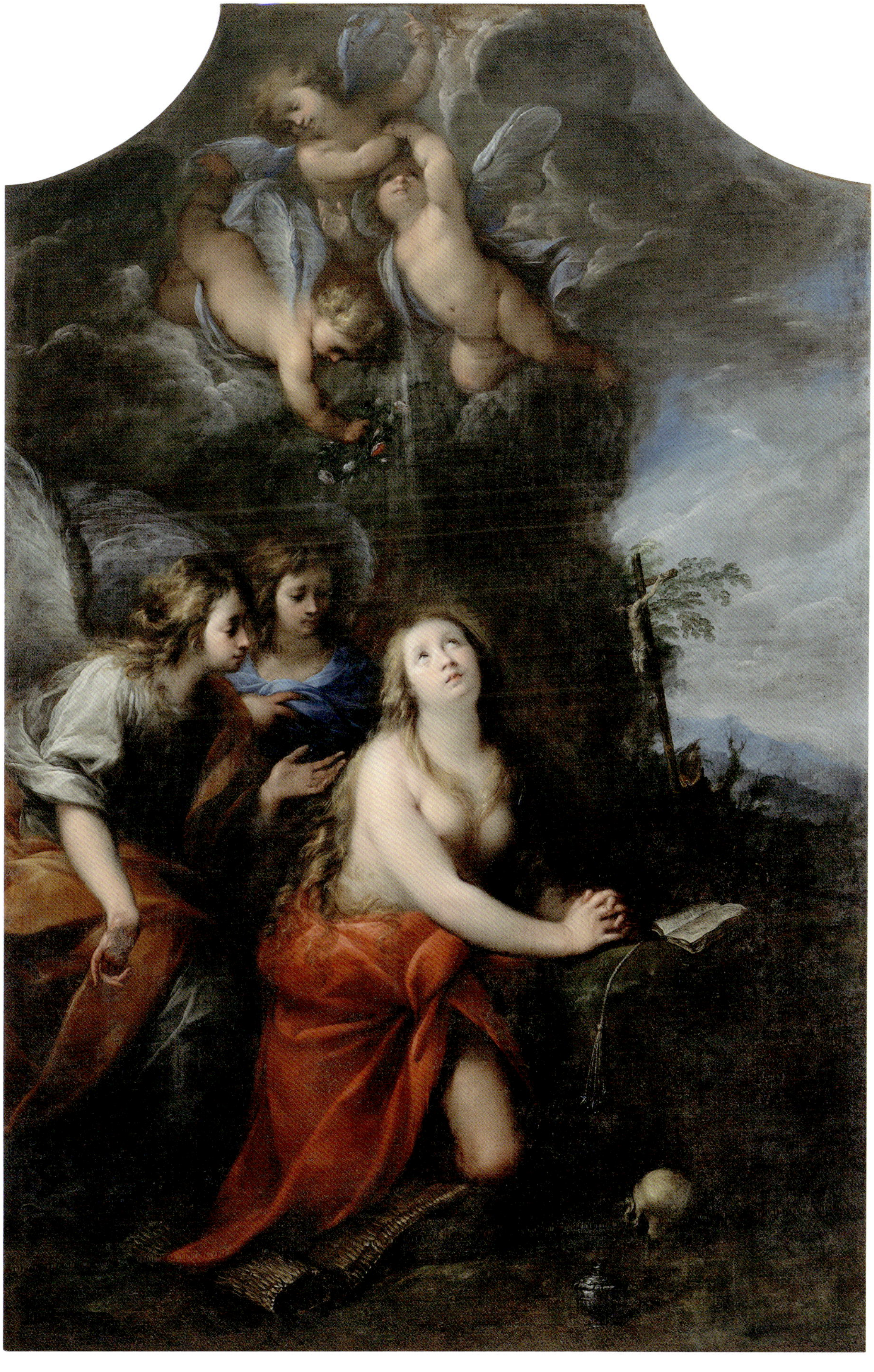

## Carlo Francesco Nuvolone

(Milano, 1609-1662)

### 13. *Madonna col Bambino e san Giovanni Battista*

olio su tela, 242 × 170 cm
Strona, chiesa di San Giovanni Decollato

La pala, collocata sull'altare maggiore della seicentesca chiesetta di Strona, conserva tuttora la cornice originale in legno scolpito, dorato e dipinto con toni brillanti già occultati da un'uniforme ridipintura e riportati alla luce dal recente restauro. Lo stesso intervento ha riguardato anche la tela, finora ignorata dagli studi, ma che per la sua qualità e per le caratteristiche stilistiche può essere attribuita con sicurezza al pittore milanese Carlo Francesco Nuvolone. Membro di una famiglia di pittori di origine cremonese, Carlo Francesco, che fu allievo del Cerano, lavorò spesso in collaborazione col fratello Giuseppe, ad esempio nella decorazione ad affresco di due cappelle del Sacro Monte di Orta. Nel territorio della diocesi di Novara inviò pale d'altare anche a Borgomanero, a Varallo Pombia e ad Arona. Proprio con quest'ultima – raffigurante *L'Immacolata col cardinale Federico Borromeo* e databile al quarto decennio (Ferro 2003, p. 183) – la tela di Strona presenta le maggiori affinità, sia nella figura della Vergine sia nei riverberi di luce dorata di questa visione tipicamente barocca. I due personaggi che sporgono dal limite inferiore vanno identificati con i committenti, cui si riferisce lo stemma che li affianca: l'accostamento dell'aquila e del cerro rimanda alla famiglia Cerini, un cui rappresentante, di nome Giovanni Battista (1614-1679), fu il primo parroco di Sambughetto (frazione di Valstrona) dal 1638 (Bettoja 1995, pp. 69-70). A lui si riferiscono verosimilmente le iniziali "I.C." ai lati del cartiglio dipinto; anche la devozione al santo omonimo sembra confermare tale identificazione. Si tratterebbe pertanto di un'opera del periodo giovanile di Carlo Francesco, particolarmente influenzato dalla sensibilità atmosferica e dalla sensualità della pittura del bolognese milanesizzato Giulio Cesare Procaccini.

*Mario Epifani*

*Bibliografia*: inedito.

## Carlo Francesco Nuvolone

(Milan, 1609-1662)

### 13. *Madonna and Child with St. John the Baptist*

oil on canvas, 242 × 170 cm
Strona, church of San Giovanni Decollato

Located over the main altar of the small 17th-century church in Strona, it still preserves the original sculpted, gilt wood frame painted in bright colours formerly concealed by a uniform overpainting and only recently brought back to light with a restoration. The same intervention also concerned the actual canvas, hitherto overlooked by scholars, but which by its quality and stylistic features may be attributed with certainty to the Milanese painter Carlo Francesco Nuvolone. A member of a family of painters from Cremona, Carlo Francesco, who was a pupil of Cerano, often worked in collaboration with his brother Giuseppe; for example, in the fresco decoration of two chapels at Sacro Monte di Orta. In the diocese of Novara, he produced altarpieces for Borgomanero, Varallo Pombia and Arona. It is with the latter – depicting the *Virgin with Cardinal Federico Borromeo*, dating from the 1630s (Ferro 2003, p. 183) – that the picture of Strona has the most affinity, both in the figure of the Virgin and in the reflections of golden light in this typically baroque vision. The two characters that protrude from the lower edge may be identified as the patrons, as referred by a crest alongside them: the combination of eagle and turkey oak identifies them as being of the Cerini family, a member of which called Giovanni Battista (1614-1679), was the first priest of Sambughetto (a village in the Valstrona district) from 1638 (Bettoja 1995, pp. 69-70). It is probably to him that the initials "IC" on either side of the painted scroll refer; moreover, the devotion to the saint of his same name seems to confirm this identification. This would thus appear to be a work by the young Carlo Francesco, particularly influenced by atmospheric sensitivity and sensuality of the painting by the Milan-influenced Bolognese artist Giulio Cesare Procaccini.

*Mario Epifani*

*Bibliography*: unpublished.

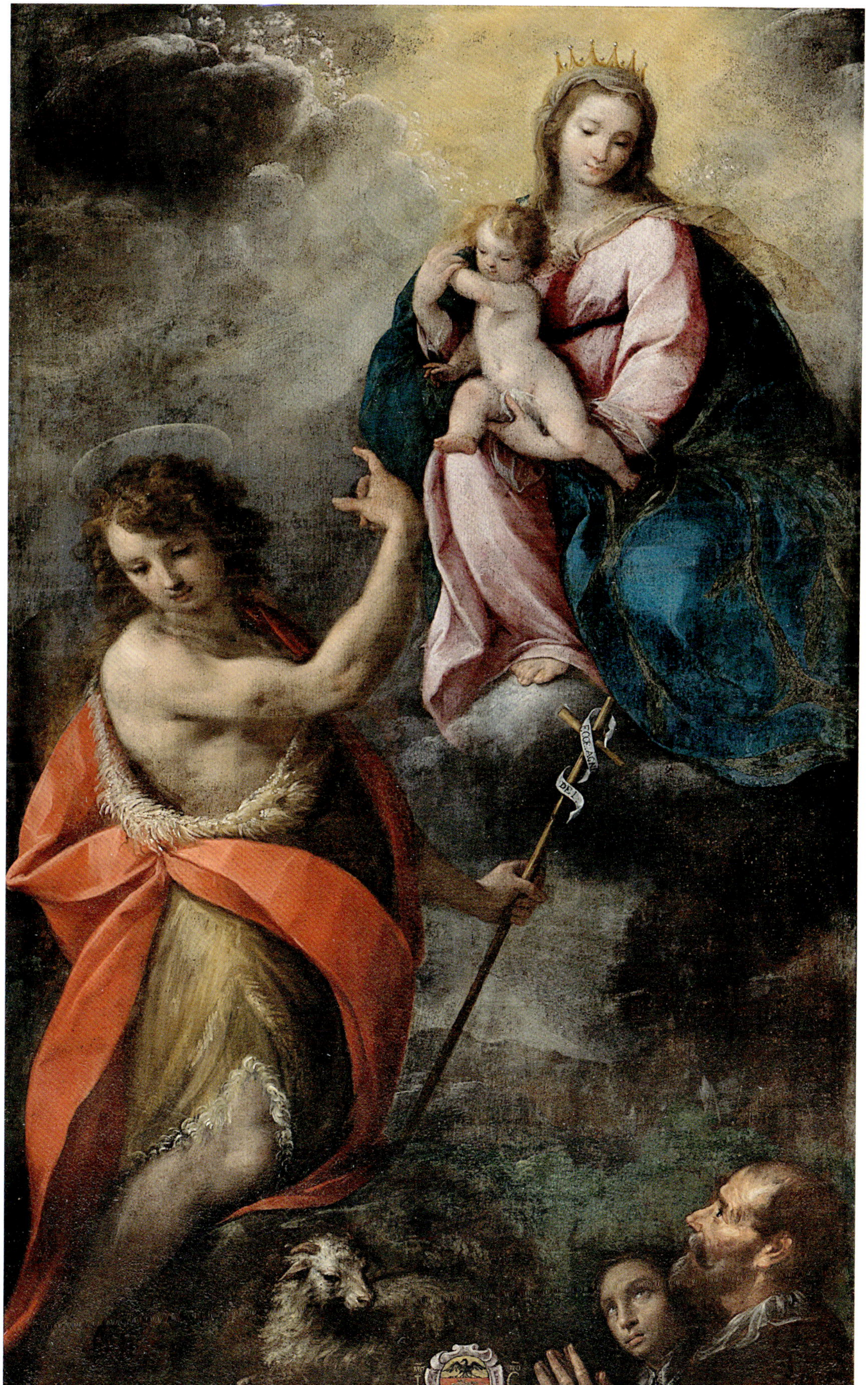

## Giuseppe Nuvolone

(Milano, 1619-1703)

### *Storie di sant'Agostino**

### 14. *Conversione di sant'Agostino*
### 15. *Sant'Agostino medita sul mistero della Trinità*
### 16. *Sant'Agostino ispirato da una visione scrive il "De Trinitate"*

1665
olio su tela, 365 × 240 cm (ciascuno)
Novara, palazzo dei Vescovi, già in Sant'Agostino

**opere non in mostra*

La serie di dipinti è del 1665, come prova la scritta con firma e data sul *Sant'Agostino ispirato da una visione scrive il "De Trinitate"*: IOS.H NIVOLO.S D.S PANFILUS / PN.T ANNO 1665. I quadroni ornavano la chiesa di Sant'Agostino, ma hanno in seguito subito spostamenti (Bianchini 1828).

Della vicenda agostiniana Giuseppe sceglie, meditando sulle *Confessioni*, le scene che rispecchiano la vita interiore e l'esperienza claustrale. Di questo percorso spirituale si conservano tre atti, anche se la citazione di Bianchini fa pensare a un quarto dipinto, poi scomparso.

Nel primo quadrone, che racconta la *Conversione*, Agostino è un elegante insegnante di retorica intento allo studio nei giardini intorno a Milano. La sua giubba rosata con gli alamari segue la moda raffinata dei personaggi che ambiscono a farsi ritrarre nella bottega dei Nuvolone. Egli siede all'ombra delle fronde quando gli appare un angelo e lo invita, porgendogli il libro aperto sul passo, a leggere l'esortazione alla castità dalla lettera di san Paolo. Nel fondo il pittore narra l'atto precedente, l'appartarsi di Agostino e di Alipio nella silenziosa verzura, e raffigura la chiesa monastero, spazio dove gli agostiniani praticano la vocazione riflessiva del fondatore.

Nella seconda tela, nucleo centrale diviene la speculazione filosofica. Agostino è raffigurato nella veste di vescovo di Ippona e ha di fronte le acque della costa africana, anche se Giuseppe sembra ispirarsi, nel rendere il respiro del golfo, alle domestiche irritazioni dei laghi lombardi e alla dolcezza delle loro rive. La Trinità è annunciata da angiolotti apparsi in volo tra i rami di un grande albero, ma l'attenzione del santo è rivolta al bambino incontrato lungo la spiaggia il quale, raccogliendo nella conchiglia l'acqua del mare, gli rivela il mistero dell'incommensurabilità.

Di eguale quiete, sia pure d'altra tonalità rispetto al bel meriggio della conversione e al procelloso tramonto della meditazione, è, nel terzo dipinto, la penombra dello studio dove il rigore intellettuale del vescovo filosofo intento alla stesura del *De Trinitate* è visitato e acceso dalla visione divina.

L'analisi stilistica della trilogia conferma un'attenzione alle invenzioni del Cerano, ai suoi paramenti serici preziosi e la conquista di un lume frutto di sapienti mescolanze tra maniera e suggestioni barocche. L'atmosfera calda, la sensualità materica innovano il tessuto avito, accolgono echi di Spagna e le gamme di colore dei genovesi. Giuseppe è presenza viva nel Novarese. In città opera per conventi femminili con la *Maddalena penitente* e due storie bibliche (*Mosè fa scaturire le acque*, *Rebecca ed Eleazar*) e a Trecate per i francescani (*Adorazione dei pastori con san Francesco* e *Adorazione dei magi*). Nel Cusio, oltre che

## Giuseppe Nuvolone

(Milan, 1619-1703)

### *Stories from the Life of St. Augustine**

### 14. *Conversion of the Saint*
### 15. *St. Augustine Meditating on the Mystery of the Trinity*
### 16. *St. Augustine Inspired by a Vision Writes "De Trinitate"*

1665
oil on canvas, 365 × 240 cm each
Novara, palazzo dei Vescovi (formely in Sant'Agostino)

**works not on exhibition*

The series of paintings dates from 1665, as evidenced by the signature and date on the *St. Augustine inspired by a vision writes "De Trinitate"*: IOS.H NIVOLO.S D.S PANFILUS / PN.T ANNO 1665. The pictures used to adorn the church Sant'Agostino, but have since been moved (Bianchini 1828).

From the possible scenes from the life of Augustine, meditating on the *Confessions*, Giuseppe chose those that reflect the inner life and the monastic experience of the saint. Three aspects of this spiritual path are shown, although Bianchini's text suggests a fourth painting, since lost.

In the first picture, which depicts the *Conversion*, Augustine is an elegant teacher of rhetoric intent on study in the gardens around Milan. His pink jacket with frogging follow the refined fashion of those who aspired to have their portraits painted in Nuvolone's workshop. He is sitting in the leafy shade when an angel appears and, handing him an open book on the step, invites him to read the exhortation to chastity in the Letter of St. Paul. At the bottom, the painter shows the previous scene, with Augustine and Alypius retreating to the quiet greenery, and depicts the monastery church, the space where the Augustinians practised the reflective vocation of their founder.

In the second painting, the central element is philosophical speculation. Augustine is depicted in his capacity as bishop of Hippo and is facing the waters off the coast of Africa, although Giuseppe seems to have drawn inspiration for the sense of space of the Gulf from waters closer to home: the Lombard lakes and their gentle shores. The Trinity is announced by putti, appearing in the air between the branches of a big tree, but the saint's attention is focused on the child on the beach, who by collecting the water of the sea in the shell, reveals the mystery of incommensurability to him.

Equally quiet, albeit of other tones to those of the beautiful afternoon light of the conversion and the stormy sunset of the meditation, is the twilight of the studio in the third painting, in which the intellectual rigour of the philosopher bishop intent on drafting the *De Trinitate* is visited and enlightened by the divine vision.

The stylistic analysis of the trilogy confirms an awareness of the inventions of Cerano, of his silky precious vestments, and the conquest of a light that is the skilled result of a blend of baroque manner and charm. The warm atmosphere and material sensuality mark a break from the past, as well as showing the influence of echoes of Spain and the chromatic palette of the Genoese. Giuseppe was a lively presence in the Novara area. In the town, he worked for convents with the *Penitent Magdalene* and two biblical stories (*Moses drawing Water*, *Re-*

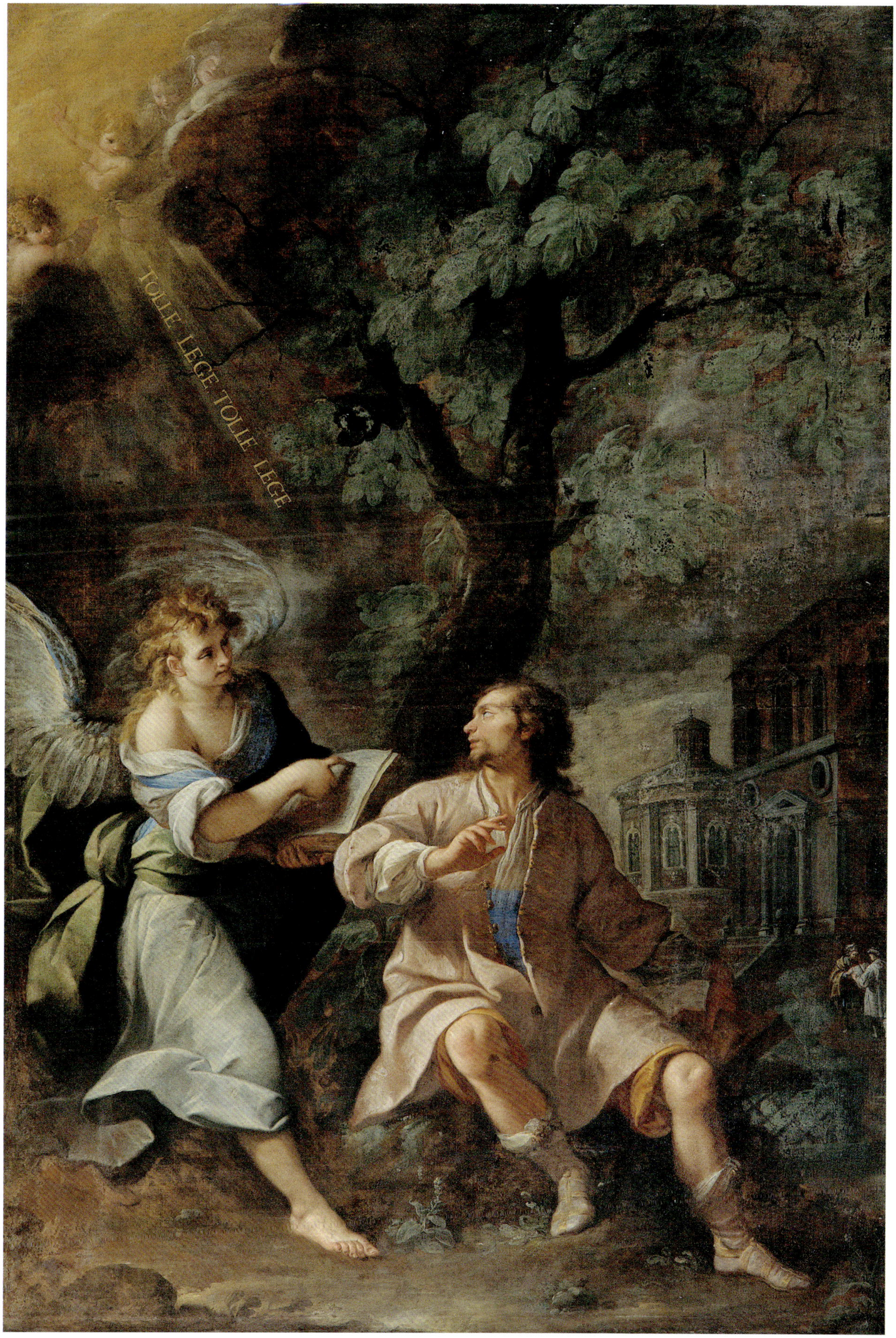


14.

al Sacro Monte d'Orta e a Miasino, intento a collaborare con Giorgio Bonola al ciclo delle *Storie di san Rocco*, lo troviamo ad Artò (*Sacra famiglia con sant'Anna e san Giovannino*). Ancora è attivo a Oleggio (*I santi Caterina e Francesco Saverio*), nel Verbano, a Pallanza (*San Paolo eremita*) e a Baceno (*Immacolata e santi*).

*Filippo M. Ferro*

*Bibliografia*: Cotta [*post* 1716] ed. 1994; Bianchini 1828, pp. 86 e 140; Ferro 1986, pp. 34-40, tavv. 28-30; Ferro 1989, p. 141; Ward Neilson 1989, p. 837; Venturoli 1992, p. 44; Dell'Omo 1993a; M. Dell'Omo, in Cotta [*post* 1716] ed. 1994, p. 137, nota 146; Ferro, Dell'Omo 1996, p. 195, n. 657; Ferro 2003, pp. 251-252, g. 68-70, tav. XCIX e fig. 123.

*becca and Eleazar*) and at Trecate for the Franciscans (*Adoration of the Shepherds with St. Francis* and *Adoration of the Magi*). In Cusio, apart from working at Sacro Monte d'Ort and Miasino, he was employed with Giorgio Bonola on the cycle of Stories of San Rocco, at Artò (*Holy Family with St. Anne and St. John the Baptist*). He was also active in Oleggio (*SS. Catherine and Francis Xavier*) and, in the Verbano region, in Pallanza (*St. Paul the Hermit*) and Baceno (*The Immaculate Virgin and Saints*).

*Filippo M. Ferro*

*Bibliography*: Cotta [*post* 1716] ed. 1994; Bianchini 1828, pp. 86 and 140; Ferro 1986, pp. 34-40, pls. 28-30; Ferro 1989, p. 141; Ward Neilson 1989, p. 837; Venturoli 1992, p. 44; Dell'Omo 1993a; M. Dell'Omo, in Cotta [*post* 1716] ed. 1994, p. 137, note 146; Ferro, Dell'Omo 1996, p. 195, no. 657; Ferro 2003, pp. 251-252, g. 68-70, pl. XCIX and ill. 123.

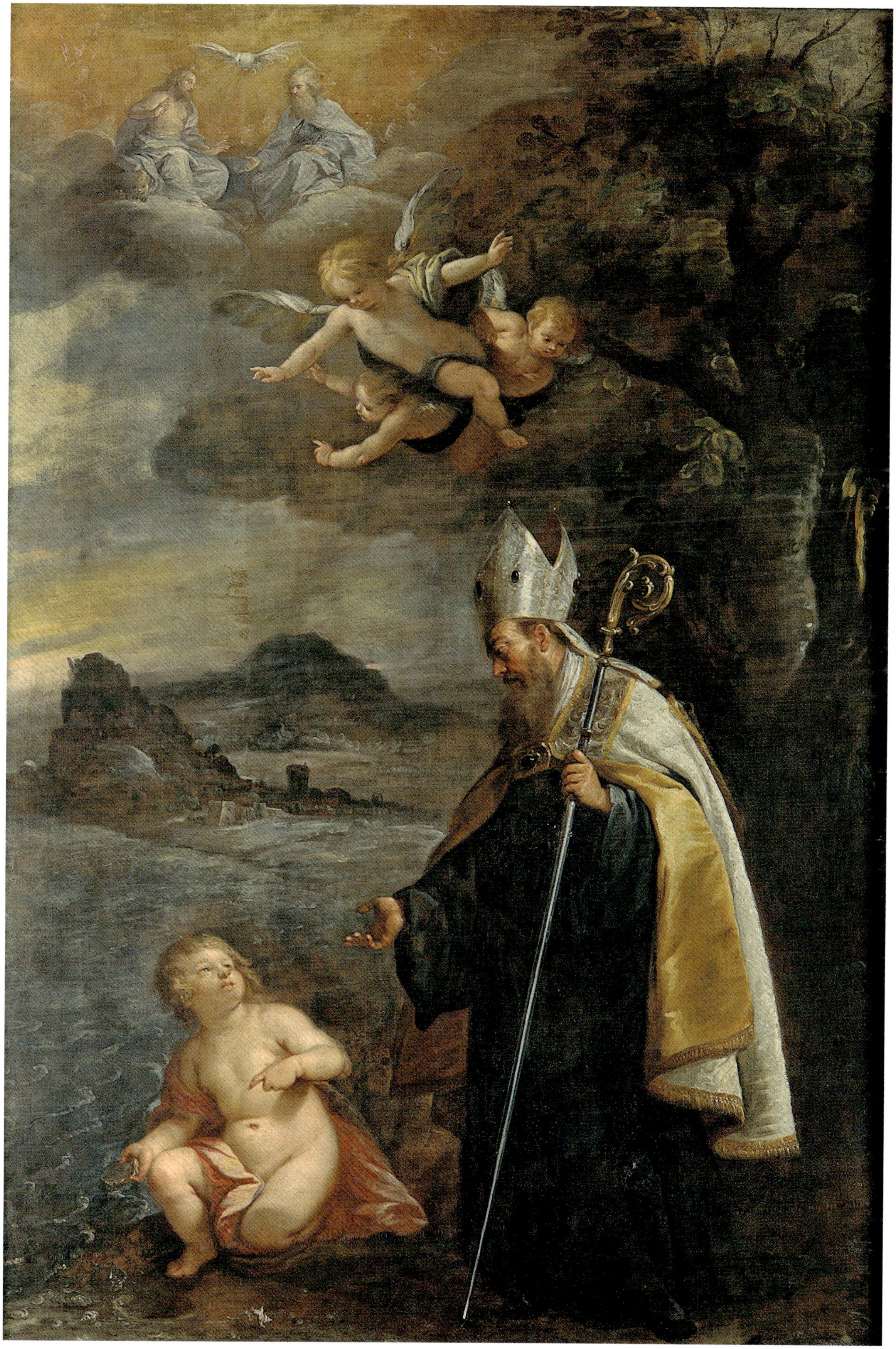

15.

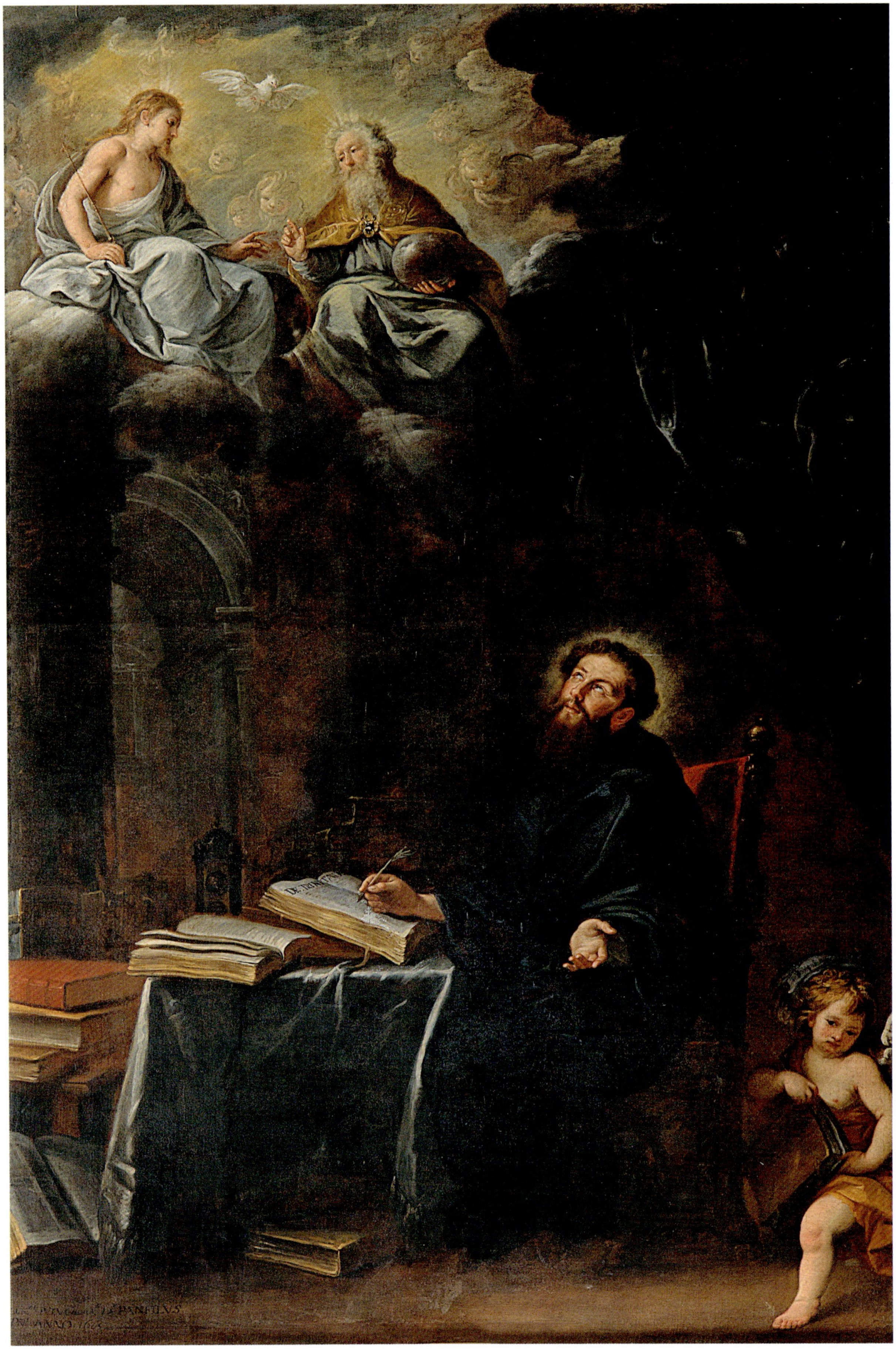

16.

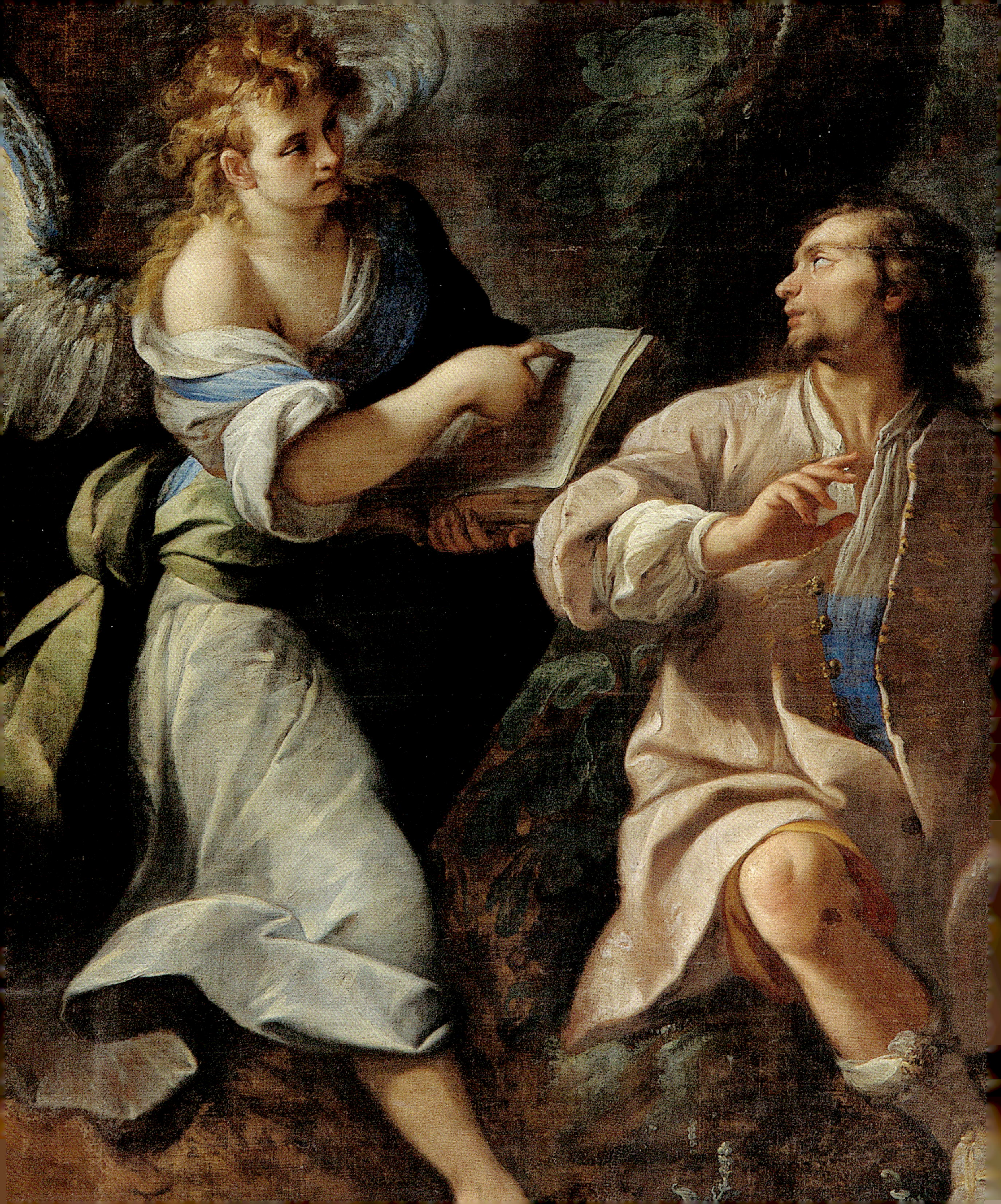

**Pietro Francesco Gianoli**
(Campertogno, 1624 - Varallo, 1690)

## 17. *Crocifissione tra i santi Gaetano da Thiene, Rosa da Lima, Francesco Saverio e il beato Pio V*

*post* 1672 - *ante* 1677
bozzetto, olio su tela, 66 × 41 cm
Confienza, collezione privata

*Iscrizioni*: INRI sul cartello della croce.

È il bozzetto della grande tela (300 × 182 cm) presente nella cappella del Crocifisso nella chiesa parrocchiale dei Santi Pietro e Paolo a Borgosesia, fedele nell'impostazione e nell'iconografia salvo qualche variante cromatica e alcuni dettagli marginali.
L'attribuzione a Gianoli del dipinto borgosesiano (e quindi del bozzetto), fatta su base stilistica, è supportata anche da riscontri documentari che ne attestano il termine *ante quem* al settembre 1677, quando fu benedetto nel corso della visita pastorale.
La presenza dei santi Gaetano da Thiene (fondatore dei teatini) e Rosa da Lima, canonizzati nel 1671, e di Pio V Ghislieri, beatificato nel 1672, ne restringe la datazione tra il 1672 e il 1677, un periodo molto fecondo del pittore, impegnato spesso in quegli anni anche per la famiglia Gibellini e in particolare per l'abate don Carlo Francesco, canonico del duomo di Novara, committente e donatore dell'opera insieme a suo fratello Giovanni Battista, avvocato e giureconsulto a Milano.
Il dipinto fu eseguito come pala dell'altare, allora dedicato alla Madonna di Loreto, in sostituzione di quello precedente, raffigurante *La Chiesa di Loreto, papa Bonifacio, l'arcangelo Raffaele con Tobia e i santi Francesco da Paola e Giovanni Nepomuceno*, e la proposta di quei nuovi modelli devozionali testimonia la rigorosa osservanza delle indicazioni vescovili in linea con il dettato della Controriforma (il vescovo dell'epoca era Giuseppe Maria Maraviglia, teatino).
La cappella, già di patronato della famiglia Grassi, fu in quegli anni ristrutturata dalla famiglia Gibellini con un nuovo altare in marmo.
Un secolo dopo, nel 1761, l'altare fu nuovamente rifatto e la cappella decorata con gli affreschi di Lorenzo Peracino: la tela di Gianoli fu spostata sulla parete sinistra nell'attuale collocazione e sostituita come pala d'altare dal crocifisso cinquecentesco, già sull'architrave del presbiterio.

*Paolo Sitzia, Giuseppe Sitzia*

*Bibliografia*: inedito.

**Pietro Francesco Gianoli**
(Campertogno, 1624 – Varallo, 1690)

## 17. *Crucifixion between SS. Cajetan of Thiene, Rose of Lima, Francis Xavier and the Blessed Pius V*

*post* 1672 – *ante* 1677
sketch, oil on canvas, 66 × 41 cm
Confienza, private collection

*Inscriptions*: INRI on the cartouche above the Cross.

This is a sketch for the large canvas (300 × 182 cm) in the chapel of the crucifix in the parish church of SS. Pietro e Paolo at Borgosesia, and is very much alike in setting and iconography except for some colour variation and some minor details.
The attribution of the painting from Borgosesiano (and therefore also the sketch) to Gianoli, made on the basis of style, is also supported by documentary evidence providing an "*ante quem*" term of September 1677, when it was blessed during the Pastoral Visit.
The presence of SS. Cajetan of Thiene (founder of the Theatines), Rose of Lima, canonised in 1671, and Pius V Ghislieri, beatified in 1672, restricts the dating to between 1672 and 1677, a very fruitful period for the painter, often engaged in those years for the Gibellini family and in particular for Abbot Don Carlo Francesco, canon of the Cathedral of Novara, client and donor of the work with his brother Giovanni Battista, a lawyer and jurist in Milan.
The painting was executed as an altarpiece, then dedicated to Our Lady of Loreto, to replace the previous one, depicting the *Church of Loreto, Pope Boniface, the Archangel Raphael with Tobias and SS. Francis from Paola and Giovanni Nepomuceno*, and the proposal of those new devotional figures testifies to the strict observance of the bishops' indications in line with the dictates of the Counter-Reformation (the bishop of the time was Giuseppe Maria Maraviglia, a Theatine).
The chapel, formerly under the patronage of the Grassi family, was renovated by the Gibellini family in those years with a new marble altar.
A century later, in 1761, the altar was again refurbished and the chapel decorated with frescoes by Lorenzo Peracino: the canvas by Gianoli was moved to the left wall in its current position and replaced as altarpiece by the 16th-century crucifix, formerly on the architrave of the presbytery.

*Paolo Sitzia, Giuseppe Sitzia*

*Bibliography*: unpublished.

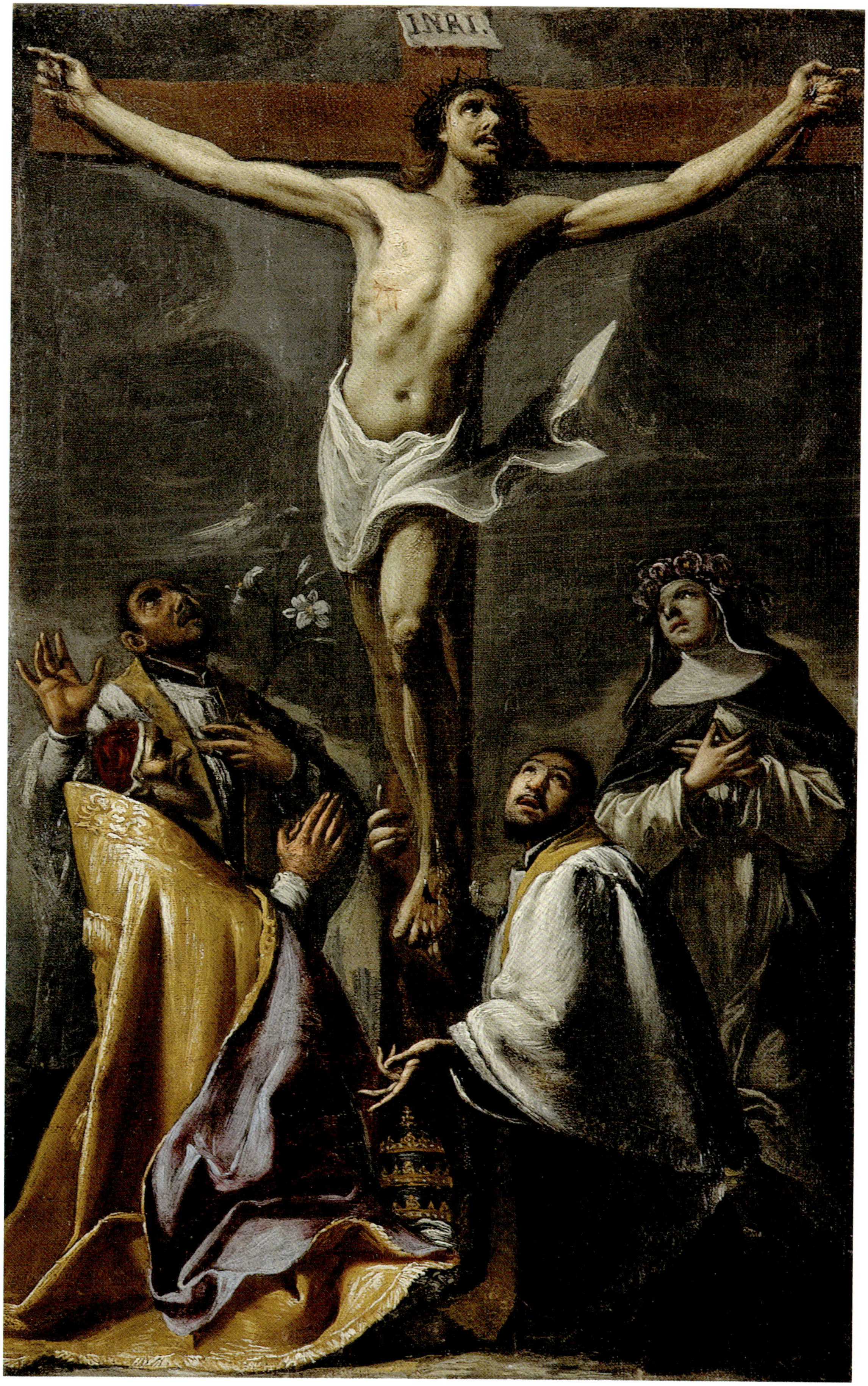
INRI

## Pietro Francesco Gianoli
(Campertogno, 1624 - Varallo, 1690)

### 18. *Madonna col Bambino e i santi Rocco e Antonio da Padova**

olio su tela, 314 × 174 cm
Borgosesia, collegiata dei Santi Pietro e Paolo

**opere non in mostra*

Destinata all'altare maggiore dell'oratorio di San Rocco sul ponte della Sesia, eretto nel 1643 e demolito nel 1889, la tela ha raggiunto proprio in quell'occasione la sede odierna: la precedente attribuzione a Cristoforo Martinolio, il Rocca (Lana 1840, p. 174), è stata superata da Romano (1988, p. 364) e da Astrua (in *Diana trionfatrice* 1989, p. 237) che, riferendola a Pietro Francesco Gianoli, ne addita il rapporto con il foglio raffigurante *Studi di figure femminili* della Pinacoteca di Varallo (inv. 1127 *recto*: cfr. inoltre G. Lazzari, in *Arti figurative* 2008, p. 80). L'assestamento cronologico intorno al 1674, dopo il soggiorno a Roma e l'attività a Varallo e a Milano, si deve a Ferro e Dell'Omo (1996, p. 153). L'esperienza romana sembra in realtà aver confortato il pittore valsesiano nel suo ritorno a Tanzio e, in modo particolare, a quel perfetto capolavoro che è la pala di Sabbia (Varallo, Pinacoteca), mirabilmente sospesa fra ideale classico e naturalismo caravaggesco. Nella tela di Borgosesia, i dati di più lampante osservazione realistica – il volume poggiato in primo piano accanto al giglio, il volto dolce e commosso di sant'Antonio, la netta inchiostratura chiaroscurale – sono ricontrollati da Gianoli sul metro di un'attenta e nobile regia compositiva che prevede, oltre all'inserimento della Vergine col Bambino in una nicchia fiancheggiata da auliche colonne corinzie, anche un calibratissimo gioco di rispondenze gestuali.

*Massimiliano Caldera*

*Bibliografia*: Lana 1840, p. 174; Romano 1988, pp. 301-379; *Diana trionfatrice* 1989, p. 237; Ferro, Dell'Omo 1996, p. 153; *Arti figurative in Valsesia* 2008, p. 80.

## Pietro Francesco Gianoli
(Campertogno, 1624 - Varallo, 1690)

### 18. *The Virgin and Child with SS. Roch and Anthony of Padua**

oil on canvas, 314 × 174 cm
Borgosesia, collegiate church of Santi Pietro e Paolo

**work not on exhibition*

Intended for the main altar of the oratory of San Rocco on the bridge over the Sesia river, erected in 1643 and demolished in 1889, the painting was moved to its present location at that time: the previous attribution to Cristoforo Martinolio, il Rocca (Lana 1840, p. 174), has been replaced by Romano (1988, p. 364) and Astrua (in *Diana trionfatrice* 1989, p. 237) who, attributing it to Pietro Francesco Gianoli, points out the relationship with the sheet depicting *Studies of female figures* in the Pinacoteca di Varallo (inv. 1127 *recto*: see also G. Lazzari, *Arti figurative* 2008, p. 80). The dating to around 1674, after the artist's stay in Rome and the work undertaken in Varallo and Milan, was suggested by Ferro and Dell'Omo (1996, p. 153). The time spent in Rome seems to have been of support to the Valsesian artist on his return to Tanzio and, in particular, when it came to painting that perfect masterpiece that is the altarpiece of Sabbia (Varallo, Pinacoteca), wonderfully suspended between classical ideal and the naturalism of Caravaggio. In the painting of Borgosesia, the parts of the most striking realistic observation – the volume placed in the foreground next to the lily, the sweet and emotional face of St. Anthony, the sharp chiaroscuro lines – are rechecked by Gianoli to maintain close control over a composition that includes, in addition to the inclusion of the Virgin and Child in a niche lined with stately Corinthian columns, also a skilled play of gestural correspondences.

*Massimiliano Caldera*

*Bibliography*: Lana 1840, p. 174; Romano 1988, pp. 301-379; *Diana trionfatrice* 1989, p. 237; Ferro, Dell'Omo 1996, p. 153; *Arti figurative in Valsesia* 2008, p. 80.

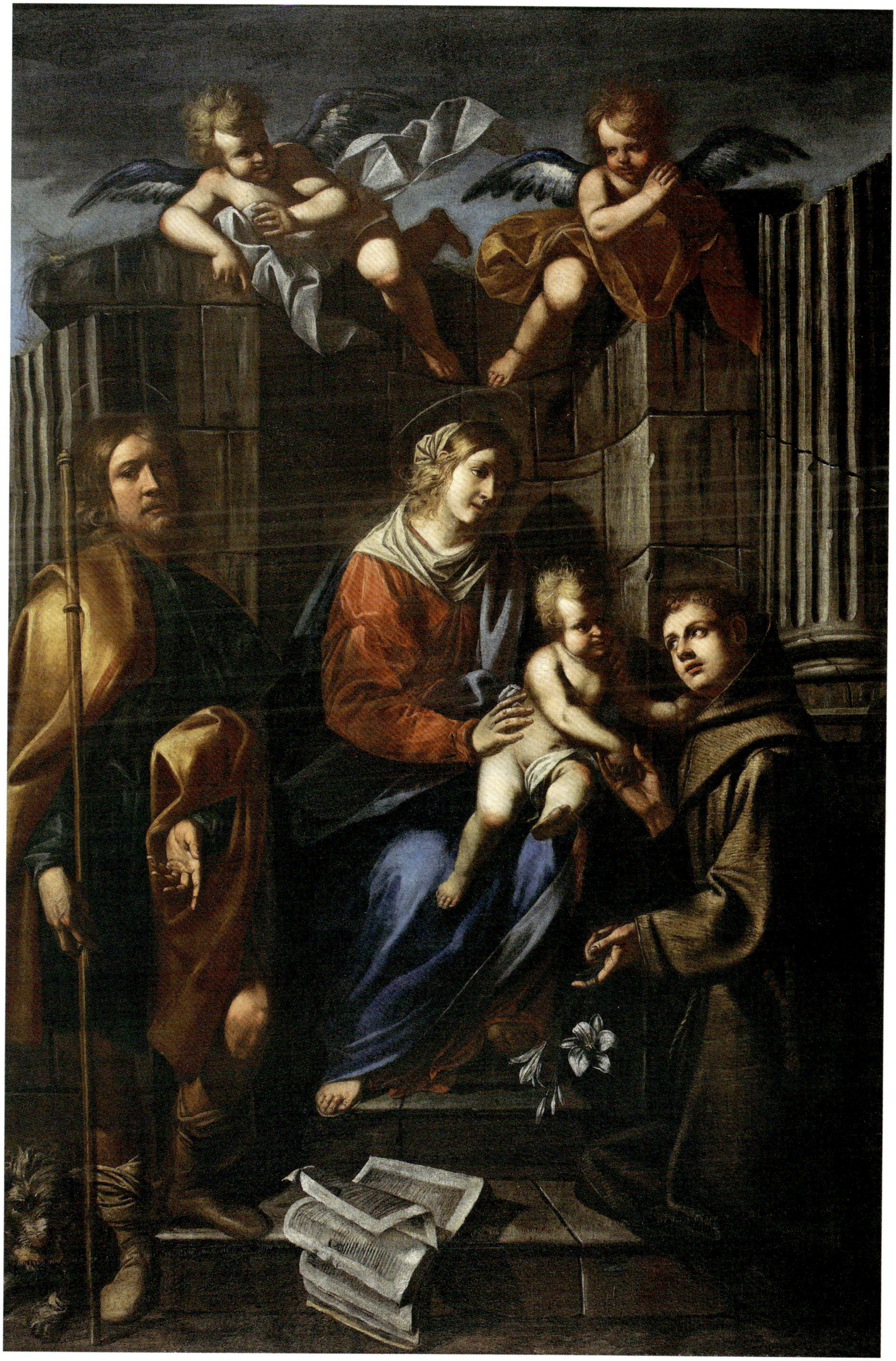

**Pietro Francesco Gianoli**
(Campertogno, 1624 - Varallo, 1690)

## 19. *Rinnegamento di Pietro*

olio su tela, 142 × 190 cm
Borgosesia, casa parrocchiale

*Iscrizioni*: "1674 li 6 7bre ex legato D. Can.ci Caroli Grassi".

Attribuito a Gianoli su base stilistica, è uno dei quadri più interessanti del pittore di Campertogno.
La chiesa di San Gaetano di Nizza Marittima conserva un dipinto identico e di grande qualità che, secondo Giovanni Romano, è il più bel Gianoli mai conosciuto, "romano" nella maniera più flagrante, quello che parla più chiaramente della sua formazione e dal quale si dovrebbe partire per ricostruire l'evoluzione stilistica del pittore.
La somiglianza del viso di san Pietro con quello affrescato da Gianoli nella cappella 32 del Sacro Monte di Varallo nel 1657, ma soprattutto l'intensa atmosfera notturna, squarciata dalla luce, inducono a riferire la datazione del dipinto intorno a quell'anno, quando le suggestioni caravaggesche del suo recente viaggio a Roma erano più vive.
La data iscritta corrisponde invece a quella del testamento redatto in punto di morte dal canonico don Carlo Grassi, proprietario dell'opera, con il quale, insieme a un lascito di 300 lire imperiali, destinava alla fabbrica della collegiata di San Pietro di Borgosesia "[...] un quadro grande della presa di S.Pietro [...]".
Il 10 settembre 1674, a soli quattro giorni dal testamento, il parroco don Lorenzo Vellata, nell'inventario dei beni lasciati dal Grassi, lo cita come "[...] Altro quadro grande della negatione di S.to Pietro qual quadro è per legato lasciato alla fabrica di S.to Pietro [...]".
Il 10 novembre 1677, secondo le disposizioni testamentarie, con le 300 lire imperiali, fu consegnata ai fabbricieri "[...] tabulam illam pictam Depraensionis sive Negationis S.ti Petri [...]".
Don Carlo Grassi, nativo di Civiasco, era stato canonico della collegiata di San Gaudenzio di Varallo fino al 16 marzo 1652, quando, a seguito di guai giudiziari, preferì richiedere ai prepositi e canonici di Borgosesia di entrare a far parte di quel capitolo dove, per la morte di don Carlo Vieta, un posto si era reso vacante.
Fu amministratore fedele di casa Gibellini, in stretto rapporto con l'abate Carlo Francesco e il giureconsulto Giovanni Battista, grandi committenti per Gianoli.
Ebbe un figlio naturale che portò il suo stesso nome e che, il 14 luglio 1675, fece testamento istituendo la cappellania di giuspatronato della famiglia Grassi all'altare della Madonna di Loreto che, a seguito di questi fatti, con l'intervento determinante dei Gibellini, fu ristrutturata mentre Gianoli dipingeva la nuova ancona della *Crocifissione*, benedetta nel 1677 dal canonico Carlo Francesco Gibellini, visitatore generale per conto del vescovo di Novara Giuseppe Maria Maraviglia.

*Paolo Sitzia, Giuseppe Sitzia*

*Bibliografia*: inedito.

**Pietro Francesco Gianoli**
(Campertogno, 1624 - Varallo, 1690)

## 19. *Peter's Denial*

oil on canvas, 142 × 190 cm
Borgosesia, vicarage

*Inscription*: 1674 li 6 7bre ex legato D. Can.ci Caroli Grassi.

This painting has been attributed to Gianoli on stylistic grounds and is one of the more interesting works by the painter from Campertogno.
The church of San Gaetano in Nizza Marittima contains an identical painting of great quality, which according to Giovanni Romano is the best Gianoli known. It is "Roman" in the most unbridled possible way and proclaims the artist's background, setting the basis for any discussion of the painter's artistic development.
The similarities in the face of St. Peter with one painted by Gianoli in Chapel 32 of the Sacro Monte in Varallo in 1657, and especially the powerful nocturnal atmosphere pierced by the light, suggest the painting can be dated to around that year, when the impact of Caravaggio's powerful works was freshest in his mind after his recent trip to Rome.
The date in the inscription applies to the will made out on his deathbed by Canon Don Carlo Grassi, the owner of the painting, in which he leaves 300 imperial lire to the Fabric of the collegiate church of San Pietro in Borgosesia, together with "a large painting of the capture of St. Peter".
On 10 September 1674, only four days after the will was signed, the parish priest Don Lorenzo Vellata described it in the inventory of Grassi's belongings as "other large painting of St. Peter's denial, which painting is bequeathed to the Fabric of St. Peter's".
Accordingly, on 10 November 1677 the administrators of the Fabric came into the possession of the 300 imperial lire as well as "*tabulam illam pictam Depraensionis sive Negationis S.ti Petri*".
Don Carlo Grassi was born in Civiasco and had been canon of the collegiate church of San Gaudenzio in Varallo until 1652, when as a result of legal problems he decided to ask the superiors and canons of Borgosesia to enter their chapter, where a place had become vacant on the death of Don Carlo Vieta.
He was a faithful administrator of the Gibellini family's estate and enjoyed a close relationship with the abbot Carlo Francesco and the jurist Giovanni Battista, both important patrons for Gianoli.
He had a natural child, to whom he gave his own name and who made out a will on 14 July 1675, by which he founded the Giuspatronato "cappellania" of the Grassi family over the altar of the Madonna of Loreto. As a result, this altar was restored with the crucial help of the Gibellini family, while Gianoli was painting the new altarpiece of the *Crucifixion*. This was blessed on 1677 by Canon Carlo Francesco Gibellini, who was visitor general on behalf of the bishop of Novara Giuseppe Maria Maraviglia.

*Paolo Sitzia, Giuseppe Sitzia*

*Bibliografia*: unpublished.

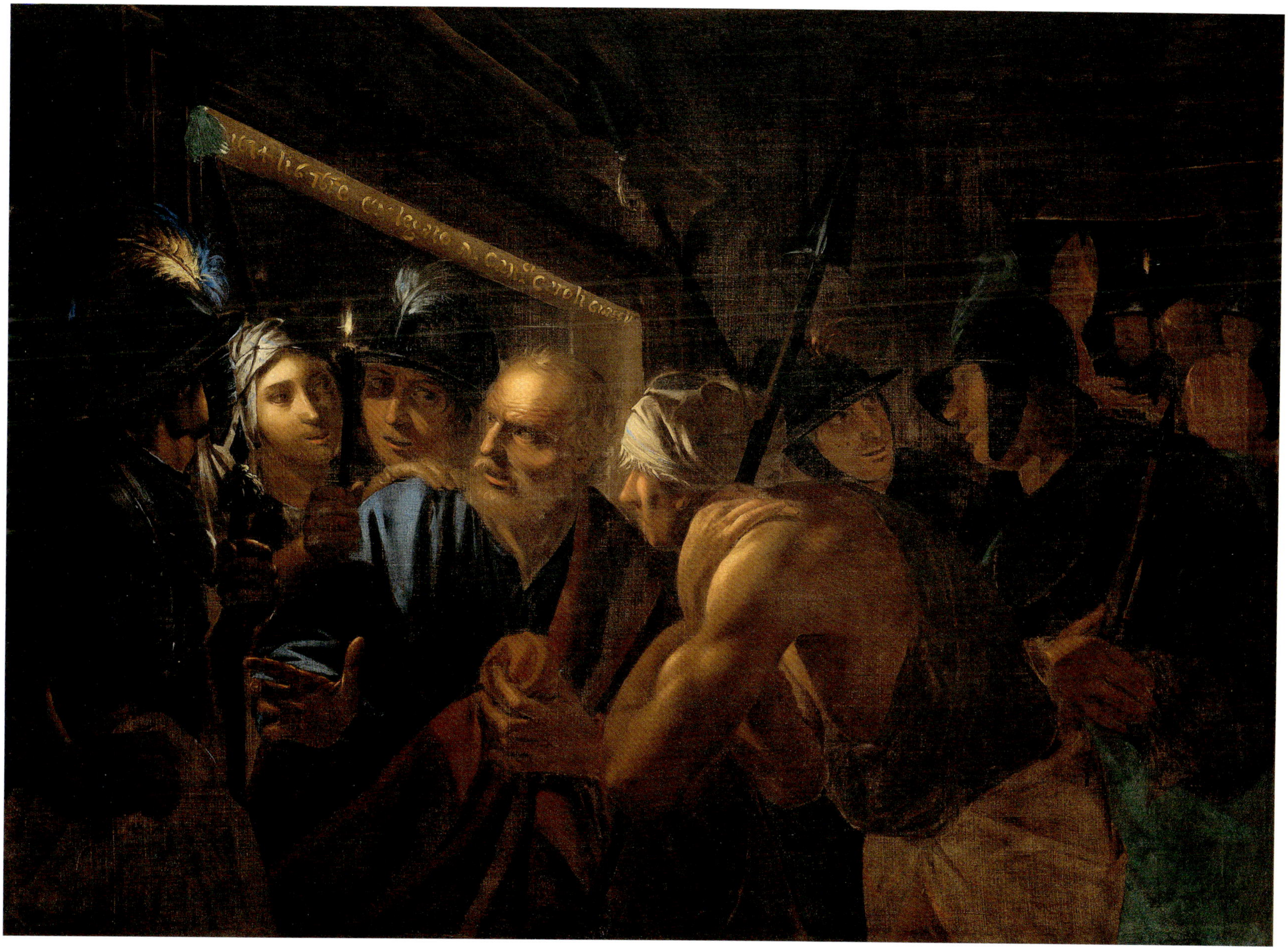

## Antonio Busca
(Milano, 1625-1686)

### 20. *Vergine dei Sette Dolori*

olio su tela, 250 × 190 cm
Romagnano Sesia, abbazia di San Silano

Il dipinto, reso noto con la presente attribuzione solo in anni recenti da chi scrive (Gonzales 2011, p. 34), è collocato oggi sulla controfacciata della chiesa parrocchiale di Romagnano Sesia. La grande tela è un'icona di gusto teatrale in cui convivono aspetti della retorica barocca insieme ad artifici compositivi da grande decoratore tipici di Busca: da una scala scende la figura greve di una donna avvolta in drappi rossi e blu, il viso terreo, lo sguardo al cielo. Le si fa incontro un gruppo di angeli recanti i simboli della Passione, che ella accoglie a braccia aperte. Un putto si libra in volo e le porge infine una corona di spine. Sullo sfondo quinte architettoniche di gusto classico, colonne scanalate e lesene incorniciano un arco oltre cui si intravede un cielo azzurro. La collocazione originaria della tela è da riferire alla presenza, nella chiesa abbaziale di San Silano, di una cappella che nel 1663 venne dedicata alla *Madonna dei Sette Dolori* di patronato della famiglia Ragni (Brugo 2000, p. 63); è da notare come negli ordini della visita pastorale del 1663 viene prescritto: "L'Ancona qual è indecente, all'altare della B.V. Maria dei Sette Dolori si rimuova e si faccia fare un'altra da perito pittore il cui dissegno dovrà prima da noi essere approvato, et si faccia fare pur la sua cornice d'ornamenti con oro", e la stessa nota è confermata negli ordini del 1675. Il 1675 si definirebbe come termine *post quem* per la grande pala d'altare la cui datazione coinciderebbe quindi con la presenza al Sacro Monte di Orta di Busca (1678-1682). Le quinte architettoniche di Romagnano, che riecheggiano l'affresco con l'*Apparizione di san Francesco d'Assisi* nella cappella XX di Orta e le quadrature della pala della chiesa del Sacro Monte con la *Madonna col Bambino e san Felice da Cantalice*, così come le figure femminili giunoniche dai volti torniti, tipici della produzione del pittore milanese, segnano la notevole vicinanza tra le due imprese. L'imponenza statuaria dell'*Immacolata* di Stresa, i cui gesti sembrano tratti dallo stesso cartone, ci dicono della fortuna di tale soluzione in cui la madre di Cristo appare astratta e lontana, forma di dolore, come scolpita nel granito e disegnata a carbone su grandi fogli d'accademia.

*Francesco Gonzales*

*Bibliografia*: Gonzales 2011, p. 34.

## Antonio Busca
(Milan, 1625–1686)

### 20. *Our Lady of the Seven Sorrows*

oil on canvas, 250 × 190 cm
Romagnano Sesia, abbey of San Silano

The painting, announced with the present attribution only in recent years by the undersigned (Gonzales 2011, p. 34), now hangs on the counter-facade of the parish church of Romagnano Sesia. The large painting is an icon of theatrical taste combining aspects of baroque rhetoric along with the compositional artifices of a great decorator as is Busca: the grave figure of a woman wrapped in red and blue drapes, her face ashen, gazing up to the sky, descends some steps. She is met by a group of angels bearing the symbols of the Passion, which she accepts with open arms. A cherub hovers in the air and proffers a crown of thorns. In the background are architectural scenes in the classic style, with fluted columns and pilasters framing an arch through which one can see some blue sky. The original location of the painting is linked to the presence of a chapel in the abbey church of San Silano which was dedicated in 1663 to *Our Lady of the Seven Sorrows* under the patronage of the Ragni family (Brugo 2000, p. 63); it should be noted that the Orders of the pastoral visit of 1663 prescribed: "The Altarpiece being indecent, should be removed from the altar of Our Lady of the Seven Sorrows and another be made by a skilled painter whose drawing must first be approved by ourselves, and let a frame be likewise made with gold ornaments", and the same note was confirmed in the Orders of 1675. 1675 may be taken as a terminus *post quem* for the large altarpiece whose date would thus coincide with the presence of Busca at the Sacro Monte di Orta del Busca (1678-1682). The architectural scenes of Romagnano, echoing the fresco with the *Appearance of St. Francis of Assisi* in chapel XX at Orta and the squaring of the altarpiece in the church of the Sacro Monte with the *Madonna and Child and San Felice da Cantalice*, as well as the statuesque female figures with sculpted faces, are typical of the production of the Milanese painter and mark the close similarity between the two commissions. The statuesque impressiveness of the *Virgin Mary* in Stresa, whose gestures seem drawn from the same preparatory drawing, tell us of the success of the solution in which the Mother of Christ appears lost in thought and distant, an image of suffering as though carved in granite and drawn in charcoal on large academic sheets.

*Francesco Gonzales*

*Bibliography*: Gonzales 2011, p. 34.

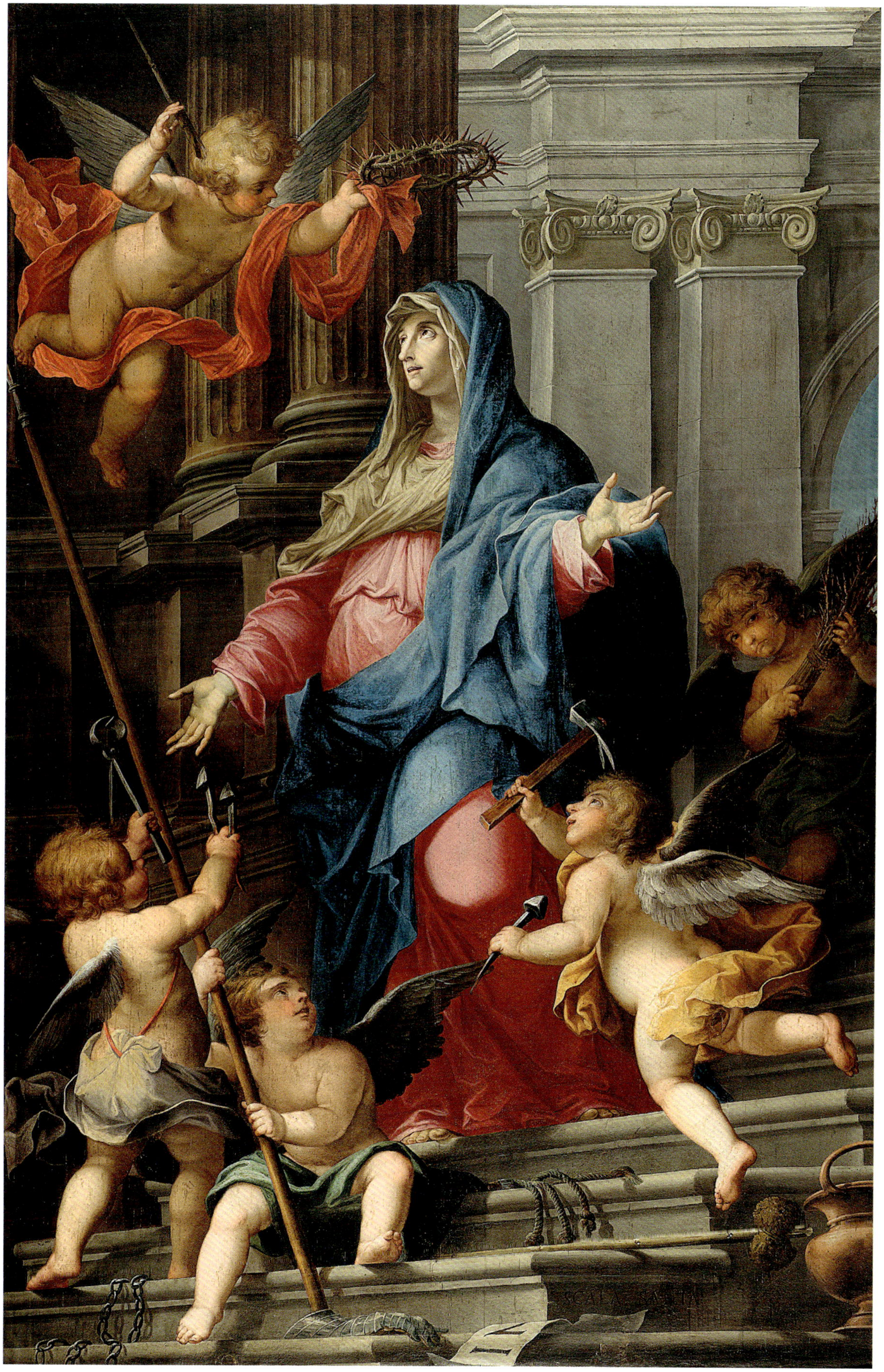

## Federico Bianchi
(Milano, circa 1635-1706)

### 21. *Riposo durante la fuga in Egitto*

olio su tela, 171 × 121 cm
Novara, collezione privata

Il dipinto, inedito, di proprietà dell'Istituto delle Suore di San Giuseppe, raffigura una scena tratta dai Vangeli apocrifi. Il soggetto della fuga in Egitto, più che allo scarno racconto dei due versetti del Vangelo canonico di Matteo (2,13-15), è ispirato al Vangelo dello Pseudo Matteo. La luce proveniente da sinistra rischiara la scena illuminando di taglio il volto della Vergine e di san Giuseppe e colpendo il corpo roseo del Bambino che si agita fremente protendendo le mani verso la palma datterina. La composizione e il modellato accademizzante si collegano all'opera del milanese Federico Bianchi: l'intonazione idilliaca della scena, i volti schematizzati che ricalcano i tipi propri di Bianchi, in particolare il volto della Vergine che ritroviamo nelle composizioni di Orta, Miasino e Cannobio, nonché in alcuni dipinti rintracciati sul mercato antiquario, provano l'evidente dipendenza della tela dalla produzione tarda del pittore varesino.
Un'opera di analogo soggetto, attribuita a Bianchi, si conserva in Santa Maria della Passione a Milano, mentre l'invenzione del "Bambino vispo" sembra mediata dalla cultura veneta e messa in relazione diretta con la *Madonna col Bambino* di Girolamo Forabosco oggi al Museo d'Arte Antica del Castello Sforzesco di Milano, già proprietà del barone Ottavio de Tassis in Venezia. Bianchi pare reiterare lo stesso cartone del Bambino anche per altri soggetti, tra cui composizioni profane. La bella tela, per le dimensioni contenute e per la delicata stesura del colore e lo studio delle cromie, si conferma un tassello importante circa l'attività di Bianchi.

*Francesco Gonzales*

*Bibliografia*: inedito.

## Federico Bianchi
(Milan, circa 1635–1706)

### 21. *Rest on the Flight into Egypt*

oil on canvas, 171 × 121 cm
Novara, private collection

The unpublished painting, owned by the Istituto delle Suore di San Giuseppe, depicts a scene from the Apocrypha. The subject of the flight into Egypt is based on the sparse mention in two verses of the Gospel of Matthew (2,13–15), inspired by the Gospel of Pseudo-Matthew. The light from the left illuminates the scene, highlighting the faces of the Virgin and St. Joseph from the side and touching the body of the Child who stirs and holds out his hands toward the palm. The composition and the academic modelling of the forms associate this picture with the work of the Milanese Federico Bianchi: the idyllic scene and the schematic faces are typical of Bianchi; in particular, the face of the Virgin which we find recurring in the paintings in Orta, Miasino and Cannobio, as well as in some paintings which have passed through the art market. All prove the clear dependence of the present picture on the late production of the Varese-born painter.
A work showing the same subject and attributed to Bianchi is conserved in Santa Maria della Passione in Milan while the invention of the "lively Child" seems mediated by Venetian culture and offers a direct correlation with the *Madonna and Child* by Girolamo Forabosco today at the Museo d'Arte Antica in the Castello Sforzesco in Milan, formerly the property of barone Ottavio de Tassis in Venice. Bianchi seems to have used the same preparatory drawing of the Child for other subjects too, including secular compositions. On the basis of its small size and for the delicate application of colour and chromatic study, this fine canvas is an important addition to Bianchi's œuvre.

*Francesco Gonzales*

*Bibliography*: unpublished.

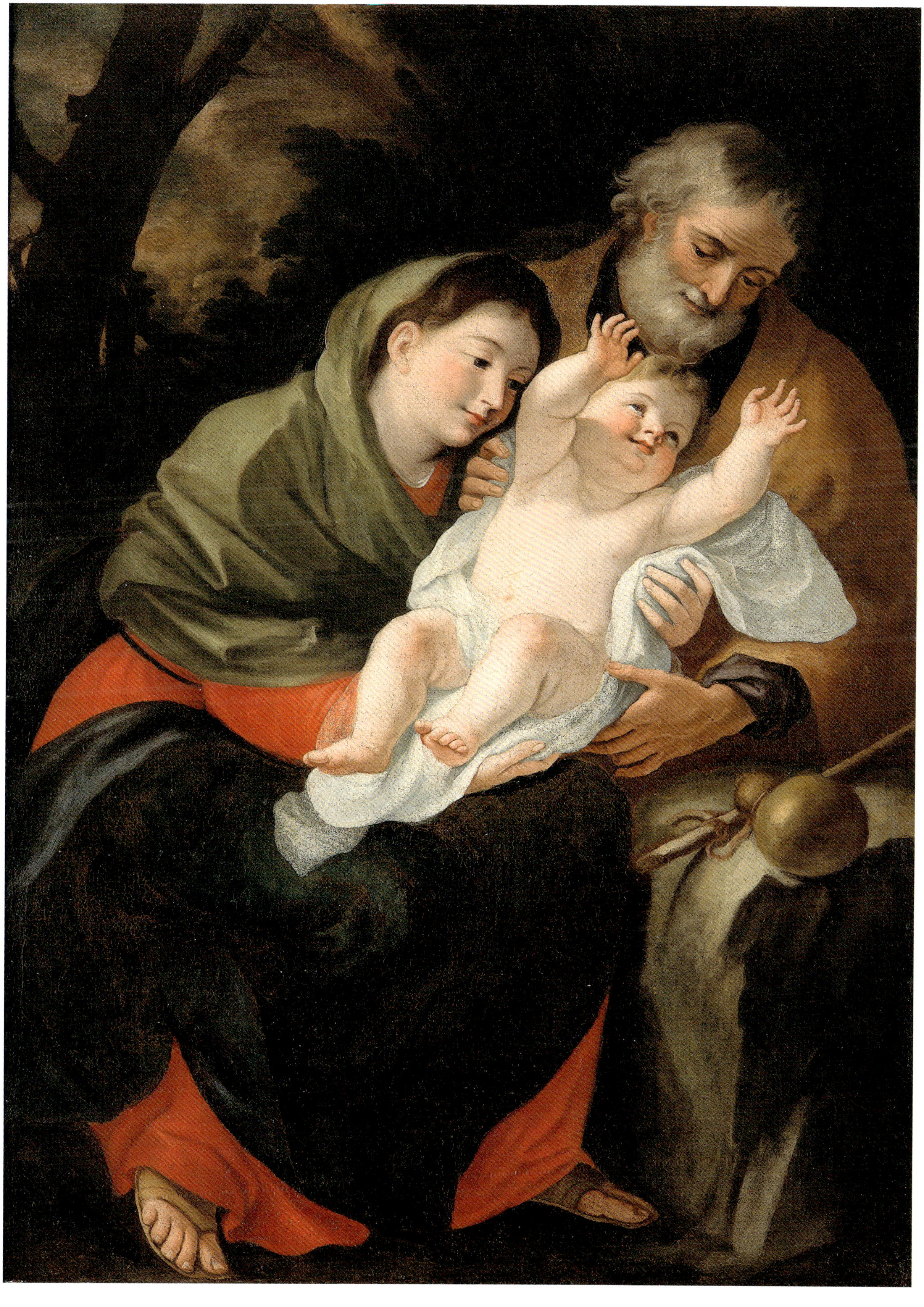

## Federico Bianchi
(Milano, circa 1635 - 1706)

### 22. *Il ritrovamento di Mosè**
### 23. *L'esodo dall'Egitto**

olio su tela, 355,3 × 188,3 cm
Cannobio, collegiata di San Vittore

**opere non in mostra*

Le due tele, collocate sulle pareti laterali del presbiterio della collegiata, sono nominate per la prima volta nella sistemazione attuale nella visita del vescovo novarese Giuseppe Morozzo nel 1824 (ASDN, *Atti di visita, Giuseppe Morozzo*, 1824, t. 414), non citate né nella chiesa antica né in quella ricostruita a metà Settecento e visitata dal vescovo Giuseppe Pozzobonelli, quando Cannobio risultava ancora essere parte della diocesi di Milano. A fronte di tali dati, potrebbero essere state acquisite in seguito alle soppressioni napoleoniche da un altro complesso religioso e risistemate nella collegiata in occasione dei lavori di rifacimento del nuovo altare maggiore, agli inizi del XIX secolo (Crenna 1999, p. 14). I loro soggetti non sono comunque pertinenti alla chiesa e alle dedicazioni dei suoi altari e questo fatto induceva il vescovo Stanislao Eula, nel 1879, a proporne la sostituzione con dipinti raffiguranti le *Storie di san Vittore*, più appropriati al titolo della stessa chiesa (ASDN, *Atti di visita, Stanislao Eula*, 1879, t. 449). Fortunatamente, tale intenzione non ebbe seguito. Se non è possibile stabilirne la provenienza, la loro autografia può essere invece precisata nel pittore milanese Federico Bianchi (Dell'Omo 2009a, p. 33), la cui proficua attività interessò diffusamente la Lombardia, il territorio della diocesi di Novara e anche alcune località del Piemonte (Dell'Omo 2005, pp. 96-105; Gattoni 2014, pp. 43-57). Realizzati in *pendant*, nel formato di "teleri", una modalità consueta all'artista, rivelano gli aspetti tipici del suo linguaggio, nello specifico nei riscontri tipologici dei volti delle figure femminili con quelli dei due quadri conservati al Castello Sforzesco di Milano e raffiguranti *Mosè salvato dalle acque* e *Rebecca al pozzo* (F. Frangi, in *Museo d'arte antica del Castello Sforzesco* 1999, pp. 38-41, nn. 504-505), che più ampiamente rispondono a un modello costantemente riutilizzato: le similarità indicate sono particolarmente evidenti nel dipinto con *Il ritrovamento di Mosè* che, nella figura della figlia del faraone e della fanciulla al suo fianco, richiama ancora Antonio Busca, uno dei referenti principali nella sua formazione (Monaco 1998, pp. 73-95). Proprio in questa tela è ostentata un'attenzione al paesaggio, sulla scia di quanto già espresso nella cappella della Maddalena della certosa pavese (F. Frangi, in *Pittura tra il Verbano e il Lago d'Orta* 1996, p. 320). L'altra tela, accanto alla resa irrigidita di alcuni personaggi, riporta, nella scena dell'esercito sommerso dal Mar Rosso, aspetti concitati e drammatici, che trovano eco nel *Sacrilegio delle ostie profanate*, già nel battistero di San Giovanni Battista a Varese (Zani 1996, pp. 21-22). Sulla base delle osser-

## Federico Bianchi
(Milan, circa 1635–1706)

### 22. *The Finding of Moses**
### 23. *The Flight from Egypt**

oil on canvas, 355,3 × 188,3 cm
Cannobio, San Vittore collegiate church

**works not on exhibition*

The two paintings, situated on the side walls of the presbytery of the collegiate church, are first described in their present position on the occasion of the visit of the bishop of Novara Giuseppe Marozzo in 1824 (ASDN, *Atti di visita, Giuseppe Marozzo*, 1824, t. 414). They are not mentioned either in the earlier church or in the new church built in the mid-18th century and visited by Bishop Giuseppe Pozzobonelli, when Cannobio was still part of the diocese of Milan. In view of this, they might have been acquired from another church or monastery following Napoleon's confiscations of church property and placed in the collegiate church of Cannobio when the new high altar was restored in the early nineteenth century (Crenna 1999, p. 14). The subjects depicted are not associated with the church and do not match the dedications of its altars and this fact led Bishop Stanislao Eula in 1879 to suggest replacing them with others portraying *Storie di San Vittore*, which would have been more appropriate in view of the name of the church (ASDN, *Atti di visita, Stanislao Eula*, 1879, t. 449). Fortunately nothing came of it. Although it is impossible to establish their origin, the paintings can definitely be attributed to the Milanese painter Federico Bianchi (Dell'Omo 2009a, p. 33), whose prolific output covered Lombardy as a whole, the territory under the diocese of Novara and certain places in Piedmont (Dell'Omo 2005, pp. 96-105; Gattoni 2014, pp. 43-57). Designed as a pair, using the artist's favoured "teleri" canvases, the paintings are typical of Bianchi's style. The features of the women's faces are strikingly similar to those in the two paintings in Castello Sforzesco in Milan depicting *Moses Saved from the Waters* and *Rebecca at the Well* (F. Frangi, in *Museo d'arte antica del Castello Sforzesco* 1999, pp. 38-41, nos. 504-505), which more faithfully reflect a frequently repeated model: the similarities mentioned are especially evident in *The Finding of Moses*, where the Pharoah's daughter and the girl by her side both recall figures painted by Antonio Busca, one of the strongest influences in Bianchi's painting (Monaco 1998, pp. 73-95). Particular care has been taken in this painting in rendering the landscape, following the approach taken in the Magdalene Chapel in the Certosa of Pavia (F. Frangi, in *Pittura tra il Verbano e il Lago d'Orta* 1996, p. 320). Some of the figures in the other painting appear rather stiff, but the army being engulfed by the Red Sea is depicted in a highly dramatic, dynamic manner, echoing *The Sacrilege of the Desecrated Hosts*, formerly in the baptistery of San Giovanni Battista in Varese (Zani 1996, pp. 21-22). On the strength of these observa-

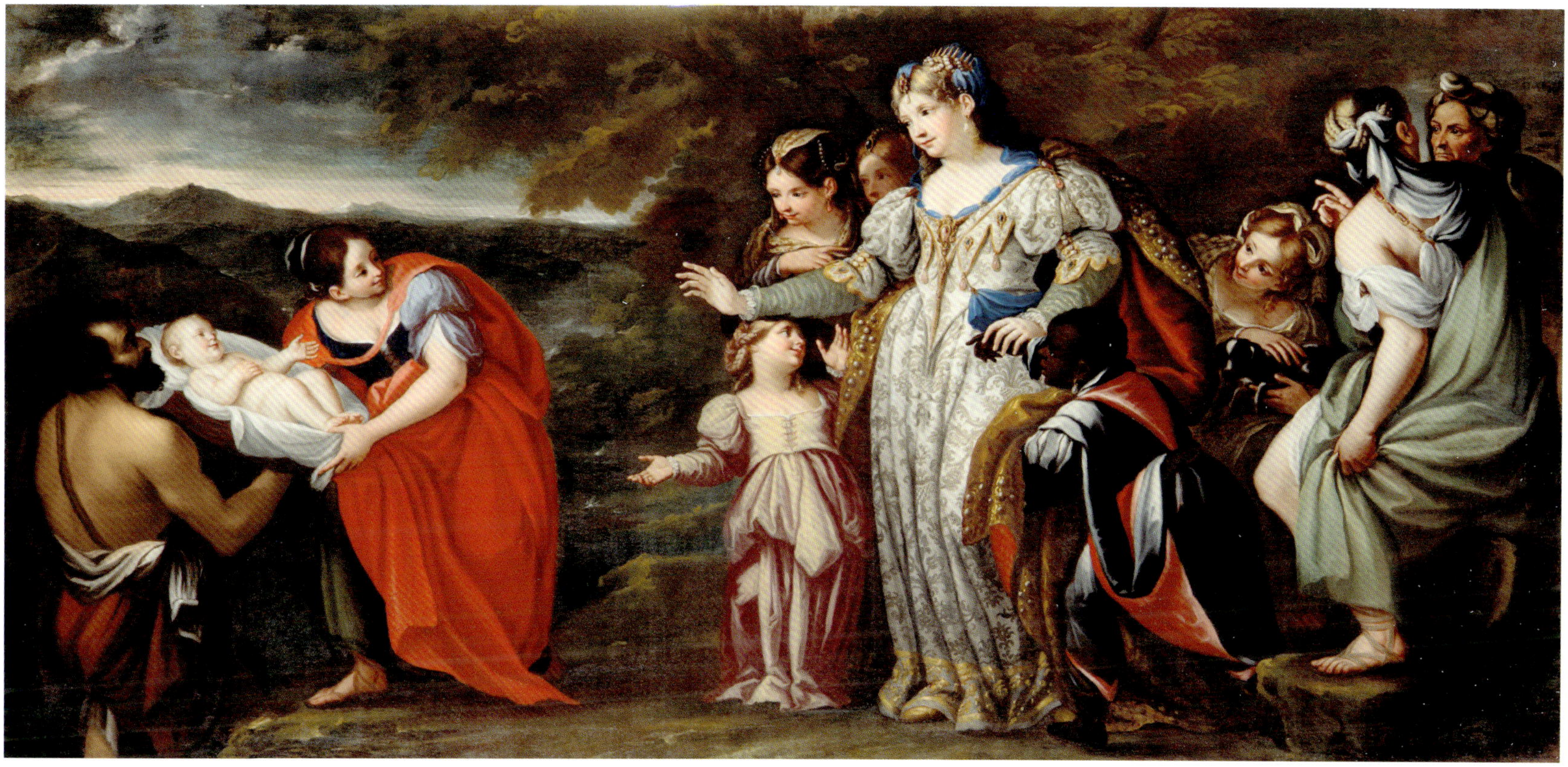

22.

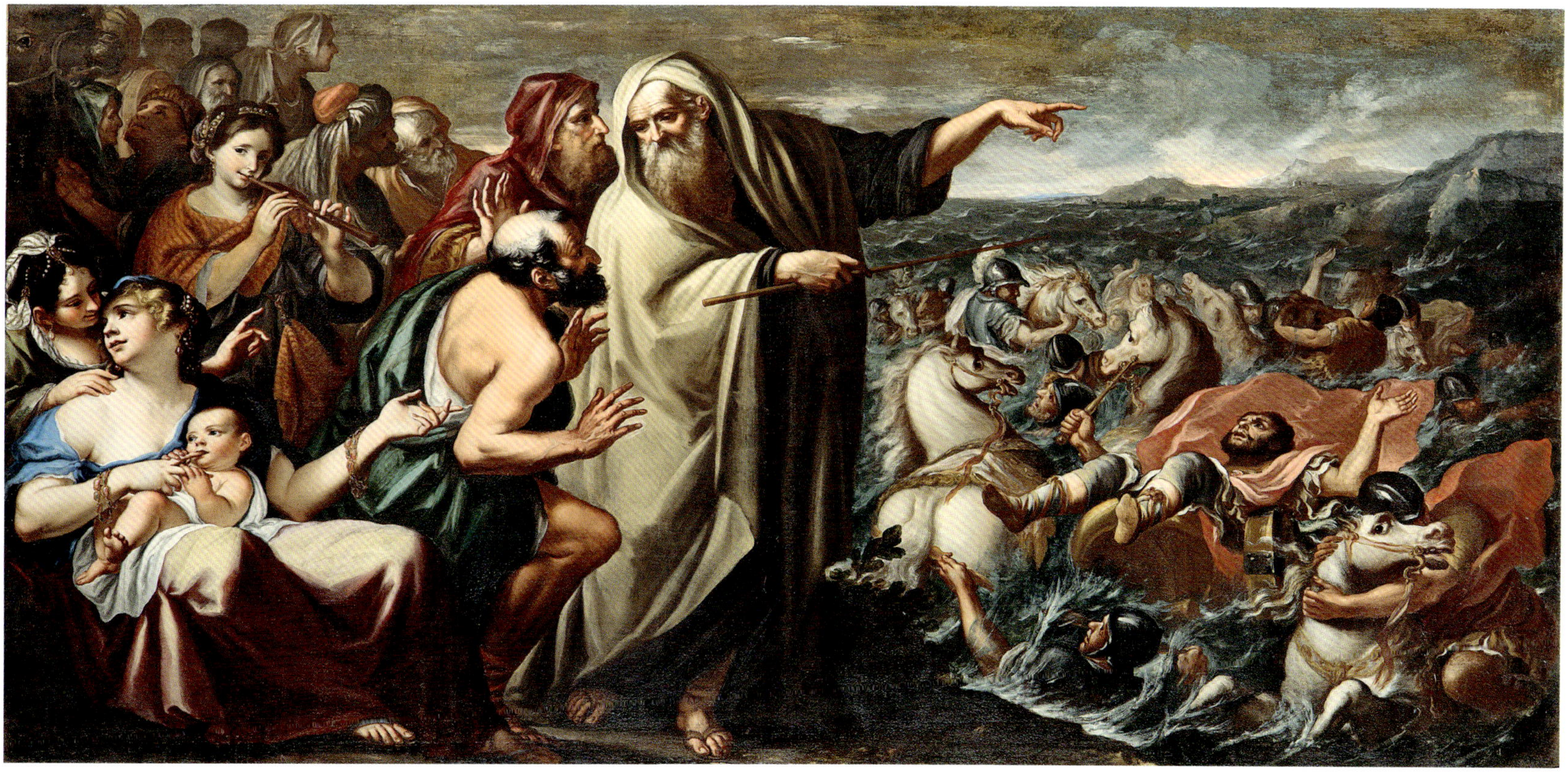

23.

vazioni formulate, si può ipotizzare una datazione verso la fine dell'ottavo decennio del Seicento, in presenza dell'attenuarsi delle influenze degli insegnamenti di Ercole Procaccini, altro perno educativo, a vantaggio invece di una maggiore adesione ai modi accademici del Busca.

*Marina Dell'Omo*

*Bibliografia*: Ferro, Dell'Omo 1996, p. 215, n. 804.1-2; Dell'Omo 2009a, p. 33.

tions, the work can be dated to the end of the eighth decade of the 17th century, especially in view of the reduced influence of Ercole Procaccini, another key figure in Bianchi's artistic development, and the attendant ascendancy of Busca's more academic style.

*Marina Dell'Omo*

*Bibliography*: Ferro, Dell'Omo 1996, p. 215, n. 804.1–2; Dell'Omo 2009a, p. 33.

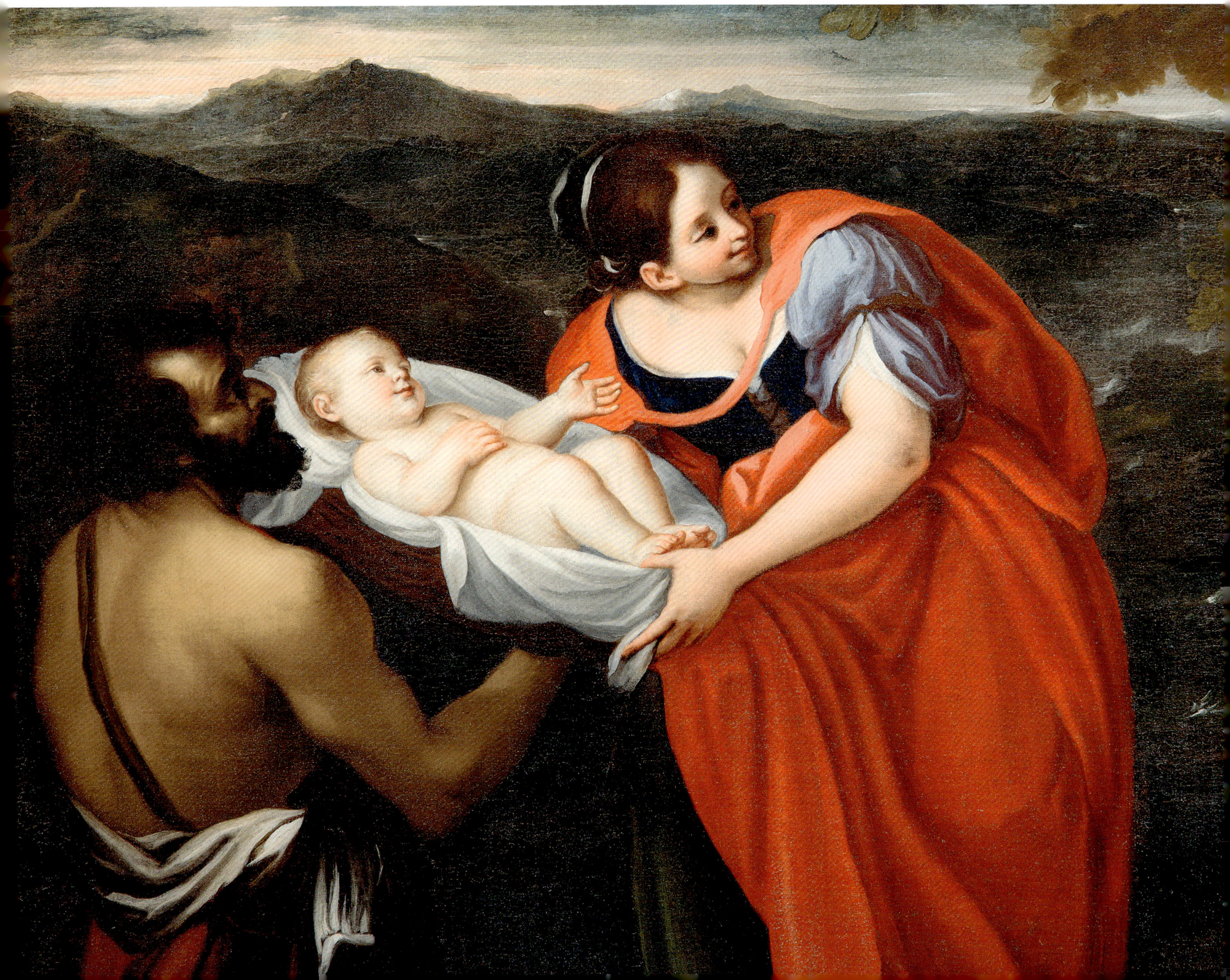

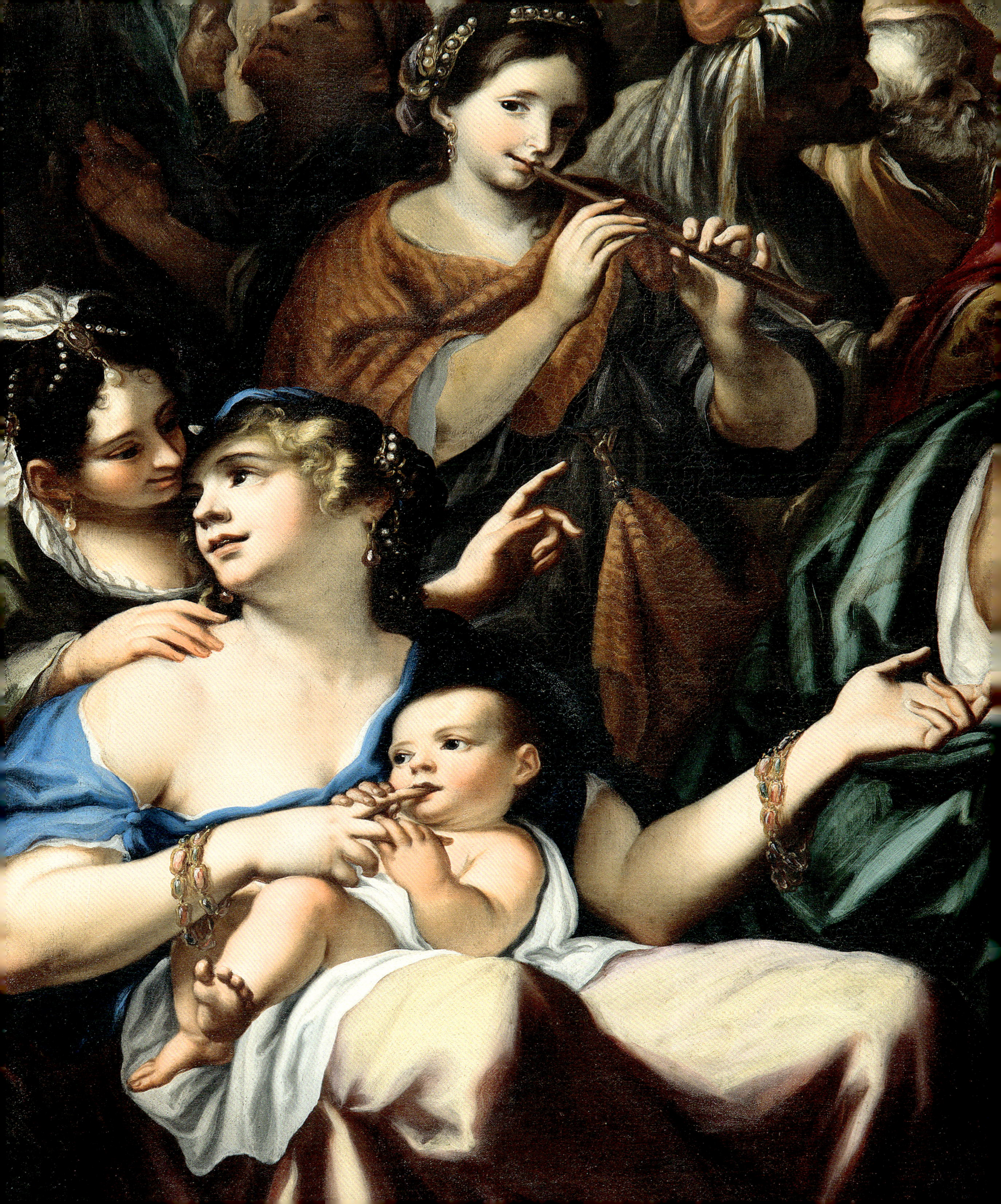

## Luigi Pellegrino Scaramuccia detto il Perugino
(Perugia, 1616 - Milano, 1680)

### 24. *Cristo flagellato*
### 25. *Coronazione di spine*

olio su tela, 230 × 213 cm (ciascuno)
Cannobio, santuario della Santissima Pietà

Le due tele sono collocate sulle pareti laterali nel presbiterio del santuario della Santissima Pietà di Cannobio. Purtroppo ad oggi nessuna ricerca ha permesso di ricostruire le vicende del cantiere del rinnovato apparato decorativo del presbiterio, eseguito, verosimilmente, tra il sesto e l'ottavo decennio del XVII secolo (C. Geddo, in *Pittura tra il Verbano e il Lago d'Orta* 1996, pp. 296-297). I dipinti, recentemente restaurati, sono stati assegnati al Perugino (*ibidem*) per le evidenti "affinità compositive e tipologiche" riferite in particolare alla produzione milanese dello Scaramuccia sinora conosciuta. Nella scena della *Flagellazione*, posta a destra dell'altare, con architetture classiche sullo sfondo, il Cristo è legato a una colonna segnata da scanalature rilevate con colpi netti di luce. Il suo corpo si curva, tirato dallo sgherro, cadendo in ginocchio sul manto rosso, mentre d'intorno, rischiarati dalla luce del tramonto, un soldato con una lancia sovrintende alla scena con alcuni sgherri. Dal fondo un soldato già pronto con la corona di spine intima di cessare il supplizio. Nella *Coronazione di spine*, su di un podio a gradoni, Gesù coperto dal manto rosso subisce gli scherni degli aguzzini, mentre alcuni soldati, aiutati da lunghe canne, infilano la corona di spine sul suo capo. Come è stato notato (*ibidem*) è evidente il rapporto con la *Coronazione di spine* di Tiziano del Louvre già in Santa Maria delle Grazie a Milano. Ma in Scaramuccia il tizianismo viene tradotto in una pennellata povera di materia e ricca di riverberi luminosi, dove le figure perdono la monumentalità del cadorino per chiudersi in una dimensione più intima e devozionale. L'ambientazione notturna e i contrasti tonali sembrano guardare a Mattia Preti nel *Ritorno del figliol prodigo* del Musée de Tessé o nel *Battesimo di sant'Agostino* di Tortoreto oggi nella Galleria Nazionale dell'Abruzzo a L'Aquila. Se la Geddo collocava i due dipinti intorno al 1668 per affinità con una versione della *Flagellazione* conservata a Como in San Salvatore (*ibidem*), è possibile oggi circoscrivere al 1661 la conclusione dell'*Incoronazione* e al 1668 la *Flagellazione* (Dell'Omo 2009a, pp. 30-31), evidenti sono le affinità con la *Madonna col Bambino e sant'Anna, ante* 1677, erroneamente data a Gian Domenico Cerrini (M. Barberini, in *Da Rubens a Maratta* 2013, p. 104), conservata in Sant'Anna a Porto Potenza Picena, dove la figura di san Giuseppe viene ripresa nel vegliardo pronto a sferrare il colpo di verga nella *Flagellazione* di Cannobio.

*Francesco Gonzales*

*Bibliografia*: C. Geddo, in *Pittura tra il Verbano e il Lago d'Orta* 1996, pp. 296-297; Dell'Omo 2009a, pp. 30-31.

## Luigi Pellegrino Scaramuccia known as Perugino
(Perugia, 1616 – Milan, 1680)

### 24. *The Flagellation*
### 25. *The Crown of Thorns*

oil on canvas, 230 × 213 cm each
Cannobio, sanctuary of the SS. Pietà

The two paintings hang on the side walls in the presbytery of the Sanctuary of the SS. Pietà in Cannobio. Unfortunately, to date no research has allowed us to reconstruct the history of the renovated decoration of the presbytery, which probably took place between the sixth and eighth decade of the 17th century (C. Geddo, in *Pittura tra il Verbano e il Lago d'Orta* 1996, pp. 296-297). The recently restored paintings have been attributed to Perugino (*Ibid.*) for the obvious "compositional and typological affinity", referring in particular to the Milanese production of Scaramuccia known at present. The scene of the *Flagellation*, located to the right of the altar, presents some classical architecture in the background, and shows Christ tied to a column marked by fluting highlighted by the fall of light. His body is bent over, pulled by a henchman, and He falls to his knees on the red cloak while around, illuminated by the sunset, a soldier holding a lance oversees the scene and other henchmen strike at His body. From the background, a soldier who is ready with the crown of thorns makes a gesture to stop the torture. In the *Crown of Thorns*, standing on a podium with steps, Jesus is covered by a red cloak and suffers the taunts of the torturers while some soldiers, aided by long canes, thrust the crown of thorns on His head. As has been noted (*Ibid.*), there is a clear link with the *Crown of Thorns* by Titian in the Louvre, formerly in Santa Maria delle Grazie in Milan. But in Scaramuccia, the Titianesque elements are translated into a brushstroke with little pigment but rich in bright echoes of light, where the figures lose the monumentality of Titian and take on a more intimate and devotional air. The nocturnal setting and tonal contrasts seem to suggest Mattia Preti in *Return of the Prodigal Son* in the Musée de Tessé or in the *Baptism of St. Augustine* of Tortoreto and today in the Galleria Nazionale dell'Abruzzo in L'Aquila. While Geddo dated the two paintings to around 1668 by affinity with a version of the Flagellation conserved in Como in San Salvatore (*Ibid.*), it is possible today to contain  the conclusion of the *Coronation* in 1661 and that of the *Flagellation* in 1668 (Dell'Omo 2009a, pp. 30–31), there are clear affinities with the *Madonna and Child with St. Anne* dating to before 1677, and erroneously given to Gian Domenico Cerrini (M. Barberini, in *Da Rubens a Maratta* 2013, p. 104), conserved in Sant'Anna in Porto Potenza Picena, where the figure of St. Joseph is used for the old man ready to strike a blow with a staff in the Cannobio *Flagellation*.

*Francesco Gonzales*

*Bibliography*: C. Geddo, in *Pittura tra il Verbano e il Lago d'Orta* 1996, pp. 296–297; Dell'Omo 2009a, pp. 30–31.

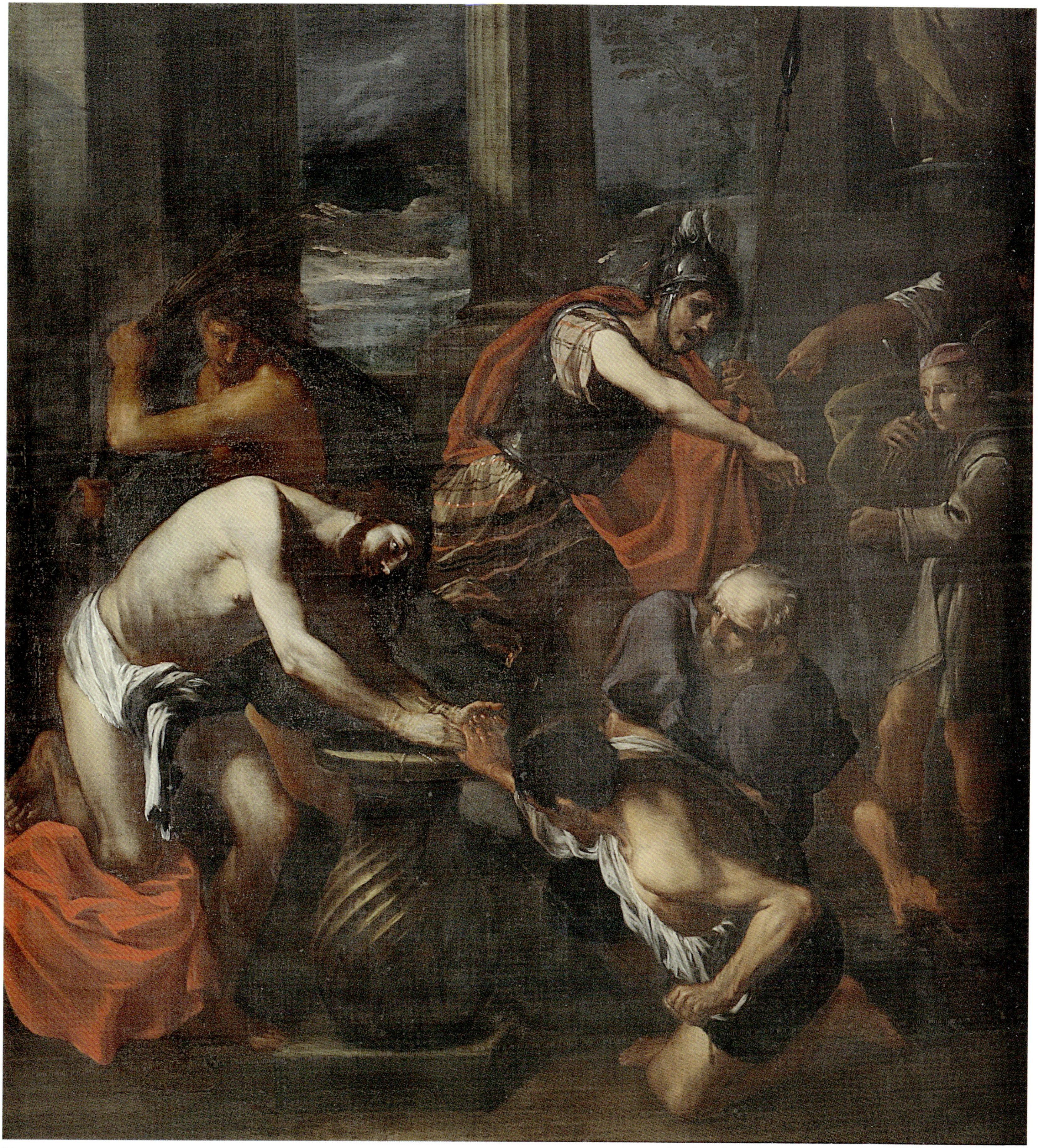

24.

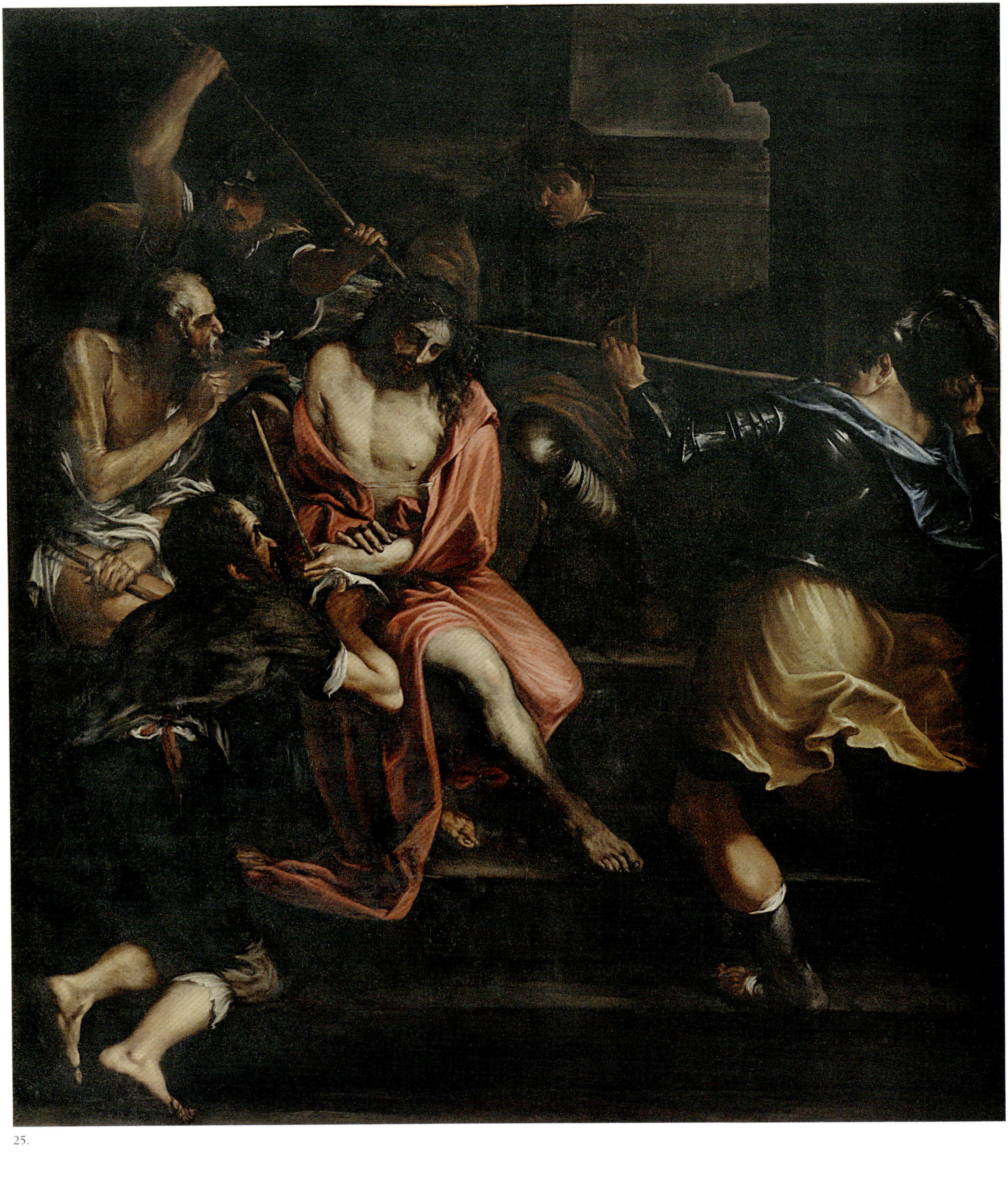

25.

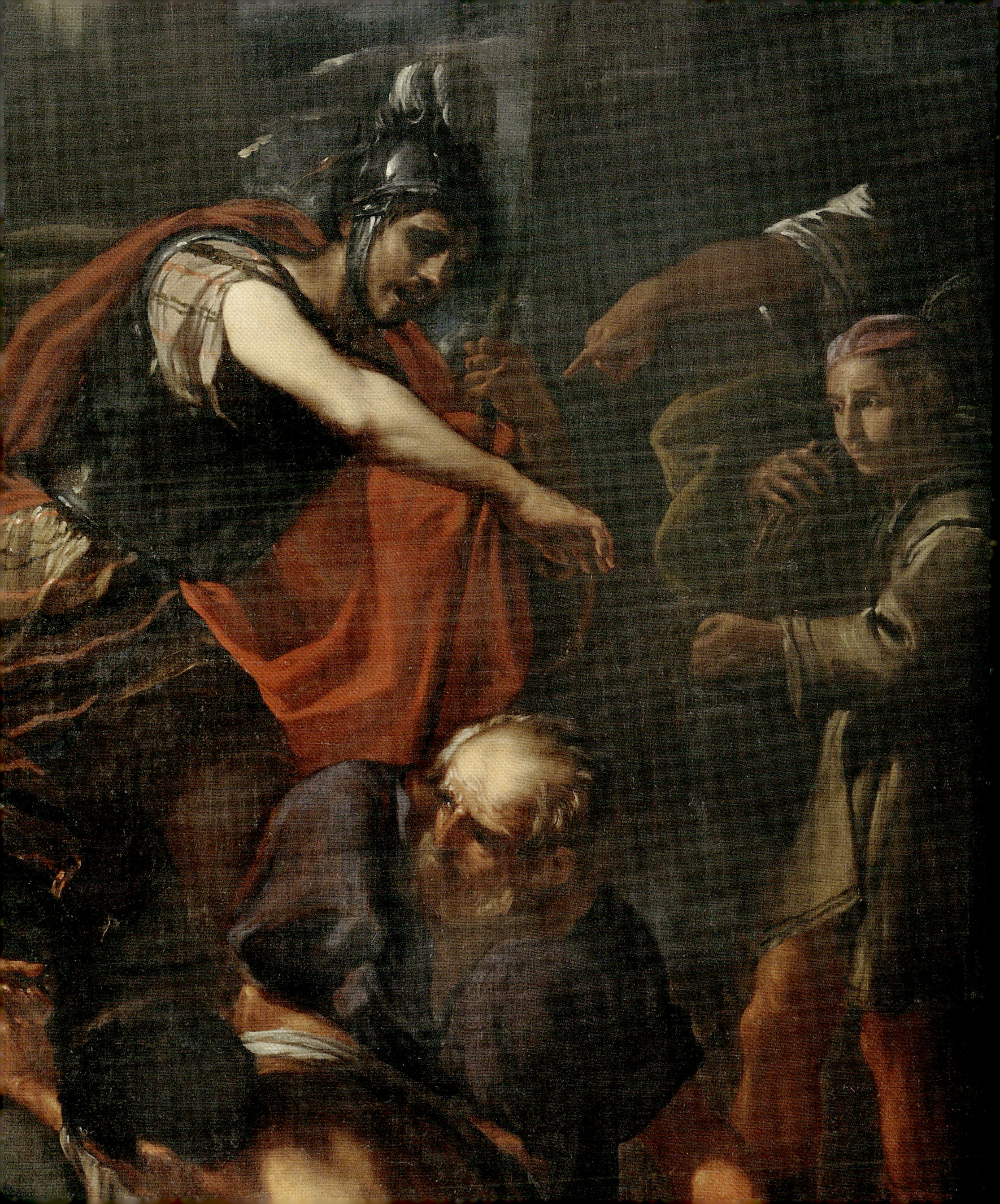

## Luigi Pellegrino Scaramuccia detto il Perugino

(Perugia, 1616 - Milano, 1680)

### 26. *Presentazione della Vergine al tempio*

circa 1670-1675
olio su tela, 210 × 150 cm
Carcegna, chiesa di San Pietro

La tela costituisce la pala d'altare della seconda cappella destra della parrocchiale di Carcegna, in posizione speculare all'*Adorazione dei magi* di Luigi Garzi (cat. 39). Sulla cornice marmorea un'iscrizione riporta i nomi dei committenti, Annibale Godi e Giulio Cesare Franchi, e la data 1670, intorno alla quale è da collocare l'esecuzione del dipinto, già citato in due inventari del 1675 e del 1697 e poi da Lazzaro Agostino Cotta in una nota manoscritta dell'inizio del Settecento. È verosimile che la commissione della pala di Carcegna al pittore perugino sia stata favorita dai rapporti tra quest'ultimo e il mercante Rocco Bonola, nativo della vicina Corconio, che a lui affidò l'educazione artistica del figlio Giorgio.

Dopo un primo apprendistato nella bottega del padre Giovanni Antonio, Scaramuccia fu allievo di Guido Reni a Roma e poi a Bologna; altre fonti lo dicono allievo di Giovanni Lanfranco e del Guercino. È in ogni caso evidente la sua dipendenza dalle tendenze classiciste sviluppate tra l'Emilia e Roma nella prima metà del Seicento. Nel 1654 risiedeva già a Milano, ove restò fino alla morte, aprendo una scuola frequentata tra gli altri da Andrea Lanzani e dai Bonola, effettuando diversi viaggi e inviando opere in varie città italiane e in Spagna. Nel 1674 a Pavia diede alle stampe *Le finezze de' pennelli italiani*, itinerario artistico tra le diverse scuole pittoriche italiane; nel 1675 veniva accolto in seno all'Accademia di San Luca a Roma.

La pala di Carcegna è un buon esempio della pittura colta ed eclettica di Scaramuccia, che accoglie suggestioni dal classicismo tardo-barocco unendole a rimandi ai più impetuosi modi di Pier Francesco Mola e di Giacinto Brandi; la sensibilità luministica è un probabile retaggio del suo soggiorno a Venezia, di poco posteriore al 1664. Altre tele attribuite a Scaramuccia si trovano nel santuario della Santissima Pietà di Cannobio (cat. 24-25).

*Mario Epifani*

*Bibliografia*: Cotta [*post* 1716] ed. 1994, p. 116; Savoini 1992, p. 71; Ferro, Dell'Omo 1996, p. 233; Frangi 1996, p. 53; F. Frangi, in *Pittura tra il Verbano e il Lago d'Orta* 1996, pp. 313-314; Dell'Omo, Fiori 2004, p. 130; Dell'Omo 2014, pp. 119-121.

## Luigi Pellegrino Scaramuccia known as Perugino

(Perugia, 1616 – Milan, 1680)

### 26. *Presentation of the Virgin in the Temple*

circa 1670–1675
oil on canvas, 210 × 150 cm
Carcegna, church of San Pietro

The canvas provides the altarpiece for the second chapel on the right in the parish church of Carcegna, in the opposite position to the *Adoration of the Magi* by Luigi Garzi (cat. 39). On the marble frame, an inscription bears the names of the patrons, Annibale Godi and Giulio Cesare Franchi, and the date 1670, approximately that of the actual execution of the painting, which is already mentioned in two inventories of 1675 and 1697, and then by Lazzaro Agostino Cotta in a handwritten note dating from the beginning of the 18th century. It is likely that the commission for the Carcegna altarpiece being given to the Perugia-born artist was favoured by the relationship between the latter and a merchant, Rocco Bonola, a native of nearby Corconio, who entrusted the artistic education of his son Giorgio to Scaramuccia.

After an early apprenticeship in the workshop of his father Giovanni Antonio, Scaramuccia became a pupil of Guido Reni in Rome and then in Bologna; other sources claim he was a student of Giovanni Lanfranco and Guercino. At all events, his dependence on classicist trends developed between Emilia and Rome in the early 17th century is quite clear. In 1654 he was already living in Milan, where he remained until his death, opening a school frequented among others by Andrea Lanzani and Bonola, and making several trips and sending works to various Italian cities and to Spain. In Pavia in 1674 he published *Le finezze de' pennelli italiani*, an artistic itinerary through the various Italian schools of painting; in 1675, he was accepted as member of the Accademia di San Luca in Rome.

The Carcegna altarpiece is a good example of Scaramuccia's cultured and eclectic painting, which adopts influences from late-Baroque classicism, combining them with references to the more impetuous ways of Pier Francesco Mola and Giacinto Brandi; the luminous sensitivity is a likely legacy of his stay in Venice, a little after 1664. Other paintings attributed to Scaramuccia are conserved in the sanctuary of the Pietà at Cannobio (cat. 24-25).

*Mario Epifani*

*Bibliography*: Cotta [*post* 1716] ed. 1994, p. 116; Savoini 1992, p. 71; Ferro, Dell'Omo 1996, p. 233; Frangi 1996, p. 53; F. Frangi, in *Pittura tra il Verbano e il Lago d'Orta* 1996, pp. 313–314; Dell'Omo, Fiori 2004, p. 130; Dell'Omo 2014, pp. 119–121.

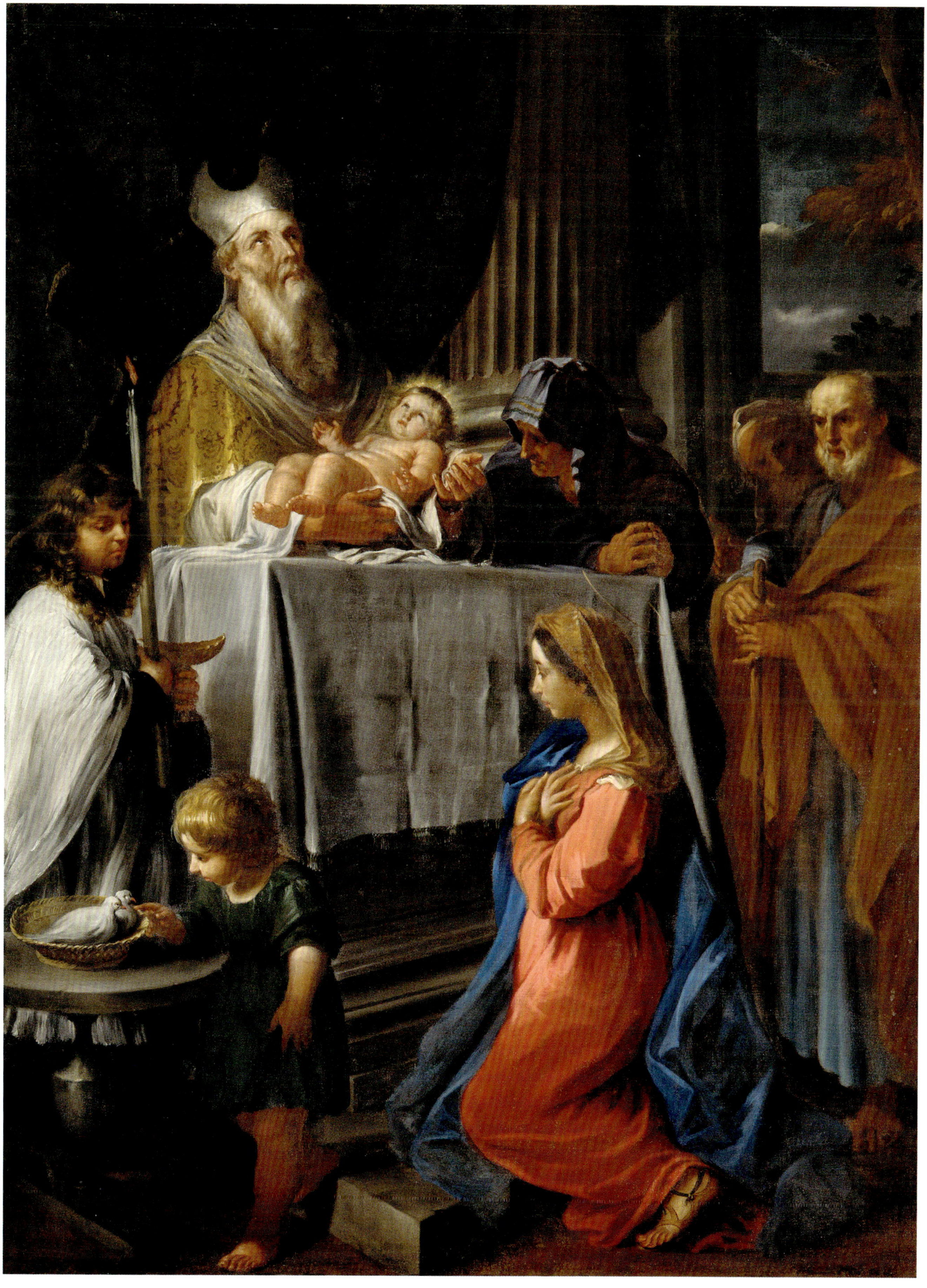

## Carlo Maratti

(Camerano, 1624 - Roma, 1713)

### 27. *Apparizione della Vergine a san Luca*

olio su tela, 230 × 145 cm
Corconio, oratorio di Santo Stefano, cappella di San Luca

La pala, che decora l'altare della cappella di San Luca nell'oratorio di Santo Stefano a Corconio, suggestivo borghetto presso Orta San Giulio, testimonia la profonda devozione del pittore Giorgio Bonola (1657-1700) al Maratta e nel contempo solennizza l'istituzione dell'Accademia di San Luca di Corconio, da lui fondata a imitazione della ben più nota accademia romana.
Bonola infatti, dopo essere stato allievo di Antonio Busca e Luigi Scaramuccia, frequentò dal 1683 al 1685 l'affollata bottega del grande caposcuola del Seicento romano, producendo numerose copie di sue opere e rimanendo fortemente influenzato da quello stile.
Alcuni documenti databili tra il 1693 e il 1700, conservati presso l'archivio Bonola a Corconio, riferiscono inequivocabilmente la pala al Maratta. Il manoscritto *Libro della Congregatione di S. Lucca* afferma che per la cappella era stato eseguito "un quadro da Carlo Maratti continente S. Lucca Eug.ta in atto di vedere un quadro, contenente una Pietà, a Maria Vergine situata sopra una nube a sedere, mostrando di osservare, et di gradire l'opra dipinta da S. Lucca a basso vi è un putto che scherza con un pennello, et una Cartella". Il riferimento è confermato dallo stesso Bonola nel fascicolo *Notizie pittoresche et regole della Congregazione di san Luca*, specificando che la commissione al Maratta era dovuta a suo padre Rocco Bonola (1632-1703), mercante d'arte e imprenditore: "Per la tavola d'altare fece fare R.B. [Rocco Bonola] [a] Carlo Maratti gran maestro di questi tempi et gloria del nostro secolo, [un quadro] contenente S. Luca in piedi in atto di far vedere alla Vergine su una nuvola sedendo una piccola tavoletta una pietà [...]" (Petrucci 2002a, pp. 30-31; Dell'Omo 2002, p. 109). Anche una lettera del padre Cesare Agostino Bonacina al Bonola ribadisce la commissione e la paternità marattesca della pala.
Lo storico Lazzaro Agostino Cotta invece ritenne la tela una "copia di Carlo Maratti lavorata da Giorgio Bonola", ingenerando un equivoco perpetratosi sino a tempi recenti, a partire dalla Mrozinska che la dice eseguita da Bonola e ritoccata dal maestro. L'attribuzione a Maratta, avanzata da Carlo Carena nella sua monografia su Bonola, non è stata accolta da Venturoli che ha recuperato il riferimento del Cotta, mentre invece Stella Rudolph ha pensato a Giuseppe Bartolomeo Chiari (comunicazione orale) e con tale riferimento la pala è stata schedata da Dell'Omo e Ferro nel volume sulla pittura novarese del Seicento e Settecento. Il sottoscritto ne ha restituito la paternità al grande pittore marchigiano su base documentaria e soprattutto in ragione della sua notevole qualità, incompatibile con il livello decisamente modesto dell'allievo. Tuttavia l'attribuzione a Bonola è stata ancora recentemente sostenuta da Maria Teresa Caracciolo e Alessandro Agresti. Il

## Carlo Maratti

(Camerano, 1624 – Rome, 1713)

### 27. *The Virgin Appearing before St. Luke*

oil on canvas, 230 × 145 cm
Corconio, oratory of Santo Stefano, chapel of San Luca

This altarpiece, from the altar in the chapel of San Luca in the oratory of Santo Stefano in Corconio, a pretty hamlet near Orta San Giulio, testifies to the profound devotion of the painter Giorgio Bonola (1657–1700) for Maratta and at the same time solemnizes the creation of the Accademia di San Luca in Corconio, which he founded in imitation of the far more famous academy in Rome.
After having been a pupil of Antonio Busca and Luigi Scaramuccia, Bonola was a member of the crowded workshop of the leading light of Seicento Roman art, making several copies of his work and remaining strongly influenced by his style thereafter.
A number of documents dating from 1693 to 1700 in the Bonola archive in Corconio unmistakeably refer to Maratta's altarpiece. The *Libro della Congregatione di S. Lucca* manuscript states that, "A painting by Carlo Maratti depicting St. Luke the Evangelist in the act of viewing a picture of the Pietà, with the Virgin Mary sitting on a cloud in the act of observing and approving the work painted by St. Luke and below is a putto playing with a paintbrush and a palette" whole quote. The reference is confirmed by Bonola himself in *Notizie pittoresche et regole della Congregazione di san Luca*, specifying that Maratta owed the commission to his father Rocco Bonola (1632–1703), an art dealer and businessman: "R. B. [Rocco Bonola] engaged Carlo Maratti, a great master of our times and glory of our century, to make the altarpiece, [a painting] portraying St Luke standing and in the act of showing the Virgin seated on a cloud a small picture with a Pietà..." (Petrucci 2002a, pp. 30–31; Dell'Omo 2002, p. 109). A letter from his father Cesare Agostino Bonacina to Bonola also mentions the commission and Maratta's authorship of the altarpiece.
On the other hand, the historian Lazzaro Agostino Cotta believed the painting to be a "copy by Carlo Maratti retouched by Giorgio Bonola", thereby starting a hare that has survived to the present. Mrozinska has taken up the topic, claiming that in fact the work was painted by Bonola and retouched by the master. The attribution to Maratta, put forward by G. Carena in his monograph on Bonola, was rejected by Venturoli, who sided with Cotta, while S. Rudolph suggested Giuseppe Bartolomeo Chiari (oral communication) and this is how the altarpiece has been recorded by M. Dell'Omo and F. M. Ferro in their book on Seicento and Settecento Novara painting. The present writer has restored the attribution to the great painter from the Marche region on the basis of contemporary records and especially in view of its considerable quality, which does not match the decidedly more modest standards achieved by the pupil.

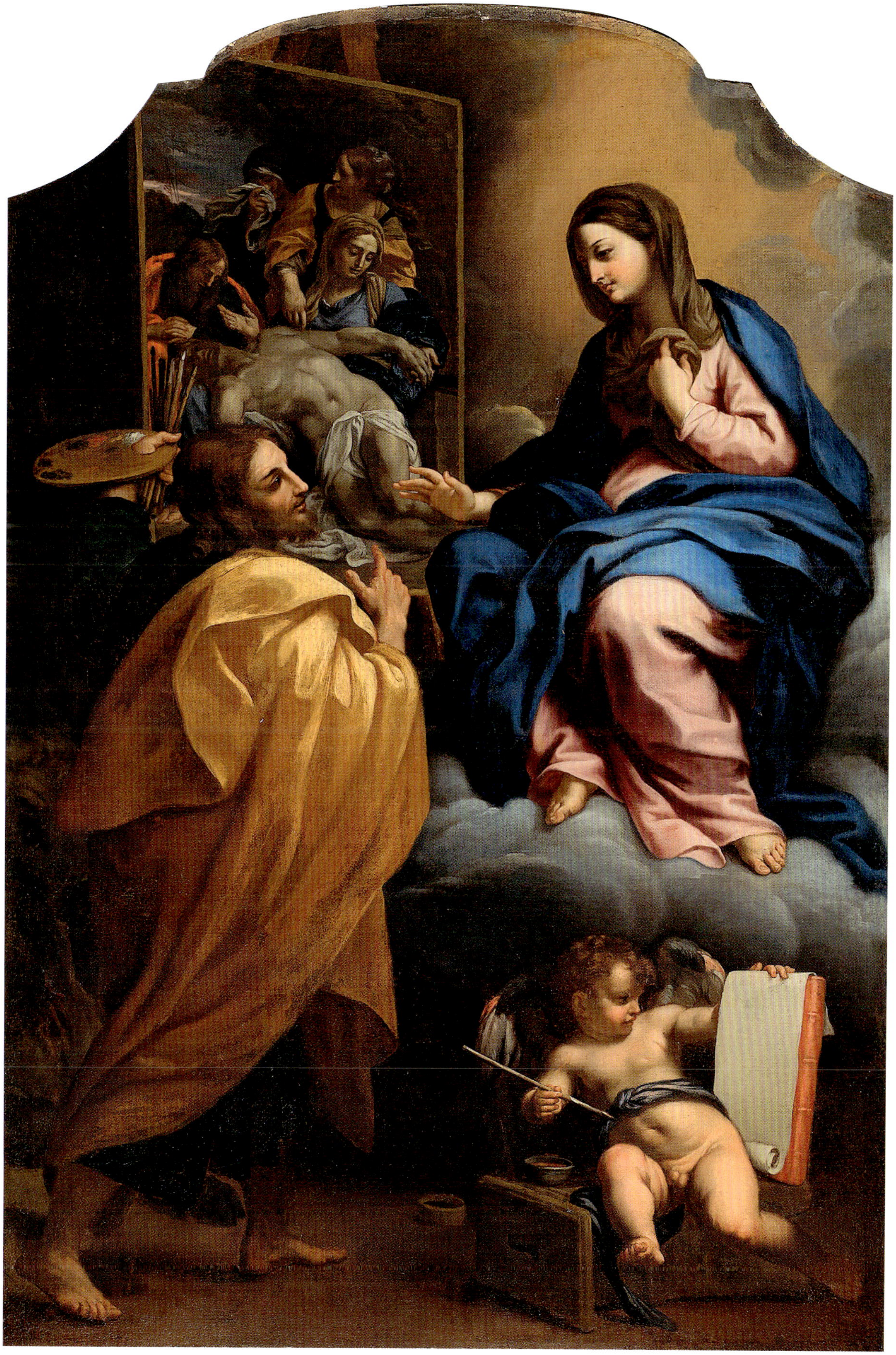

pittore lombardo aveva invece dipinto nel 1692 una precedente pala, di dimensioni più ridotte, poi sostituita nel 1695, in concomitanza con la fondazione dell'Accademia di Corconio, con quella del Maratta. Una buona replica della pala, passata in asta da Christie's a Londra nel 1982 (olio su tela, 220 × 143 cm, 23 aprile, lotto 9) e nel 1984 (11 dicembre, lotto 17), poi transitata sul mercato antiquario romano (Finarte, 21 novembre 1995, lotto 82), confluita nella Galerie Tarantino di Parigi, fu probabilmente eseguita dal Maratta con la collaborazione della bottega. Tale opera è stata recentemente attribuita al Chiari su segnalazione della Rudolph (A. Agresti, in *Peindre à Rome* 2011, pp. 98-104). L'artista lombardo è autore anche di alcuni disegni che riproducono parti della pala, datati al 1698, presenti in un libro di studi detto *Sfogliazzo disegnatorio*, ancora presso gli eredi Bonola (Carena 1985, pp. 21, 32, 34). La pala, per il suo rapporto con la decorazione dell'oratorio e l'istituzione accademica di Corconio, è databile attorno al 1693-1695, come confermano i caratteri stilistici. A riprova di una datazione tarda, qui il maestro ripropose per la figura della Madonna una posa simile a quella nella pala che la raffigura con san Francesco di Sales, proveniente dalla chiesa di San Filippo a Forlì e poi confluita nella locale Pinacoteca Civica (*ante* 1691; cfr. Mezzetti 1955, p. 324).

*Francesco Petrucci*

*Bibliografia*: Cotta [*post* 1716] ed. 1994, pp. 116, 141-142, nota 201; Mrozinska 1959, p. 21; Mrozinska 1970, p. 293; Carena 1985, pp. 26, 71, n. 352, pp. 118-119, 135; Venturoli 1989, p. 67; Dell'Omo 1994, p. 99-100, fig. 1; Ferro, Dell'Omo 1996, pp. 110-111, n. 200; Petrucci 2002a, pp. 30-33, tav. 16; Petrucci 2002b, p. 165; M.T. Caracciolo, in Bora, Caracciolo, Prosperi Valenti Rodinò 2008, p. 170, n. 94.

Even so, the attribution to Bonola has once again recently obtained the support of Maria Teresa Caracciolo and Alessandro Agresti. The Lombard painter had painted a rather smaller altarpiece in 1692, which was then replaced by Maratta's in 1695 in cojunction with the founding of the Accademia di Corconio.

A good copy of the altarpiece, which went under the hammer at Christie's in London in 1982 (oil on canvas, 220 × 143 cm, 23 April, Lot 9) and in 1984 (11 December, Lot 17) and later found its way onto the art market in Rome (Finarte, 21 November 1995, Lot 82), merged in Galerie Tarantino in Paris was probably made by Maratta with the collaboration of the workshop. This work has recently been attributed to Chiari on the recommendation of Rudolph (A. Agresti, in *Peindre à Rome* 2011, pp. 98-104). The Lombard artist is probably also responsible for a number of drawings depicting details of the altarpiece, dating from 1698, present in a book of studies known as *Sfogliazzo disegnatorio*, which is also the property of the Bonola estate (Carena 1985, pp. 21, 32, 34). In view of its relationship with the decoration of the oratory and the Corconio academy, the altarpiece can be dated to 1693-1695, as is confirmed by the style. A late date is supported by the artist repeating a pose for the Virgin similar to one adopted for the altarpiece portraying her with St Francis of Sales, originally in the church of San Filippo in Forlì and later moved to the town art gallery (*ante* 1691. Cf. Mezzetti 1955, p. 324).

*Francesco Petrucci*

*Bibliography*: Cotta [*post* 1716] ed. 1994, pp. 116, 141–142, note 201; Mrozinska 1959, p. 21; Mrozinska 1970, p. 293; Carena 1985, pp. 26, 71, no. 352, pp. 118–119, 135; Venturoli 1989, p. 67; Dell'Omo 1994, p. 99–100, ill. 1; Ferro, Dell'Omo 1996, pp. 110-111, no. 200; Petrucci 2002a, pp. 30–33, pl. 16; Petrucci 2002b, p. 165; M.T. Caracciolo, in Bora, Caracciolo, Prosperi Valenti Rodinò 2008, p. 170, no. 94.

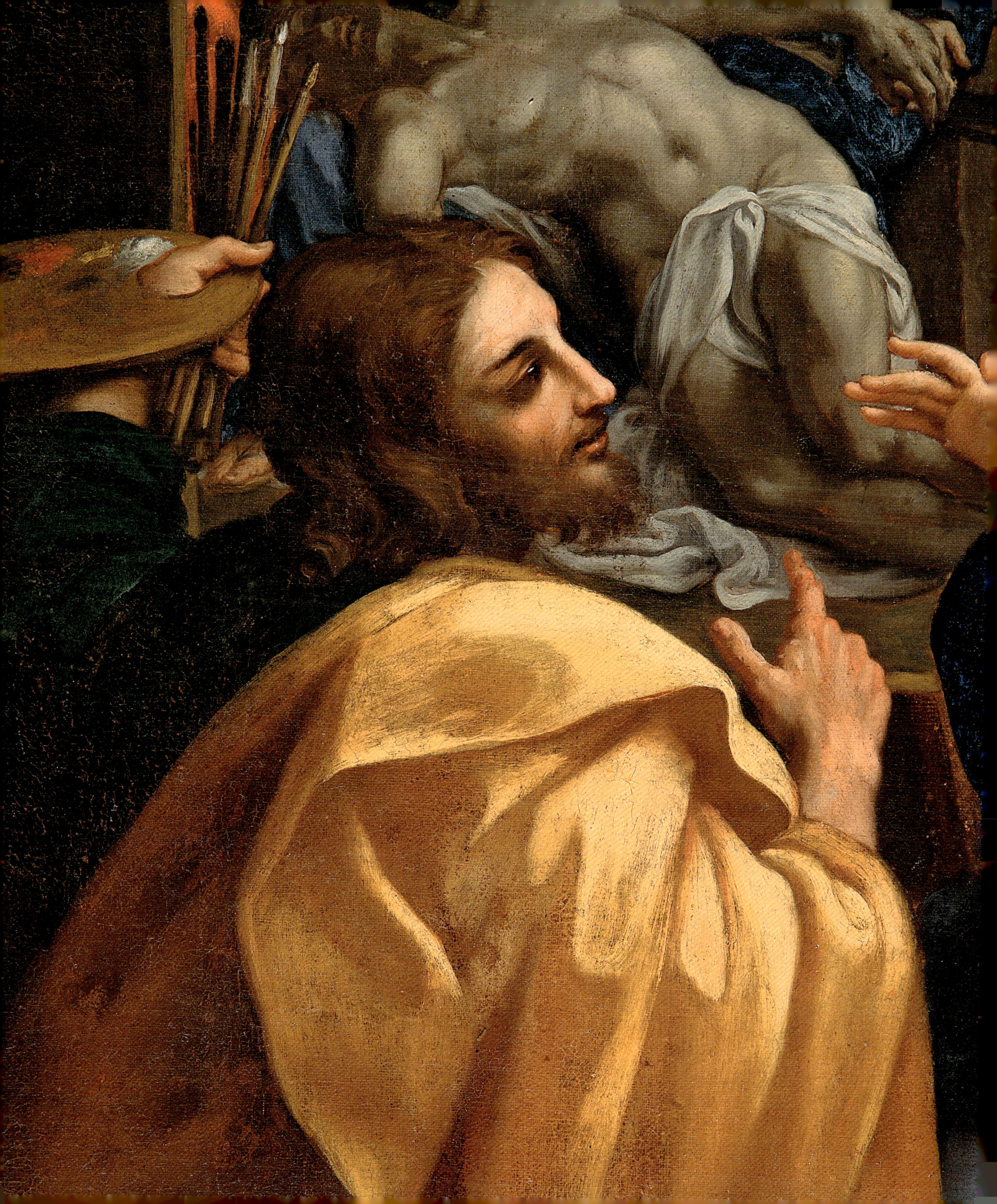

## Ambito di Giorgio Bonola (?)

(Corconio di Orta San Giulio, 1657-1700)

### 28. *Madonna del latte*

olio su tela, 100 × 80 cm
Novara, basilica di San Gaudenzio

La tela, conservata nella sacrestia della basilica di San Gaudenzio di Novara, non è stata rintracciata negli inventari conservati nell'Archivio Diocesano e non se ne fa memoria nella letteratura artistica locale. Sul retro del dipinto sono riportate a pennello le iniziali: P.I.M.G.
Il dipinto raffigura la Madonna che allatta il Bambino: questi, poggiato su panni candidi, torcendo il busto scopre, con la mano sinistra, il seno della Vergine mentre, con la destra, trattiene una mela, ritenuta simbolo di Salvazione in quanto Gesù si è incarnato come novello Adamo (*Leonardo e la Pulzella* 1998, p. 87). Il dipinto, restaurato in occasione di questa mostra, riprende la celebre composizione di Carlo Maratta di cui si conservano numerose versioni autografe e di bottega, tra cui una a Firenze presso la Biblioteca Nazionale e una a Madrid nella collezione della duchessa di Alba. Dallo stesso soggetto sono state tratte, tra XVII e XVIII secolo, alcune incisioni che hanno avuto larga diffusione. I tratti marcati, i contorni netti e i volumi torniti del volto della Vergine, del corpo erculeo del Bambino, così come i panneggi spezzati e arrovellati, possono suggerire alcune ipotesi circa l'ambito del dipinto. In particolare, mi pare ci si possa direzionare verso l'ambiente legato al classicismo marattesco che nel Novarese ha la sua punta massima nel Cusio, dove Giorgio Bonola fonda a Corconio, insieme al padre Rocco, l'Accademia di San Luca (Carena 1985, pp. 25-27). Bonola, già allievo di Maratta a Roma (Petrucci 2002a, pp. 29-30), ripropone sovente nelle sue opere giovanili temi maratteschi con variazioni. Nell'inventario delle opere del pittore, conservato presso l'archivio di Casa Bonola, viene riportato nell'anno 1680: "n. 117. M. V. col Putto ha copp. dal Maratti, L. 15" (Carena 1985, p. 42). Anche se la dicitura è vaga, il valore attribuito al dipinto appare consono a una tela di medie misure come quella novarese. I tratti della Vergine sono vicini alle soluzioni dei primi anni ottanta di Bonola come in alcuni volti femminili nella *Canonizzazione di san Rocco* di Miasino del 1682 e nel successivo *San Rocco visita gli appestati*. Ci piace quindi ipotizzare che il dipinto in oggetto possa essere non solo una testimonianza dell'alunnato di Bonola presso Maratta e un sigillo del rapporto stretto col maestro romano, ma che possa contenere in nuce alcuni dei segni distintivi dell'opera matura di Bonola in cui si fondono, quasi in modo mimetico, istanze ambrosiane e accenti di classicismo romano.

*Francesco Gonzales*

*Bibliografia*: inedito.

## In the ambit of Giorgio Bonola (?)

(Corconio di Orta San Giulio, 1657–1700)

### 28. *Our Lady of Milk*

oil on canvas, 100 × 80 cm
Novara, basilica of San Gaudenzio

The origin of the canvas, which is kept in the sacristy of the Basilica of San Gaudenzio in Novara, has not been traced in the inventories kept in the diocesan archive and there is no record of it in local artistic literature. On the back of the painting, the following initials have been painted: P.I.M.G.
The painting depicts the Madonna breastfeeding her Child: Jesus, resting on pure white cloths, bends his torso to expose the Virgin's breast with his left hand, whilst in his right hand he is holding an apple, believed to be a symbol of Salvation, with Jesus embodying a new Adam (*Leonardo e la Pulzella* 1998, p. 87). The painting, restored for the exhibition, recalls the famous composition by Carlo Maratta of which there are various original and workshop versions, including one at the National Library in Florence and one in Madrid in the Duchess of Alba's collection. The same subject was drafted in some widespread engravings between the 17th and 18th centuries. The marked features, sharp outlines and refined volume in the Virgin's face, the Herculean body of the Child, as well as the fragmentary and distressed draperies could lead to some theories about the subject of the painting. In particular, to my mind, it seems to point us in the direction of the domain of the classical style of Maratta, which peaked in the Novara area in Cusio where Girogio Bonola, together with his father Rocco, founded the Accademia di San Luca at Corconio (Carena, pp. 25–27). Bonola, who had been a student of Maratta in Rome (Petrucci 2002a, pp. 29–30), presented themes from Maratta with variations on frequent occasions in his early works. In the inventory of the painter's works, kept in the archive of Casa Bonola, it states in 1680: "N. 117. V. M. with Child cop. from Maratti, L. 15" (Carena 1985, p. 42). Even though the caption is vague, the value attributed to the painting coincides with a canvas of medium dimensions like the one in Novara. The features of the Virgin are similar to Bonola's solutions from the early 80s as well as some feminine faces in the *Canonization of St. Rocco* in Miasino from 1682 and the later *St. Rocco visits those infected by the Plague*. Therefore, we like to think that the painting in question could not only be evidence of Bonola having studied with Maratta and a sign of the close relationship he had with his Roman teacher, but that it could also contain, in essence, some of the distinctive marks of Bonola's later works in which there are, almost in a mimetic sense, Milanese influences and elements of Roman classicism.

*Francesco Gonzales*

*Bibliography*: unpublished.

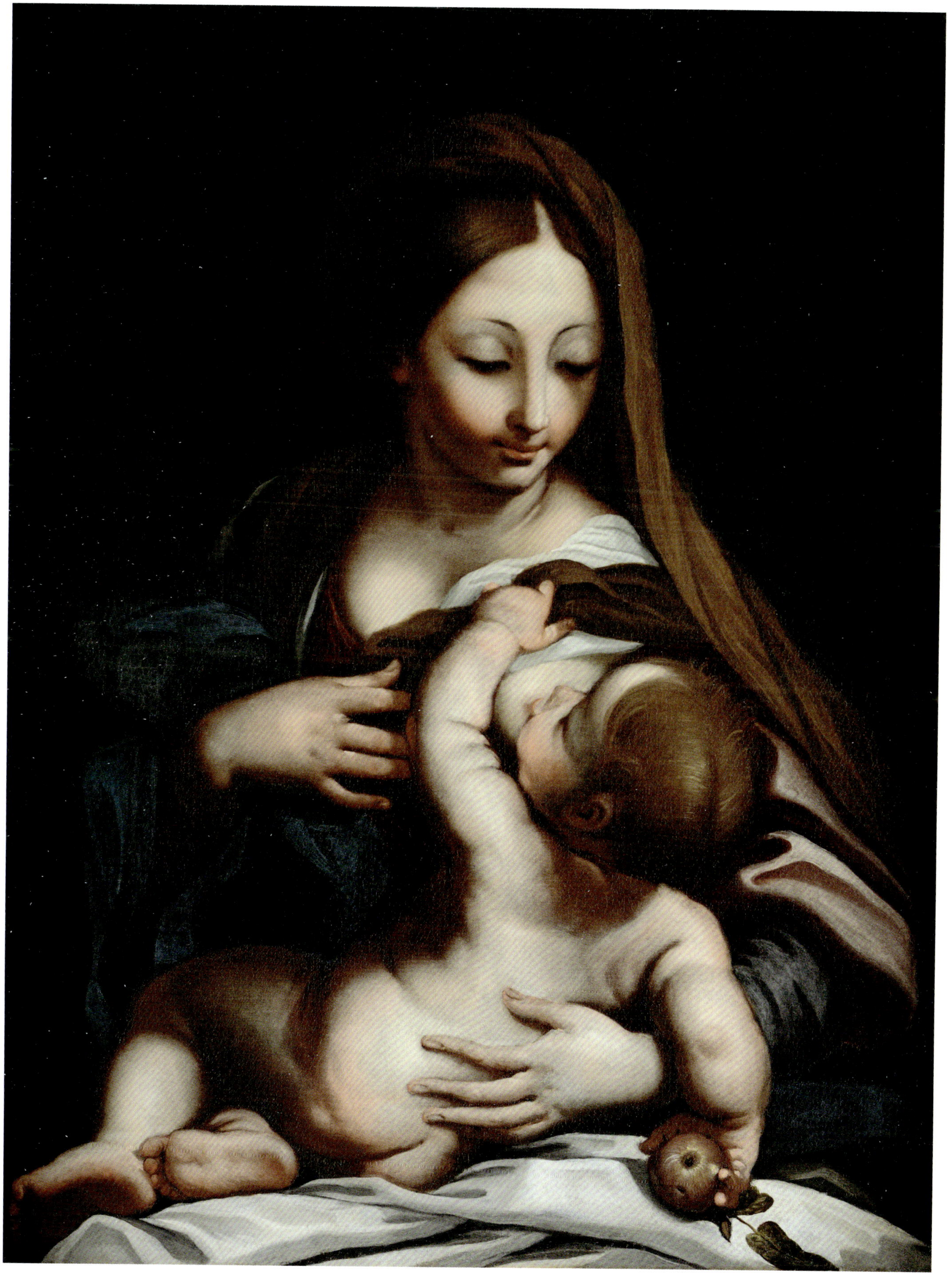

## Giuseppe Zanatta

(Miasino, 1634-1720)

### 29. *Dio padre e i santi Nicola da Tolentino, Gaetano da Thiene, Eurosia*

olio su tela, 250 × 180 cm
Pella, chiesa parrocchiale di Sant'Albino

Il dipinto, collocato su una parete della chiesa parrocchiale di Pella, località sulla sponda occidentale del lago d'Orta, fu donato dalla Comunità, come da iscrizione sul cartiglio, parzialmente leggibile, posto accanto a santa Eurosia. Alle origini corredava un altare dedicato agli stessi santi (Mattioli Carcano 2009, pp. 57-59), ivi segnalato in un inventario del 1677. Se il corretto riferimento attributivo al pittore miasinese era fornito da Lazzaro Agostino Cotta (Cotta [*post* 1716] ed. 1994, p. 117), per la datazione dell'opera ci soccorre il ritrovamento dell'atto documentario relativo all'elaborata cornice lignea appositamente ideata per la tela, oggi perduta, commissionata il 6 aprile 1673 all'intagliatore Giovanni Battista Pallavicini e all'indoratore Paolo Rossi, entrambi aronesi (Dell'Omo 2001, pp. 257-270; Dell'Omo 2009b, pp. 71-72). Il contesto cronologico suggerito – forse i primi mesi dell'anno 1673 – riceve conferma dai dati di stile dell'opera, per le tangenze stilistiche con altre prove datate del percorso dell'artista e tra queste in particolare la *Madonna del latte con san Rocco* (1671) e la coeva *Deposizione di Cristo* della cappella dell'Esaltazione della Croce di San Rocco a Miasino (Dell'Omo 2013, pp. 119-125). Parte in causa nel segno dei raffronti sono soprattutto gli angeli con i loro voli turbinosi e la ridondante veste della santa, connotata da trasparenze seriche e da calde tonalità cromatiche, della stessa natura di quelle che caratterizzano la veste della Maddalena della citata *Deposizione*. Il dipinto di Pella, testimonianza ulteriore della proficua attività del miasinese sul lago d'Orta, rimane espressione significativa dello stile di un artista, che, formatosi a Milano presso l'Accademia Ambrosiana, seppe elaborare in modo originale gli insegnamenti ricevuti, portandoli da una "maniera più vaga e amabile" a un fare "più forte", enfatico e teatrale (Borgomanero, Biblioteca Molli, L.A. Cotta, *Corografia*, *Brogliaccio Riviera*, t. 97, ff. 8, 126).

*Marina Dell'Omo*

*Bibliografia*: Dell'Omo 2001, pp. 268-269; Dell'Omo 2009b, pp. 71-72; Dell'Omo 2013, p. 123.

## Giuseppe Zanatta

(Miasino, 1634–1720)

### 29. *God the Father and SS. Nicholas of Tolentino, Cajetan of Thiene and Eurosia*

oil on canvas, 250 × 180 cm
Pella, parish church of Sant'Albino

The painting, which is placed on a wall of the parish church of Pella, a town on the west bank of Lake Orta, was donated by the community, as can be made out on the partly legible inscription on the scroll next to St. Eurosia. It originally decorated an altar dedicated to the same saints (Mattioli Carcano 2009, pp. 57–59), as recorded in an inventory of 1677. The correct attribution to Zanatta was first provided by Lazzaro Agostino Cotta (Cotta [*post* 1716] ed. 1994, p. 117), but the dating depended on the discovery of a document concerning the elaborate wooden frame specially designed for the painting and since lost, which was commissioned from the wood carver Giovanni Battista Pallavicini and the gilder Paolo Rossi, both from Arona, on 6 April 1673 (Dell'Omo 2001, pp. 257–270; Dell'Omo 2009b, pp. 71–72). The period suggested – perhaps the first months of 1673 – is confirmed by features of the work's style and similarities with other dated works by Zanatta, especially his *Madonna Breastfeeding St Roch* (1671) and the *Deposition of Christ* of the same year in the Chapel of St Roch on the Cross, in Miasino, (Dell'Omo 2013, pp. 119–125). The details that interest us here are above all the angels and their swirling flight and the elaborate robe worn by the saint, featuring areas of transparent silk and warm colours, like those seen in the Virgin's robe in the *Deposition*. The Pella painting is further evidence of the artist's considerable activity on Lake Orta and is an important example of his style. Zanatta received his early training in Milan at the Accademia Ambrosiana and later guided this early style away from a "vague and pleasing manner" towards a "stronger", more emphatic and theatrical approach (Borgomanero, Biblioteca Molli, L.A. Cotta, *Corografia, Brogliaccio Riviera*, t. 97, ff. 8,126).

*Marina Dell'Omo*

*Bibliography*: Dell'Omo 2001, pp. 268–269; Dell'Omo 2009b, pp. 71–72; Dell'Omo 2013, p. 123.

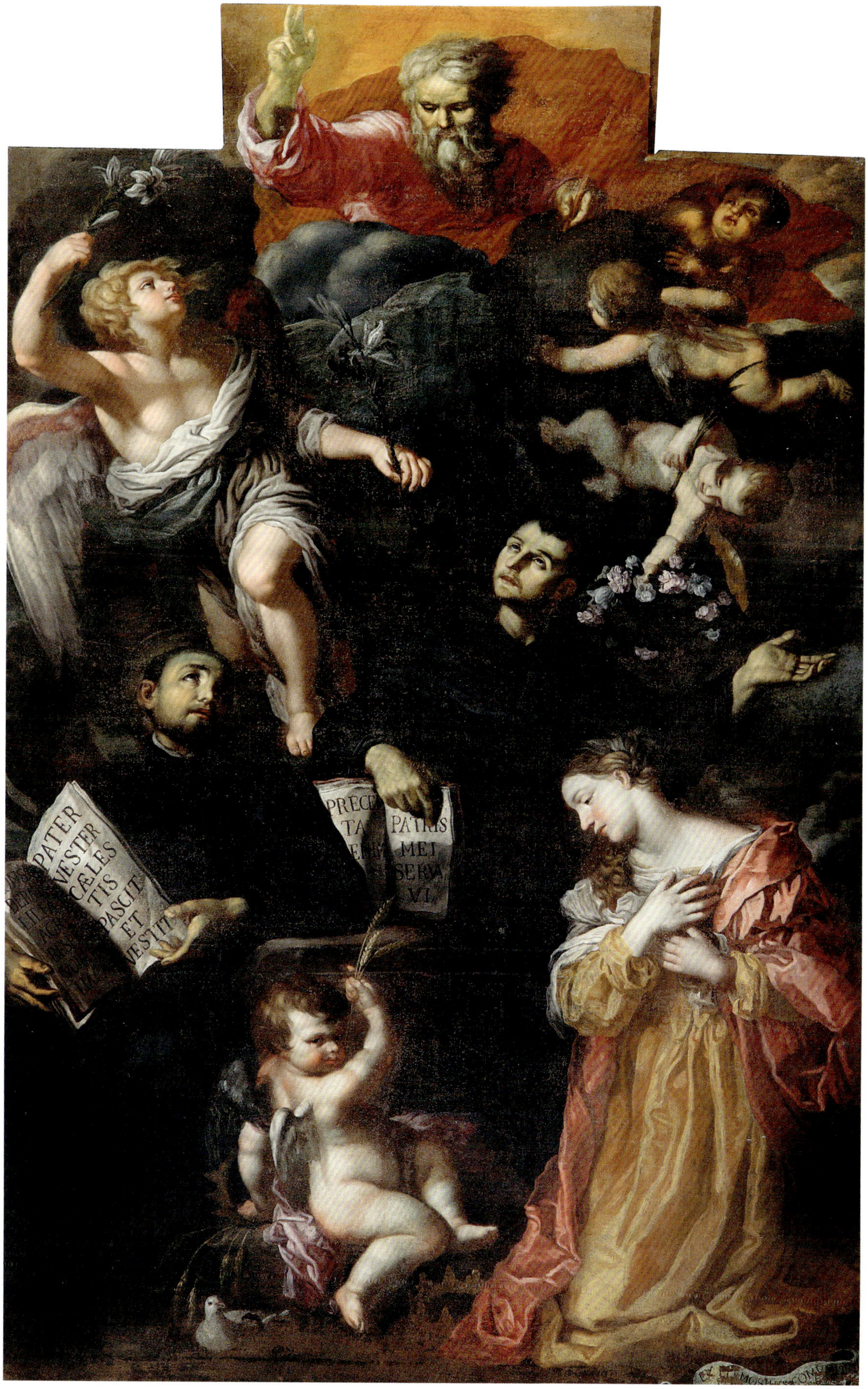
PATER
VESTER
CÆLES
TIS
PASCIT
ET
PRECE
TA
PATRIS
MEI
SERVA
VI

## Giuseppe Zanatta
(Miasino, 1634-1720)

*Storie di sant'Antonio*

30. *Nascita di sant'Antonio*
31. *Sant'Antonio nel deserto rifocillato dall'angelo*
32. *Sant'Antonio resuscita un giovane assassinato*

olio su tela, 180 × 150 cm (ciascuno)
Vacciago, chiesa parrocchiale di Sant'Antonio Abate

I tre dipinti, recentemente restaurati, facevano parte di un ciclo di dieci tele con episodi della vita di sant'Antonio (Ferro, Dell'Omo 1996, p. 242) di cui ne rimangono, oltre alle sopra citate, altre tre: l'*Infanzia di sant'Antonio* e il *Sant'Antonio dona i suoi averi ai poveri*, assegnate all'ambito di Giacinto Gimignani, e il *Sant'Antonio tentato* di Giorgio Bonola (F. Frangi, in *Pittura tra il Verbano e il Lago d'Orta* 1996, pp. 315-316).
I nomi dei committenti del ciclo sono presenti nei cartigli e in particolare: nel *Sant'Antonio resuscita un giovane assassinato* compare il nome di Marco Pifferetti mentre nel *Sant'Antonio nel deserto*, in un cartiglio polilobato, appaiono i nomi di Giulio Boronio e Giovan Antonio Bussio.
Le tre tele rappresentano certamente una delle vette della produzione dello Zanatta per la complessità compositiva e per la matura padronanza della narrazione. Pittore di cui ancora non si è in grado di ricostruire a pieno l'intera produzione, emerge, in questa serie, come una figura colta e eclettica: nella *Nascita di sant'Antonio* la scena è divisa in piani paralleli disposti in profondità. La composizione sembra ispirarsi alla *Nascita della Vergine* di Ambrogio Figino per Sant'Antonio Abate di Milano: il particolare dell'alcova, del bacile di rame sbalzato, le figure dai drappi incisi come sculture, la stessa atmosfera di agitazione e movimento pervade le due tele. L'ampia cultura di Zanatta appare anche nel dettaglio dell'architettura di fondo con l'arco monumentale da cui si intravede la piramide, che cita letteralmente la xilografia di Sebastiano Serlio con la *Scena tragica* tratta del *Secondo Libro dell'Architettura* del 1545. Nel *Sant'Antonio nel deserto* la generale intonazione bruna si accende con l'angelo che squarcia le nubi e, coperto da panneggi gialli e porpora a contrasto, rischiara la scena. Il nodo del vorticoso gruppo di personaggi sulla sinistra nel *Sant'Antonio resuscita un giovane assassinato* rimanda alla maturità di Cairo (F. Frangi, in *Pittura tra il Verbano e il Lago d'Orta* 1996, p. 316) mentre l'accesa esuberanza cromatica resta, insieme alla citazione raffaellesca dell'ossesso nella *Trasfigurazione*, una cifra personalissima dell'interpretazione accademica di Zanatta.

*Francesco Gonzales*

*Bibliografia*: Ferro, Dell'Omo 1996, p. 242; F. Frangi, in *Pittura tra il Verbano e il Lago d'Orta* 1996, pp. 315-316; Dell'Omo, Fiori 2004, pp. 72-75.

## Giuseppe Zanatta
(Miasino, 1634-1720)

*Stories from the life of St. Anthony*

30. *Birth of St. Anthony*
31. *St. Anthony in the Desert Succoured by the Angel*
32. *St. Anthony Resurrects a Murdered Youth*

oil on canvas, 180 × 150 cm each
Vacciago, parish church of Sant'Antonio Abate

The three recently restored paintings were part of a series of ten showing episodes in the life of St. Anthony (Ferro, Dell'Omo 1996, p. 242) of which another three survive apart from those mentioned above: *St. Anthony's childhood* and *St. Anthony giving his possessions to the poor* attributed to the circle of Giacinto Gimignani, and *The temptation of St. Anthony* attributed to Giorgio Bonola (F. Frangi, in *Pittura tra il Verbano e il Lago d'Orta* 1996, pp. 315-316).
The names of the patrons of the cycle are shown in the scrolls, and in particular: in the *St. Anthony resurrects a murdered youth* the name of Marco Pifferetti appears, while in the *St. Anthony in the desert*, within a polylobate, we see the names of Giulio Boronio and Giovan Antonio Bussio.
The three paintings are certainly among the finest to have been painted by Zanatta in terms of compositional complexity and the mature mastery of narrative. It has not yet been able to reconstruct his entire œuvre, but in this series he emerges as a figure who is cultured and eclectic: the *Birth of St. Anthony*, the scene is divided into parallel planes arranged in depth. The composition seems to be inspired by the *Birth of the Virgin* by Ambrogio Figino for Sant'Antonio Abate in Milan: the details of the alcove and the embossed copper basin, the monumental figures and the drapes as firmly delineated as sculptures, and even the atmosphere of agitation and movement all pervade both paintings. Zanatta's wide-ranging culture also appears in the background detail of the architecture with the monumental arch through which one can see a pyramid, which is a direct quote from the woodcut by Sebastiano Serlio of the *Tragic scene* in the *Secondo Libro dell'Architettura* published in 1545. In the *St. Anthony in the desert*, the general dark tone gives way where the angel pierces the clouds and, covered in yellow and purple contrasting drapery, illuminates the scene. The crux of the swirling group of figures on the left in the *St. Anthony resurrects a murdered youth* shows the influence of the mature Cairo (F. Frangi, in *Pittura tra il Verbano e il Lago d'Orta* 1996, p. 316), while, along with the quote from the obsessed figure in Raphael's *Transfiguration*, the chromatic exuberance remains a very personal academic interpretation by Zanatta himself.

*Francesco Gonzales*

*Bibliography*: Ferro, Dell'Omo 1996, p. 242; F. Frangi, in *Pittura tra il Verbano e il Lago d'Orta* 1996, pp. 315-316; Dell'Omo, Fiori 2004, pp. 72–75.

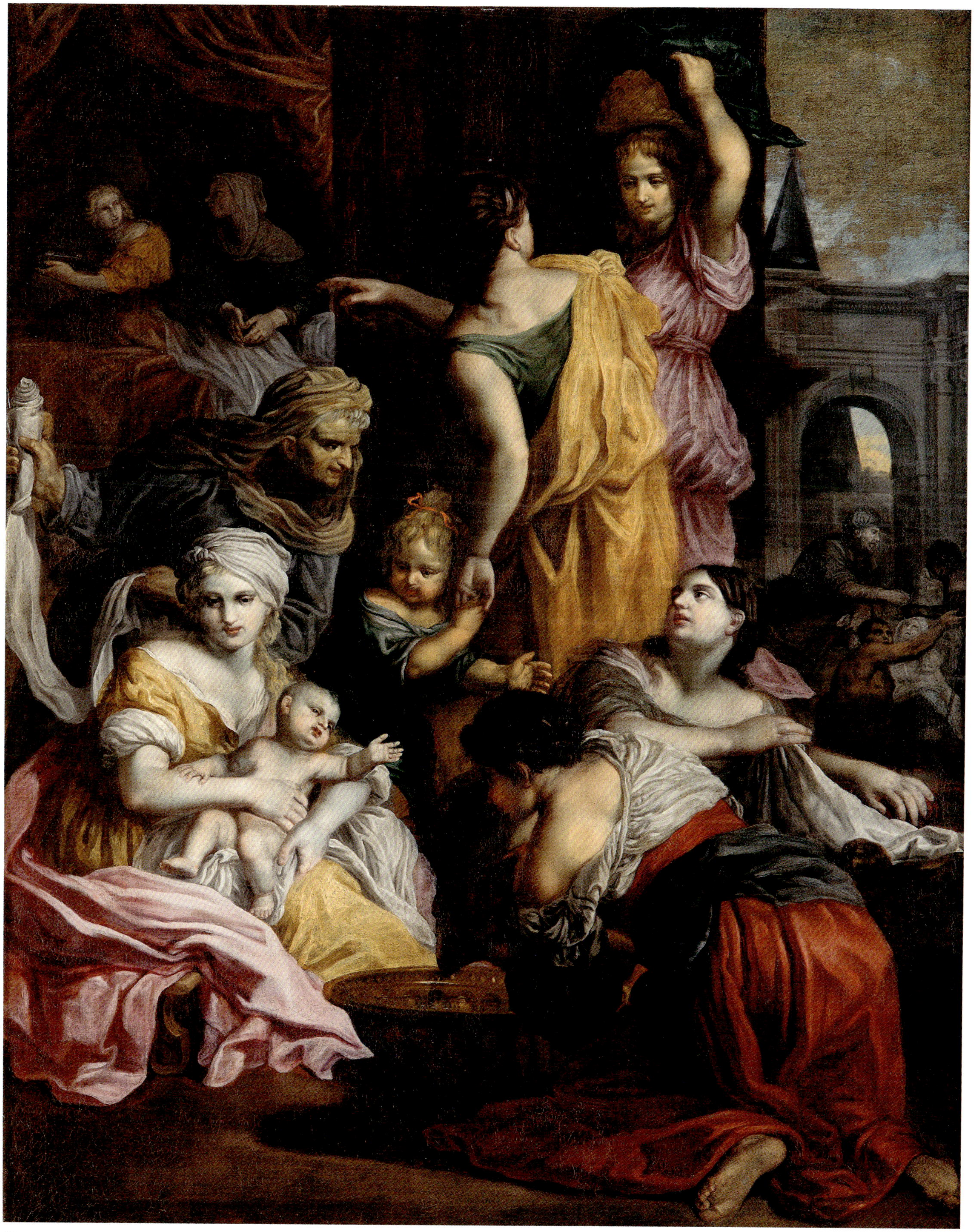

30.

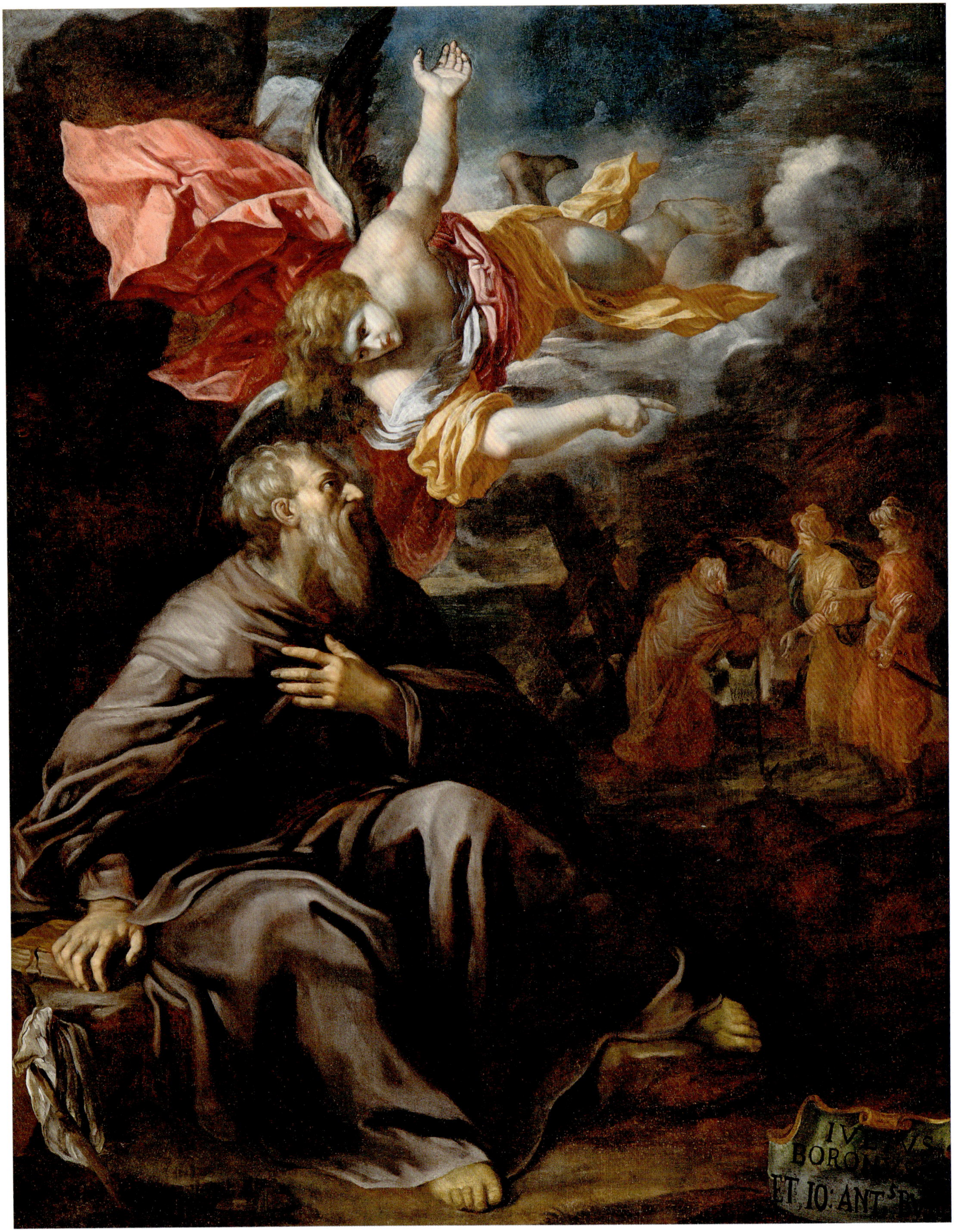


31.

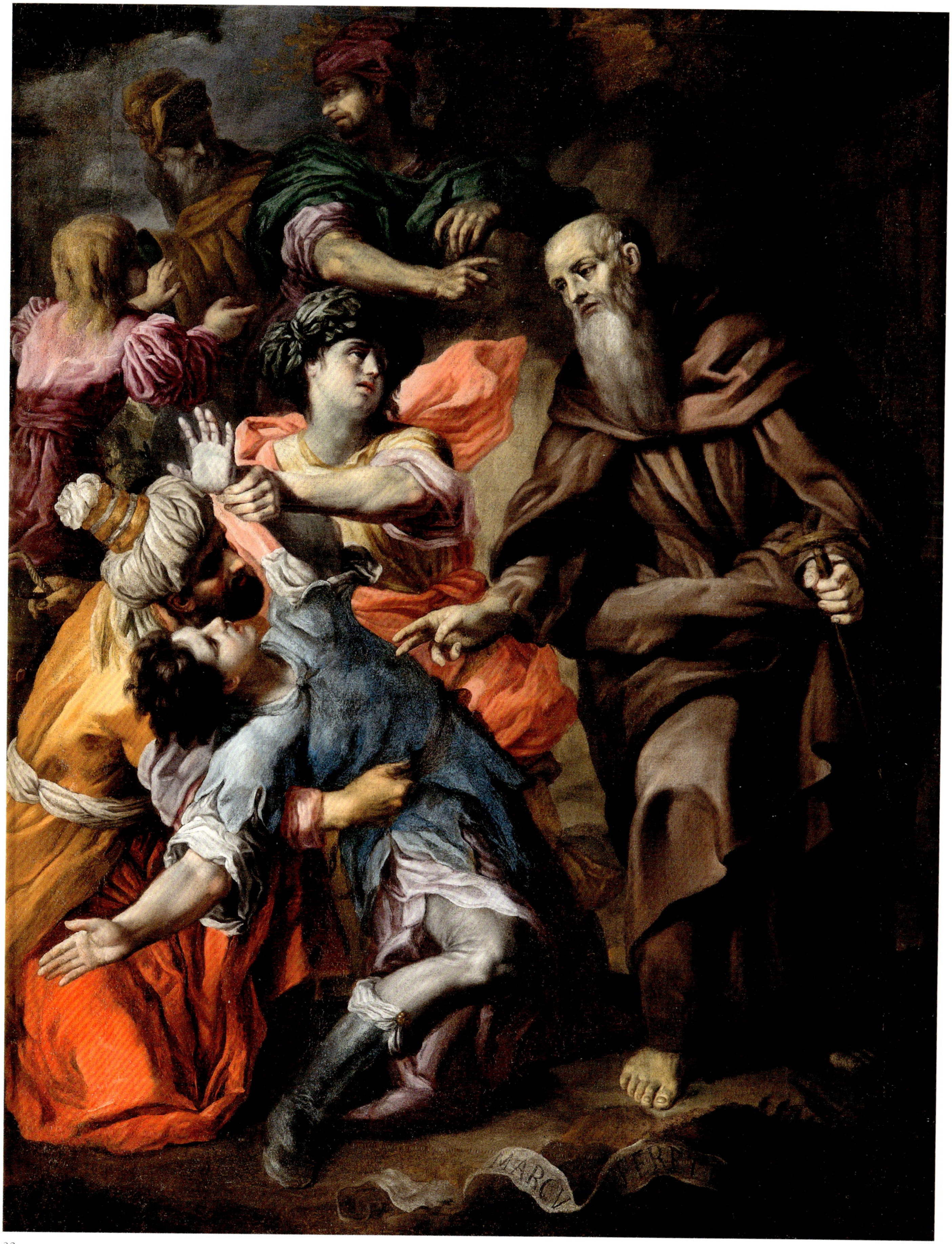

32.

## Giovanni Sampietro
(documentato a Milano dal 1680)

### 33. *Madonna col Bambino e i santi Marta e Brizio*

olio su tela, 244 × 166 cm
Vagna, chiesa parrocchiale di San Brizio

La tela, pubblicata da Bertamini (1974, pp. 123-124) e da Ferro e Dell'Omo (1996, p. 179) come di Maestro ossolano di fine Seicento, è stata restaurata in occasione di questa mostra. Il dipinto si trova nella cappella della confraternita di Santa Marta fondata nel 1631 grazie al lascito del sacerdote Domenico Carazoli (ASDN, Inventari 1631, 3.3/B.906). Su una coltre di nubi è assisa la Vergine, protetto dalla madre sta il Bambino che porge la mano a san Brizio mentre, sulla destra, Maria accoglie santa Marta in atto di supplica. In basso guizzano gioiosi due putti recanti gli attributi dei santi, il pastorale per Brizio e il secchiello con l'aspersorio per Marta di Betania. Come una quinta teatrale le nubi si diradano e appare una scena con paesaggio. In lontananza montagne in digradare mentre, in primo piano, da una chiesa, una processione di disciplini di Santa Marta scende le scale del sagrato e si incammina per un sentiero. In testa al corteo un confratello con il crocifisso e a seguire i battuti incappucciati nelle loro vesti bianche. La tela è descritta nel 1682: "Una icona dipinta all'antica con in mezzo l'immagine della Vergine Santissima con il Puttino in braccio, e dal lato destro l'immagine di san Brizio e dal sinistro l'immagine di santa Marta et altre figure de santi in cima et in fondo alla icona [...]". (ASDN, Inventari 1682, 3.13/B.906). Il dipinto risente di un gusto eclettico in cui convergono echi bolognesi e suggestioni di Lanfranco. L'iconografia del Bambino, ritto in piedi fra le braccia della madre, ricorda la pala di ambito procaccinesco conservata in Santa Marta di Cannobio, mentre l'invenzione dello squarcio con la scena di vita e, in alto, l'apparizione rimanda alla *Madonna col Bambino, Elia, santa Teresa e san Simone Stock* dello Zoppo da Lugano in San Giorgio di Borgovico di Como. Suggestioni colte che diventano più calzanti nei confronti della *Visione mistica di santa Caterina da Siena* di Luigi Scaramuccia, già nella chiesa di Santa Maria della Vettabbia a Milano, a cui il maestro della tela di Vagna sembra guardare. I due dipinti appaiono accomunati dalla medesima invenzione: le scenette animate dalle svelte figure allungate e nervose sono infatti la base per la magniloquente macchina barocca dell'apparizione divina. A un pittore di area milanese sembra quindi doversi ricondurre la paternità del dipinto. In particolare, per le evidenti consonanze stilistiche e temporali, la tela è da attribuire al milanese Giovanni Sampietro, attivo in area ossolana negli affreschi del presbiterio di Crevoladossola e, in più occasioni, presso il Sacro Monte Calvario (Dell'Omo 2009c, pp. 41-43). Nel dettaglio, la figura di Marta del dipinto di Vagna – a questo punto collocabile come una delle prime opere presenti in valle del Sampietro – viene ripresa nella figura femminile ai piedi della croce di san Pietro negli affreschi di Crevoladossola, mentre i putti dal ventre

## Giovanni Sampietro
(documented in Milan from 1680)

### 33. *Madonna and Child with SS. Martha and Brice*

oil on canvas, 244 × 166 cm
Vagna, parish church of San Brizio

The canvas, which was published by Bertamini (Bertamini 1974, pp. 123–124) and Dell'Omo and Ferro (1996, p. 179) as the work of an artist from the Ossola area from the late 1600s, has been restored for this exhibition. The painting can be found in the chapel of the confraternity of Santa Marta which was founded in 1631 thanks to the legacy of the priest Domenico Carazoli (ASDN Inventories, 1631, 3.3/B.906). The Virgin is sitting on a blanket of clouds and the Child, protected by his mother, extends his hand to St. Brice whilst, to the right, Mary receives St. Martha in prayer. At the bottom there are two joyously leaping putti bearing the attributes of the saints: a pastoral staff for Brice and a little bucket with an aspersory for Martha of Bethany. Resembling a theatrical setting, the clouds disperse to reveal a landscape scene. Mountains rise up in the distance whilst in the foreground a procession of Disciples of St. Martha descend the steps from a church and proceed along a footpath. At the head of the procession there is a brother with the crucifix and, following him, the hooded Battuti in their white robes. In 1682 the canvas was described as: "A painted icon in classical style with the image of the Most Holy Virgin in the centre with the Child in her arms, and to the right the image of St. Brice and to the left the image of St. Martha and other figures of saints above and below the icon". (ASDN, Inventory 1682, 3.13/B.906). The painting conveys an eclectic taste with echoes of the Bolognese School and influences from Lanfranco. The iconography of the Child, standing up between his mother's arms, recalls the altarpiece by Procaccino which is kept in the church of Santa Marta in Cannobio, whilst the idea of the split with the scene of everyday life and the apparition above it, recalls the *Madonna with Child, Elias, St. Teresa and St. Simon Stock* by Zoppo di Lugano in Como's church of San Giorgio in Borgovico. The collection of influences become more fitting when we compare it with the *Mystic Vision of St. Catherine of Siena* by Luigi Scaramuccia, formerly in the church of Santa Maria della Vettabbia in Milan, whom the artist of the Vagna canvas seems to take as a model. The two paintings share the same idea: the animated scenes of nimble, elongated and sinewy figures form the foundation for the magniloquent baroque device of the divine apparition. Therefore the authorship of the painting would seem to lead back to a painter from the Milanese area. In particular, due to the clear stylistic and temporal compatibility, the canvas can be attributed to the Milanese painter Giovanni Sampietro, who was active in the Ossola area in the frescoes in the presbytery in Crevoladossola and, on numerous occasions, at the Sacro Monte Calvario (Dell'Omo 2009c, pp. 41–43). In detail, the figure of Martha in the Vagna painting – which

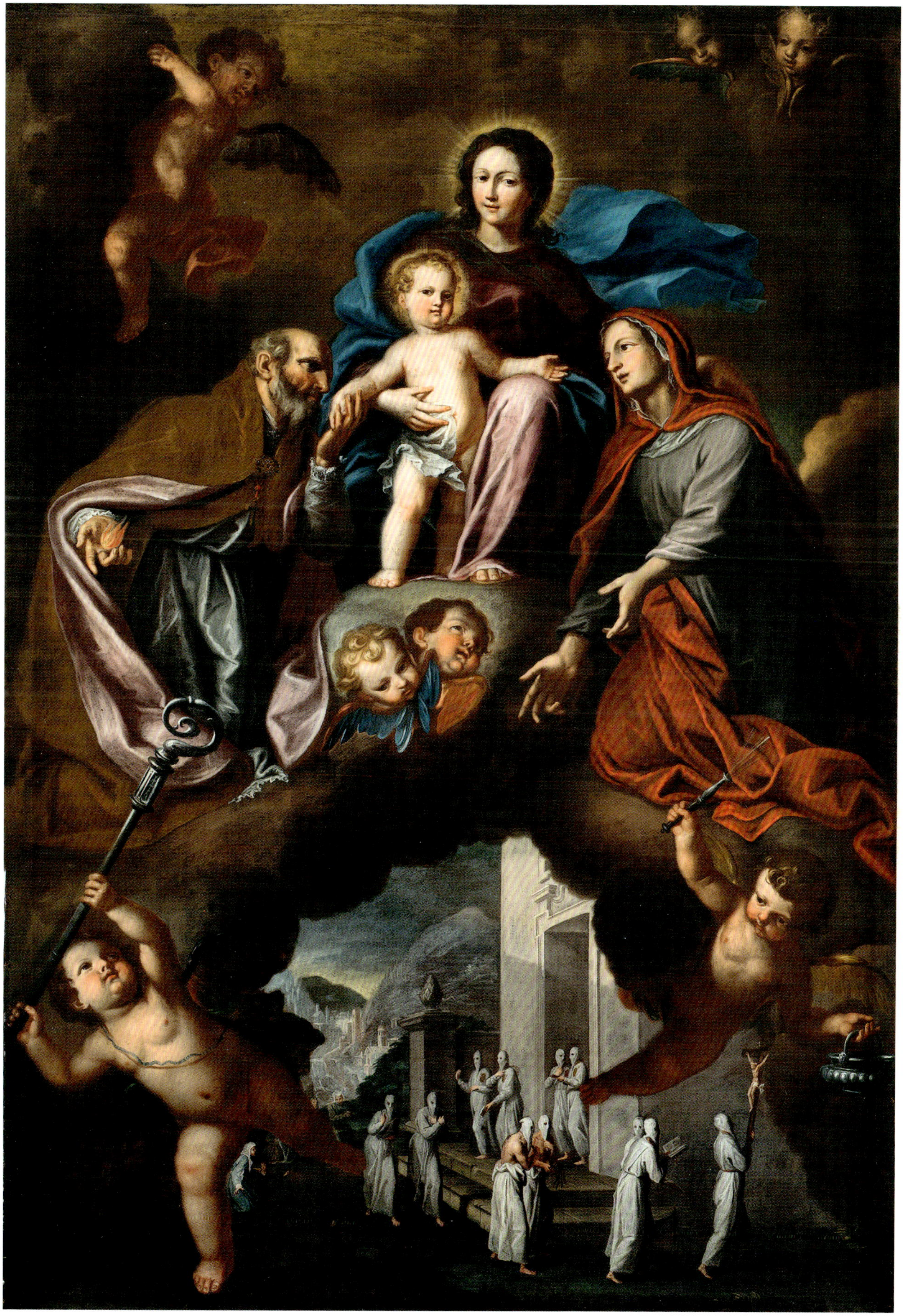

gonfio e segnato da nastri colorati, colti in eleganti involuzioni, ritornano negli affreschi del Sacro Monte Calvario come nelle cappelle II, XIII, XIV, XV e negli affreschi che contornano la cinquecentesca *Madonna col Bambino* nell'oratorio della Madonna delle Grazie. Allo stesso Sampietro, attivo in valle tra gli anni settanta e la prima decade del Settecento, sono da ricondurre la tela con *Cristo giudice* di Chiesa Vecchia a Belgirate, la *Circoncisione* di Noga di Villadossola, l'affresco con il *Cristo crocifisso e le anime purganti* dell'ossario di Crevoladossola e l'ex voto degli abitanti di Domodossola conservato nella chiesa parrocchiale di Bognanco con la *Madonna col Bambino* del 1690.

*Francesco Gonzales*

*Bibliografia*: Bertamini 1974, pp. 115-130; Ferro, Dell'Omo 1996, p. 179.

at this point can be classed as one of Sampietro's first paintings in the valley – is present again in the feminine figure at the foot of St. Peter's cross in the frescoes in Crevoladossola, whilst the putti with their swollen bellies marked by coloured ribbons, caught in elegant involutions, reappear in the Sacro Monte Calvario, for example in the 2nd, 8th, 14th and 15th Chapels and in the frescoes which surround the 16th century *Madonna with Child* in the Oratory of Madonna delle Grazie. Sampietro, active in the valley between 1670 and the first decade of the 18th century, can also attributed with the canvas of *Christ the Judge* in the ancient church at Belgirate, the *Circumcision* at the church of Noga in Villadossola, the fresco with *Christ Crucified and the souls in Purgatory* in the Ossuary in Crevoladossola and the ex-voto from the inhabitants of Domodossola kept in the parish church of Bognanco along with the *Madonna with Child* of 1690.

*Francesco Gonzales*

*Bibliography*: Bertamini 1974, pp. 115–130; Ferro, Dell'Omo 1996, p. 179.

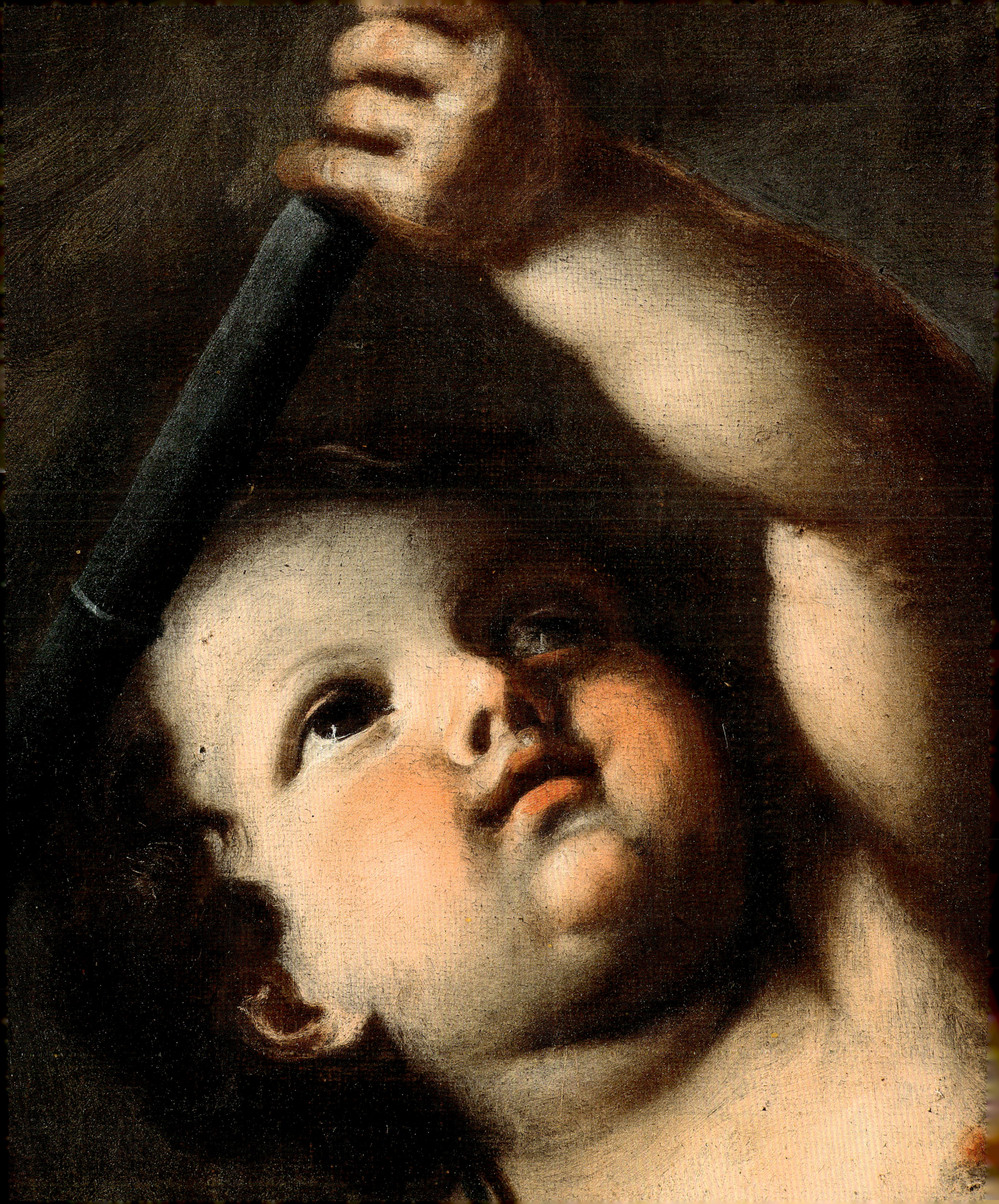

## Carlo Preda

(Milano, 1651/1652-1729)

### 34. *Santa Maria Maddalena portata in cielo dagli angeli*
### 35. *Sacra famiglia**

olio su tela, 215 × 160 cm
Pallanza, collegiata di San Leonardo

**opera non in mostra, non illustrata*

Le due tele, nate in *pendant* e collocate nel presbiterio della chiesa, sono ivi registrate per la prima volta alla fine dell'Ottocento (Viani 1891, p. 136). Non ne conosciamo la provenienza, presumibilmente dovuta alla donazione di una famiglia notabile del luogo. Suggestivo al riguardo pensare che questa possa corrispondere con i Viani, già patroni del sacello del Crocifisso nella medesima chiesa, corredato nella volta da un dipinto raffigurante *Cristo irato con la Croce della Passione*, realizzato intorno al 1716, di mano dello stesso artefice dei due quadri in esame (Dell'Omo 2009a, pp. 23-24; Dell'Omo s.d. [ma 2010], pp. 59-67). A dispetto della mancanza di notizie precise relative alla loro primitiva collocazione, rimane assodato il riferimento attributivo al pittore milanese Carlo Preda (S.A. Colombo, in *Pittura tra il Verbano e il Lago d'Orta* 1996, p. 301), esponente della scena lombarda tra Sei e Settecento, con un percorso segnato da originalità che lo connotano rispetto ad altri artisti suoi contemporanei, operanti nel medesimo contesto. Come è stato più volte riconosciuto dalla letteratura critica e in particolare da Jacopo Stoppa (1999, pp. 233-249), il suo linguaggio rivela una forte componente genovese, forse stimolata dalle sue frequentazioni di territori al confine con quelli liguri, segnati da presenze di artisti provenienti da quegli ambiti. Tuttavia le preferenze accordate alla pittura genovese non gli fecero mai perdere di vista gli aspetti formativi primari, legati alla cultura milanese, mediata dagli insegnamenti dello zio materno, Federico Bianchi, e spesso privilegianti gli orientamenti tenebrosi di Filippo Abbiati. Nell'ambito di questi discorsi si collocano le due tele di Pallanza, databili al primo decennio del Settecento, con significativi raffronti nelle tipologie dei volti con la *Madonna col Bambino, sant'Antonio e santa Lucia* del santuario di Santa Maria del fonte in Caravaggio (1708) e con l'*Assunzione della Vergine* in Sant'Agnese a Lodi, laddove gli angioletti, dalle capigliature sfilacciate e dai grandi occhi incavati, diventano cifra inconfondibile del suo vocabolario, accanto alla fattura marcatamente piena delle gote dei visi femminili.
La presenza del Preda nella chiesa di Pallanza confermava la fortuna del pittore milanese nella diocesi di Novara, con la partecipazione al ciclo della chiesa di San Martino di Vignone nel secondo decennio del Settecento (Dell'Omo 2009a, pp. 25-28), la pala con la *Madonna col Bambino, san Giovannino e san Gaudenzio*, già dipinto dell'altare della cappella annessa al palazzo di Giovan Battista Leonardi a Trecate (1724), e l'opera dispersa nella chiesa di San Francesco della città capoluogo (Dell'Omo s.d. [ma 2010], pp. 64, 67 n.17; Borlandelli 2014, pp. 224, 230).

*Marina Dell'Omo*

*Bibliografia*: Pacciarotti 1993, p. 22; Ferro, Dell'Omo 1996, p. 216, nn. 807-808; S.A. Colombo, in *Pittura tra il Verbano e il Lago d'Orta* 1996, p. 301; Stoppa 1999, p. 242; Dell'Omo 2009a, pp. 21-24; Dell'Omo s.d. [ma 2010], pp. 59-67.

## Carlo Preda

(Milan, 1651/1652–1729)

### 34. *St. Mary Magdalene Carried up to Heaven by Angels*
### 35. *Holy Family**

oil on canvas, 215 × 160 cm
Pallanza, collegiate church of San Leonardo

**work not on exhibition, not illustrated*

The two canvases were painted as a pair for the presbytery of the church and were first recorded there at the end of the nineteenth century (Viani, 1891, p. 136). Its provenance is unknown, but it was presumably donated by a prominent local family. An intriguing possibility is that this was the Viani family, who were the patrons of the Chapel of the Crucifix in that very church, whose ceiling is decorated with a painting of *Christ in Anger with the Cross of the Passion*, painted in around 1716 by the same artist who made the two works under examination (Dell'Omo 2009a, pp. 23–24; Dell'Omo n.d. [but 2010], pp. 59–67). In spite of the lack of precise information regarding their original whereabouts, the paintings can be confidently attributed to the Milanese artist Carlo Preda (S.A. Colombo, in *Pittura tra il Verbano e il Lago d'Orta* 1996, p. 301), who was active in Lombardy in the late-17th and early-18th centuries and whose originality sets him apart from other contemporary artists in the same area. As has often been recognized in the literature and especially by Jacopo Stoppa (1999, pp. 233–249), his art betrays a strong Genoese influence, perhaps due to his frequent trips to areas on the borders with Liguria, where he would have met artists from that region. However, his familiarity with Genoese art never fully overcame his early training, coloured as it was by Milanese culture mediated through the teaching of his maternal uncle Federico Bianchi, which notably favoured the dark palette of Filippo Abbiati. This is the *milieu*, in the first decade of the 18th century, in which the two Pallanza paintings were created. There are significant comparisons to be made with the types of faces found in *Madonna with the Baby St. Anthony and St. Lucy* in the shrine of Santa Maria del Fonte in Caravaggio (1708) and in *The Assumption of the Virgin* in Sant'Agnese in Lodi, where the little angels, with their unruly locks and large, deep-set eyes, become an unmistakeable features of his style, together with the noticeably full cheeks of his female figures.
The presence of works by Preda in Pallanza is a sign of the Milanese artist's popularity in the diocese of Novara, and this was confirmed by his contribution to the cycle of paintings in the church of San Martino in Vignone in the second decade of the 18th century (Dell'Omo 2009a, pp. 25–28), the altarpiece with the *Madonna and Child, the Young St. John the Baptist and St. Gaudentius*, formerly the painting on the altar in the chapel attached to the palace of Giovan Battista Leonardi in Trecate (1724) and the lost work in the church of San Francesco in Novara (Dell'Omo n.d. [but 2010], pp. 64, 67 no.17; Borlandelli 2014, pp. 224, 230).

*Marina Dell'Omo*

*Bibliography*: Pacciarotti 1993, p. 22; Ferro, Dell'Omo 1996, p. 216, nos. 807–808; S.A. Colombo, in *Pittura tra il Verbano e il Lago d'Orta* 1996, p. 301; Stoppa 1999, p. 242; Dell'Omo 2009a, pp. 21–24; Dell'Omo n.d. [but 2010], pp. 59–67.

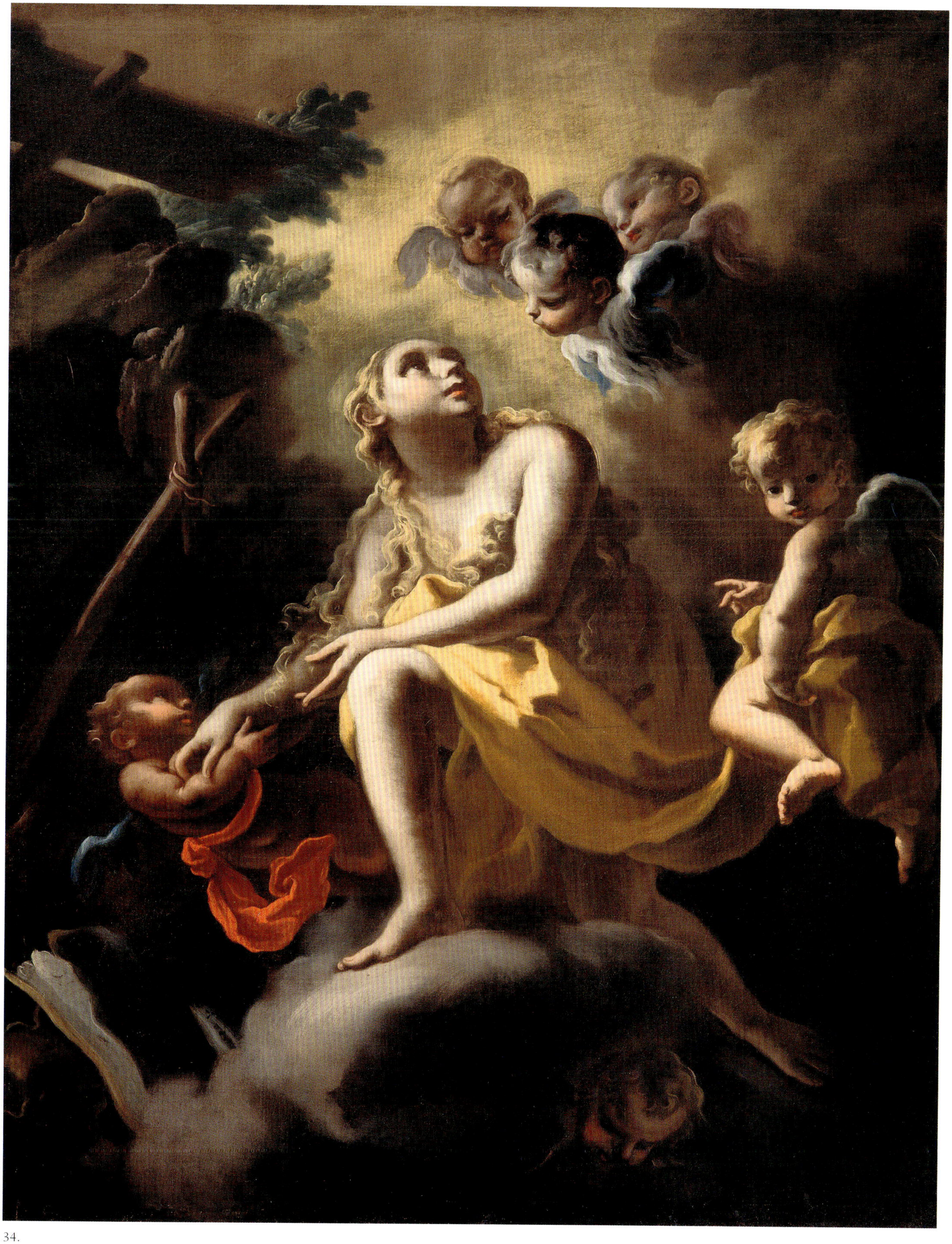

34.

## Filippo Abbiati

(Milano, 1643-1715)

### 36. *Visitazione della Vergine a santa Elisabetta*

olio su tela, 305 × 181 cm
Arona, monastero della Visitazione

La tela viene donata nel 1692 da Giulia Arese, moglie di Renato Borromeo e figlia di Bartolomeo Arese, presidente del Senato milanese; l'artista riceve L. 290 il 21 gennaio 1692. Abbiati ha lavorato già per la potente casata e ad Angera ha lasciato due prove di formazione, *Apollo e Marsia* e *Atalanta e Ippomene*, copie da Ribera e da Reni (1673), un'*Aurora* (1677, perduta) e i *Fasti*, grandi teleri per celebrare la storia della famiglia su commissione di Vitaliano VI (1683-1692). Nell'affollata ma ben orchestrata scena, la "visitazione" è abbinata alla "gloria della Trinità" a testimoniare un passaggio di sede delle monache visitandine nel convento già dei confratelli di Santa Marta e della Trinità. Ma il passaggio è anche nel percorso del pittore che addolcisce i modi dei "tenebrosi" veneziani e la cupa drammaticità delle storie carmelitane a Milano e di quelle di San Lorenzo al Pozzo a Novara. Abbiati dialoga con Andrea Lanzani e presto lo farà con Sebastiano Ricci e persegue "l'alleggerimento della tavolozza cromatica e la conquista di una inedita dolcezza" (M. Dell'Omo, in *Pittori lombardi nel Verbano* 2009) ben visibile nelle coeve immagini mariane in Santa Cecilia a Como. Così la pala aronese realizza un'inedita atmosfera di intima commozione e di sentimenti affabili, e con l'intreccio sapiente dei gesti, delle emozioni, con la levità dei colori prefigura i liberi effetti del secolo nuovo. Lo compresero le visitandine che ricorsero ad allievi del maestro inclini a svilupparne le intuizioni, Vimercati e Pietro Maggi, per due pale raffiguranti san Francesco di Sales, trasferite poi nel monastero milanese (S. Coppa, in *Pittura tra il Verbano e il Lago d'Orta* 1996, pp. 324-325).

*Filippo M. Ferro*

*Bibliografia*: Romano 1979, p. 69 e tav. 38; S. Coppa, in *Pittura tra il Verbano e il Lago d'Orta* 1996, p. 325; Ferro, Dell'Omo 1996, p. 76, n. 5, tav. 2; F. Frangi, in *Pittura tra il Verbano e il Lago d'Orta* 1996, p. 322; Natale 2000, p. 154; Dell'Omo 2007, pp. 411-416, fig. 1; M. Dell'Omo, in *Pittori lombardi nel Verbano* 2009, pp. 66-71 (con scheda di restauro di T. Carbonati).

## Filippo Abbiati

(Milan, 1643–1715)

### 36. *Visitation of the Virgin to St. Elizabeth*

oil on canvas, 305 × 181 cm
Arona, monastery of Visitazione

The picture was donated in 1692 by Giulia Arese, wife of Renato Borromeo and daughter of Bartolomeo Arese, president of the Milanese Senate; the artist received Lire 290 for his work on January 21st, 1692. Abbiati had already worked for the powerful family and left two early training works – *Apollo and Marsyas* and *Atalanta and Hippomenes* – copied from Ribera and Reni (1673), an *Aurora* (1677, now lost), and the *Fasti*, large canvases celebrating the history of the family and produced on commission from Vitaliano VI (1683–1692). In the crowded but well orchestrated scene, the "visitation" is combined with the "glory of the Trinity" to celebrate the Visitandine nuns move to a new convent in the former brotherhood of Santa Marta e della Trinità. But there is also a change in the artist, who here has softened the "tenebrous" Venetian manner and the gloomy dramatic approach adopted for the Carmelitan stories in Milan and for those of St. Laurence at Pozzo a Novara. Abbiati was in touch with Andrea Lanzani and would soon be also with Sebastiano Ricci, and was now implementing "the lightening of his colour palette and the conquest of a new sweetness" (M. Dell'Omo, in *Pittori lombardi nel Verbano* 2009) visible in the contemporary Marian images in Santa Cecilia in Como. The altarpiece in Arona offers a new atmosphere of intimate commotion and soft feelings. With the skilled blend of gestures and emotions, with the lightness of the colours, this work prefigures the less-constrained effects of the new century. This was understood by the Visitandine nuns who turned to those master's pupils who sought to build on his lesson, and namely Vimercati and Pietro Maggi, for two altarpieces depicting St. Francis of Sales, which were subsequently moved to the monastery in Milan (S. Coppa, in *Pittura tra il Verbano e il Lago d'Orta* 1996, pp. 324-325).

*Filippo M. Ferro*

*Bibliography*: Romano 1979, p. 69 and pl. 38; S. Coppa, in *Pittura tra il Verbano e il Lago d'Orta* 1996, p. 325; Ferro, Dell'Omo 1996, p. 76, no. 5, pl. 2; F. Frangi, in *Pittura tra il Verbano e il Lago d'Orta* 1996, p. 322; Natale 2000, p. 154; Dell'Omo 2007, pp. 411–416, ill. 1; M. Dell'Omo, in *Pittori lombardi nel Verbano* 2009, pp. 66–71 (with restoration entry by T. Carbonati).

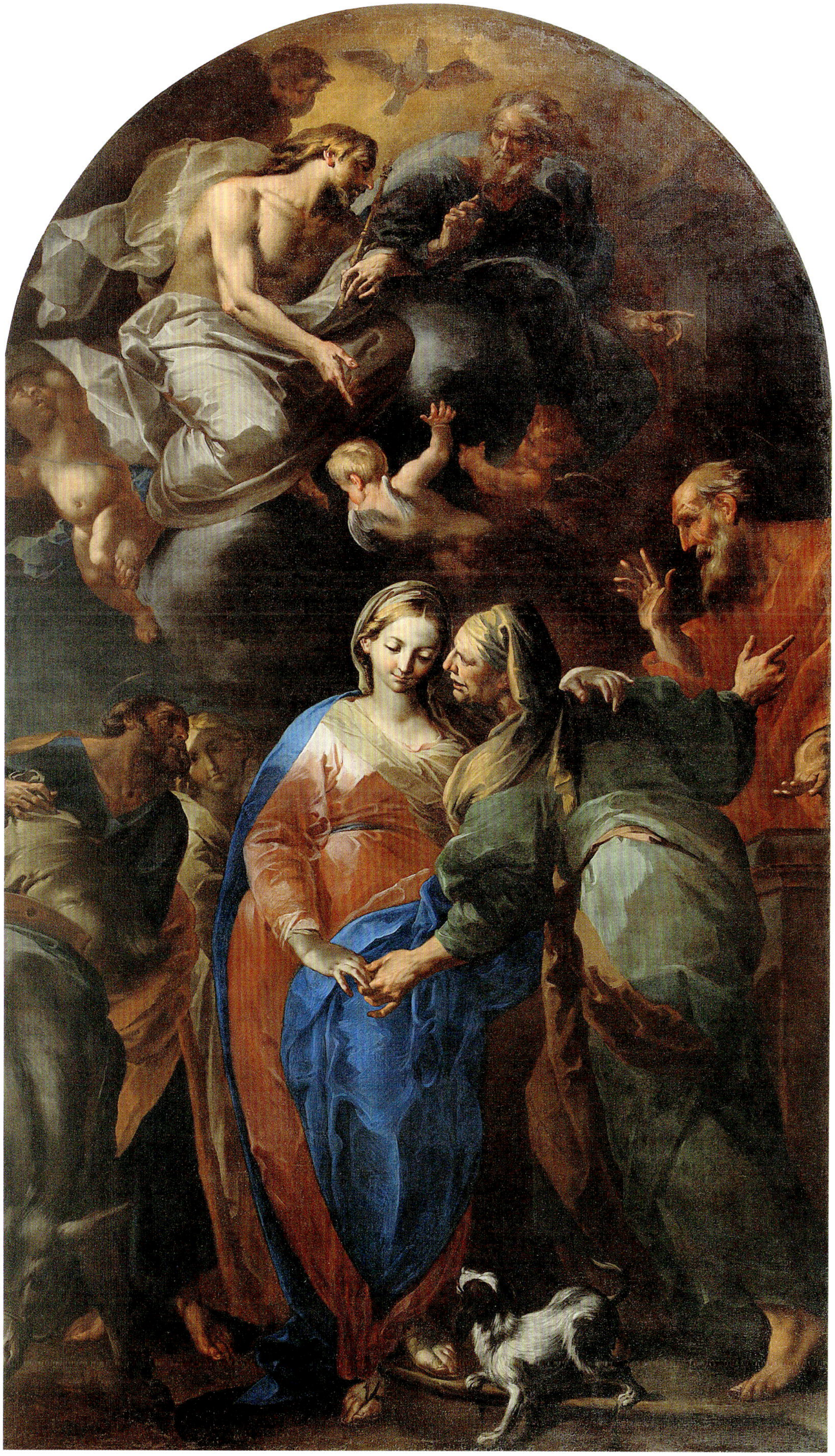

## Filippo Abbiati
(Milano, 1643-1715)

### 37. *Clemente VIII approva l'officio di Lorenzo presentato dal Bascapè nell'anno santo 1600**

olio su tela, 240 × 360 cm
Novara, cattedrale di Santa Maria Assunta

**opera non in mostra*

La figura di Lorenzo, il protomartire novarese, è scossa dall'oblio dal vescovo Carlo Bascapè, e il telero mostra l'incontro, per solennizzarne il culto, tra il vescovo novarese e il pontefice. Le scarse notizie sulla vita permettono di fare del mitico prete un modello di santità moderna: la libera e fantastica ripresa della sua storia riannoda le origini della chiesa novarese e la sua evocazione diviene necessario ausilio alla visione dei monumenti romanici della città, del duomo, del battistero, della chiesa d'Ognissanti.
La decisione di tradurre in termini figurativi la proposta del Bascapè si precisa con Giuseppe Maria Maraviglia, milanese e letterato insigne, vescovo dal 1667 al 1684, e con la protezione di Innocenzo XI, già vescovo della diocesi. Tre religiosi si incaricano del progetto: Pietro Paolo Casati e Ferrante Nazari, canonici della cattedrale, e Giuseppe Maria Bagliotti, frate cappuccino. Animatore è il Casati: nel 1684 ottiene, con ordinato capitolare, che si celebri la festa di Lorenzo e gli dedica due operette agiografiche; si incarica quindi di scrivere la scenografia da affidare all'esecuzione pittorica. I dati storici li fornisce il Bagliotti: la sua vita del santo è la base della narrazione. Quanto al Nazari, priore generale delle dottrine, sostiene la formula dell'apparato celebrativo, che proporrà ancora e nella serie mariana di Orta e nei teleri di San Marco. Filippo Abbiati mette mano all'opera forse già nel 1684, e più vi si impegna con l'arrivo del nuovo vescovo, Giovanni Battista Visconti, nel 1688; lo aiutano allievi, tra i quali è Carlo Donelli il Vimercati (Zuffi 1989, p. 728; S. Coppa, in *Pittura tra il Verbano e il Lago d'Orta* 1996, p. 323). Il ciclo viene inaugurato nel 1692.
I teleri erano in origine trentuno: ventisei di grande formato e cinque di formato minore. Erano distribuiti nel coro, nel presbiterio e nella nave media della chiesa; abbattuta la cattedrale romanica, vennero dispersi. Attualmente, tra il tempio, le sacrestie e il vescovado, si conservano ventiquattro quadroni, tre dei quali di formato minore. Cartelle con i "titoli poetici" del Casati, quartine in endecasillabi e settenari, li sormontavano e vennero stampate nel 1692: *Le prove dell'istoria dipinta ne' quadri di S. Lorenzo al Pozzo, esposta la prima volta nella Cattedrale di Novara*; del "picciol libro", rimasto a lungo introvabile, si conserva copia presso la Fondazione Marazza a Borgomanero. Correlare l'invenzione poetica a quella figurale è metodo singolare, e chiarisce non solo come venga inteso un nuovo modo di leggere la storia filtrandola attraverso l'archeologia locale, ma come si cerchi di produrre una rispondenza speculare tra la decorazione pittorica barocca e il prodotto letterario. Ne sortisce un'installazione complessa con presupposti di arte totale, sorprendente per modernità: un gioiello da valorizzare per la memoria della città.

## Filippo Abbiati
(Milan, 1643–1715)

### 37. *Pope Clement VIII Approves the Officium of St. Lawrence of Novara Presented by Bascapè in the Holy Year of 1600**

oil on canvas, 240 × 360 cm
Novara, cathedral of Santa Maria Assunta

**work not on exhibition*

Lawrence, the protomartyr of Novara was resuscitated from oblivion by Bishop Carlo Bascapè and the canvas, helping to solemnise the saint's cult, shows the meeting between the bishop of Novara and the Pope. The lack of details about his life made it possible to make the legendary priest a model of modern saintliness: the free and imaginary story of his life establishes the origins of the Novarese church and its evocation becomes the necessary adjunct to the vision of the city's Romanesque monuments, of the Duomo, baptistery and church of Ognissanti.
The decision to translate Bascapè's proposal in figurative terms took form with Giuseppe Maria Maraviglia, a leading Milanese intellectual and bishop from 1667 to 1684, and with the protection of Pope Innocent XI, former bishop of the diocese. Three religious were responsible for the project: Pietro Paolo Casati and Ferrante Nazari, canons of the cathedral, and Giuseppe Maria Bagliotti, a Capuchin monk. The figure behind it was Casati: in 1684, thanks to an ordinato capitolare, he managed to ensure that the feast of Lawrence be celebrated and dedicated two little hagiographic works to him; he then took on the task of setting the scene to be used for a pictorial rendering. The historic details were supplied by Bagliotti: his life of the saint provides the basis for the narrative. Nazari, general prior of doctrines, supported the formula of the celebratory apparatus, which he repeated both in the Marian series at Orta and in the canvases of San Marco. Filippo Abbiati perhaps began working on the paintings already in 1684, and worked more closely on them with the arrival of the new bishop, Giovanni Battista Visconti, in 1688; he was assisted by his pupils, including Carlo Donelli il Vimercati (Zuffi 1989, p. 728; S. Coppa, in *Pittura tra il Verbano e il Lago d'Orta* 1996, p. 323). The cycle was inaugurated in 1692.
There were originally 31 canvases: 26 large ones and 5 smaller ones. They were spread around the choir, presbytery and main nave of the church; with the Romanesque cathedral demolished, the paintings were dispersed. Between the church, sacristy and Bishopric, there are currently 24 pictures conserved, three of which of the smaller formats. Panels with Casati's "poetic titles", quatrains in hendecasyllables and septenaries used to hang above them and were printed in 1692: *Le prove dell'istoria dipinta ne' quadri di S. Lorenzo al Pozzo, esposta la prima volta nella Cattedrale di Novara*; the "picciol libro" ('little book') was for long considered lost until a copy was found in the Fondazione Marazza at Borgomanero. Correlating poetic creativity to painting is a singular aspect and one that clarifies not only how a new way of reading the story can be understood by filtering it through the local archaeology, but also how a specular correspondence was sort between ba-

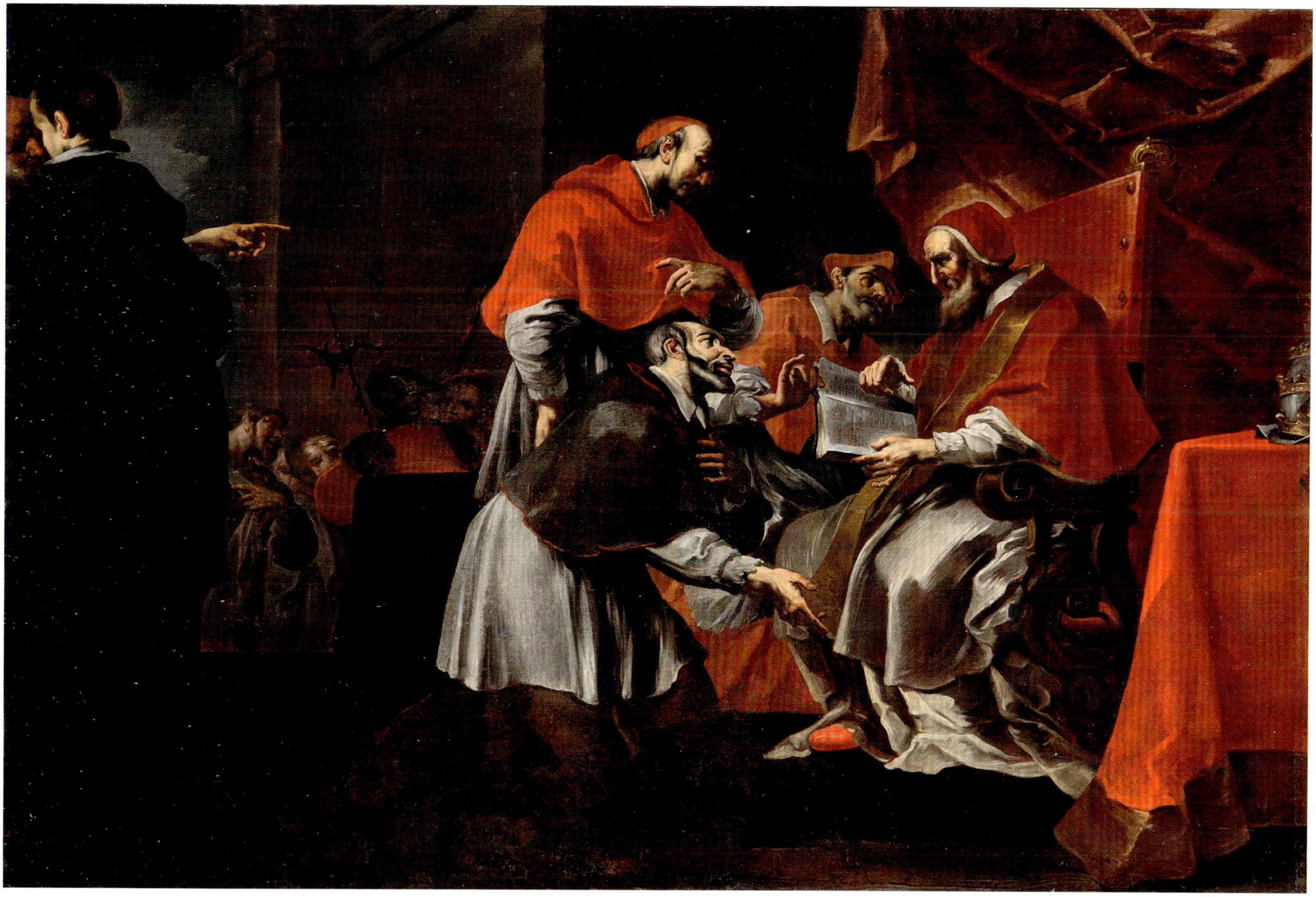

La serie novarese conferma le straordinarie doti dell'Abbiati nella regia delle "storie dipinte", la sua "teatrale spettacolarità" (S. Coppa, in *Pittura tra il Verbano e il Lago d'Orta* 1996, p. 323). Al suo attivo ha i *Fasti* borromei (1674-1978 e 1683-1684), e a Milano lavora, dal 1683, rappresentando gli esempi salienti della devozione carmelitana in Santa Maria del Carmine e la gloria e il martirio di sant'Alessandro nel tempio in Zebedia. Ancora, 1688-1689, rinnova le serie carliane del duomo, raffigurando l'ingresso solenne di Carlo Borromeo in Milano. A queste imprese seguiranno il compimento della decorazione in Sant'Alessandro e infine il racconto delle favolose vicende della corona ferrea a Monza (1697-1704).

*Filippo M. Ferro*

*Bibliografia*: Casati 1692; Bianchini 1828, p. 23; Casalis 1833-1856 (1843), p. 102; Barlassina, Picconi 1933, pp. 25 e 71; Cassani s.d. [ma 1947-1963], pp. 4-6; *Novara e il suo territorio* 1952, pp. 217-218; Ferro 1967; Zuffi 1984-1985, n. 35 e pp. 192-211; Ferro 1987b, p. 283; Ferro 1990, pp. 123-128, tavv. 103-106; Dell'Omo 1991a, pp. 193-194; Dell'Omo 1993a, pp. 37-50; M. Dell'Omo, in Cotta [*post* 1716] ed. 1994, p. 132, nota 108; Ferro, Dell'Omo 1996, pp. 73-76, n. 2.1-2.4, tav. 1a (2.9); Zuffi 2000, pp. 156 e 164.

roque painted decoration and the literary product. What emerges is a complex installation with the premises for a 'total art' that is surprising in its modernity; a jewel worth promoting for the memory of the city.
The Novarese series confirms the extraordinary skills of Abbiati in handling "painted stories" and his "theatrical spectacular skills" (S. Coppa, in *Pittura tra il Verbano e il Lago d'Orta* 1996, p. 323). He was also responsible for the Fasti painted for Borromeo (1674–1978 and 1683–1684), and from 1683 in Milan he worked on the most significant examples of Carmelite devotion in Santa Maria del Carmine and the glory and martyrdom of St. Alexander in the church of Zebedia. In 1688–1689, he produced the cycle showing the solemn entrance of Carlo Borromeo in Milan. This project was followed by the completion of the decoration in Sant'Alessandro and, finally the story of the Corona Ferrea at Monza (1697–1704).

*Filippo M. Ferro*

*Bibliography*: Casati 1692; Bianchini 1828, p. 23; Casalis 1833–1856 (1843), p. 102; Barlassina, Picconi 1933, pp. 25 and 71; Cassani n.d. [but 1947-1963], pp. 4–6; *Novara e il suo territorio* 1952, pp. 217–218; Ferro 1967; Zuffi 1984–1985, no. 35 and pp. 192-211; Ferro 1987b, p. 283; Ferro 1990, pp. 123–128, tavv. 103–106; Dell'Omo 1991a, pp. 193–194; Dell'Omo 1993a, pp. 37-50; M. Dell'Omo, in Cotta [*post* 1716] ed. 1994, p. 132, note 108; Ferro, Dell'Omo 1996, pp. 73–76, nos. 2.1–2.4, pl. 1a (2.9); Zuffi 2000, pp. 156 and 164.

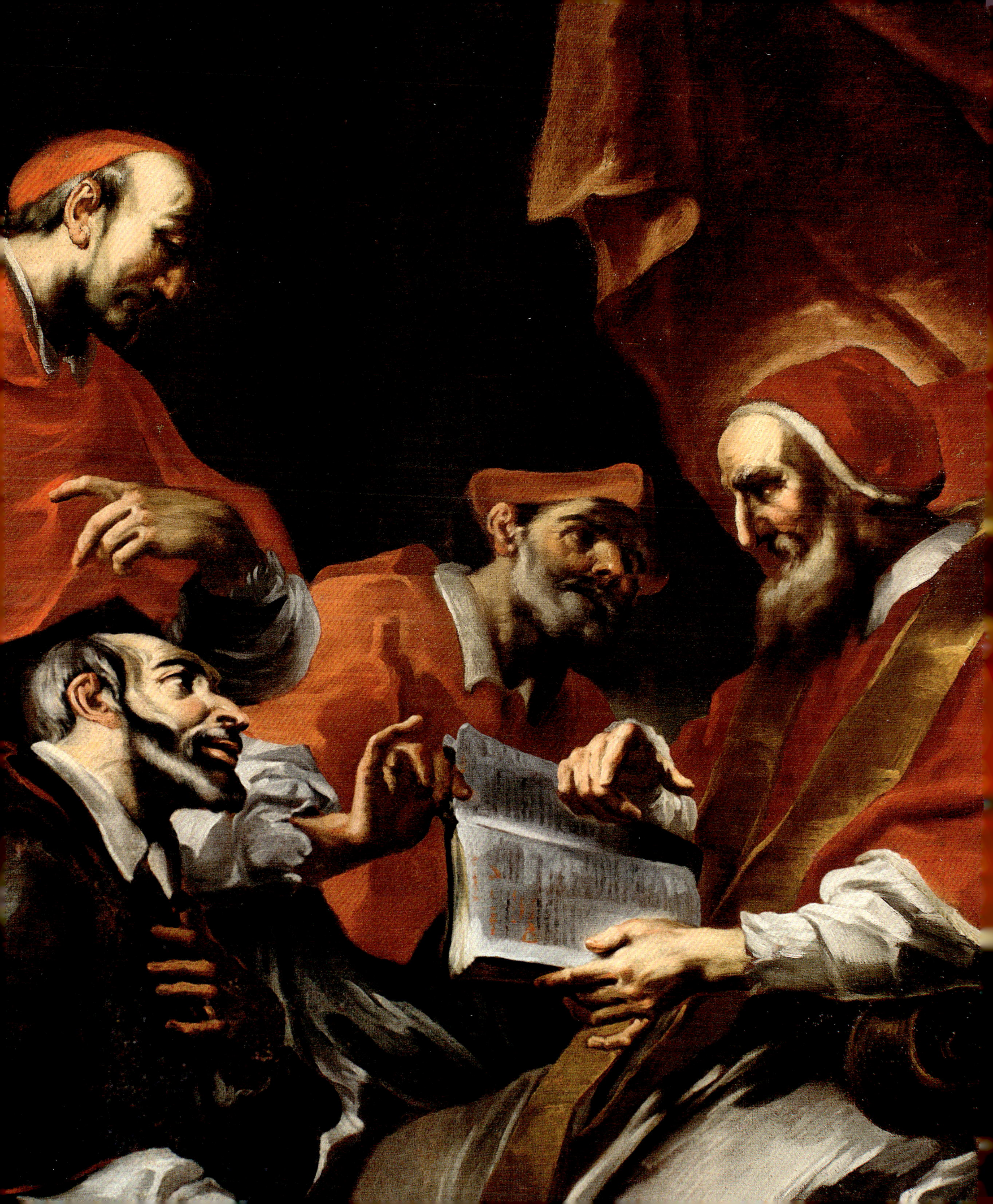

## Giacinto Gimignani
(Pistoia, 1606 - Roma, 1681)

### 38. *Madonna del Rosario*

1646-1652
olio su tela, 242 × 170 cm
Prato Sesia, chiesa parrocchiale di San Bernardo

La pala d'altare orna la cappella della confraternita del Rosario, istituita nel 1648; l'anno seguente il dipinto veniva già menzionato nel resoconto di una visita pastorale. La cappella era stata eretta dagli eredi di Bartolomeo Furogotti, morto nel 1643, in osservanza alle disposizioni contenute nel suo testamento. Bartolomeo Furogotti aveva avviato una fiorente attività di "pizzicarolo" a Roma, vicino al Pantheon; nella capitale pontificia il valsesiano aveva commissionato nel 1631 al pittore Giovanni Baglione una pala d'altare per la chiesa di Santa Maria dell'Orto. L'attribuzione della tela di Prato Sesia a Giacinto Gimignani si deve a Giovanni Romano. Sempre a Prato, del resto, il pittore pistoiese inviò negli stessi anni, su commissione di un altro emigrante, Giovanni Vioca, la pala dell'altar maggiore dell'oratorio della Madonna della Quercia.

Allievo di Pietro da Cortona a Roma già dal 1630, in seguito Gimignani si dimostrò particolarmente interessato al controllato classicismo di Nicolas Poussin e della pittura bolognese. Il suo matrimonio con la figlia del pittore veronese Alessandro Turchi (1640) verosimilmente favorì un avvicinamento allo stile di quest'ultimo, caratterizzato da una luce tersa e netta di matrice caravaggesca. Il gruppo della Madonna col Bambino sembra debitore delle analoghe figure della pala della chiesa di Santa Maria del Boggio a Gozzano, eseguita a Roma nel 1615 e già attribuita a Turchi, ma più probabilmente da ricondurre all'ambito del caravaggesco veneziano Carlo Saraceni (cfr. *Capolavori caravaggeschi* 2014, p. 34).

*Mario Epifani*

*Bibliografia*: Romano 1987, p. 12; P. Venturoli, in *Diana trionfatrice* 1989, pp. 233-234, n. 257; Dell'Omo 1994, p. 106, nota 11; Ferro, Dell'Omo 1996, p. 158; Dell'Omo 1999, p. 236; Dell'Omo, Fiori 2004, p. 188.

## Giacinto Gimignani
(Pistoia, 1606 – Rome, 1681)

### 38. *Madonna of the Rosary*

1646–1652
oil on canvas, 242 × 170 cm
Prato Sesia, parish church of San Bernardo

The altarpiece adorns the chapel of the Confraternity of the Rosary, established in 1648; the following year the painting was already mentioned in the account of a pastoral visit. The chapel had been built by the heirs of Bartolomeo Furogotti, who died in 1643, in compliance with the provisions of his will. Bartolomeo Furogotti had launched a thriving "grocery" business in Rome, near the Pantheon; in the papal capital, the inhabitant of the Val Sesia commissioned the painter Giovanni Baglione in 1631 to produce an altarpiece for the church of Santa Maria dell'Orto. The attribution of the canvas at Prato Sesia to Giacinto Gimignani was first made by Giovanni Romano. Also in Prato, moreover, commissioned by another emigrant, Giovanni Vioca, the same painter that year sent the altarpiece for the oratory of the Madonna della Quercia.

A pupil of Pietro da Cortona in Rome from 1630, Gimignani subsequently developed an interest in the controlled classicism of Nicolas Poussin and of Bolognese painting. His marriage with the daughter of the Veronese painter Alessandro Turchi (1640) probably favoured an approach to the latter's style, characterised by a clear, sharp light derived from Caravaggio. The group of the Madonna and Child seems to derive from the similar figures on the altarpiece of the church of Santa Maria del Boggio in Gozzano, painted in Rome in 1615 and formerly attributed to Turchi, but which is more probably attributable to the circle of the Venetian Caravaggesque painter, Carlo Saraceni (cf. *Capolavori caravaggeschi* 2014, p. 34).

*Mario Epifani*

*Bibliography*: Romano 1987, p. 12; P. Venturoli, in *Diana trionfatrice* 1989, pp. 233-234, no. 257; Dell'Omo 1994, p. 106, note 11; Ferro, Dell'Omo 1996, p. 158; Dell'Omo 1999, p. 236; Dell'Omo, Fiori 2004, p. 188.

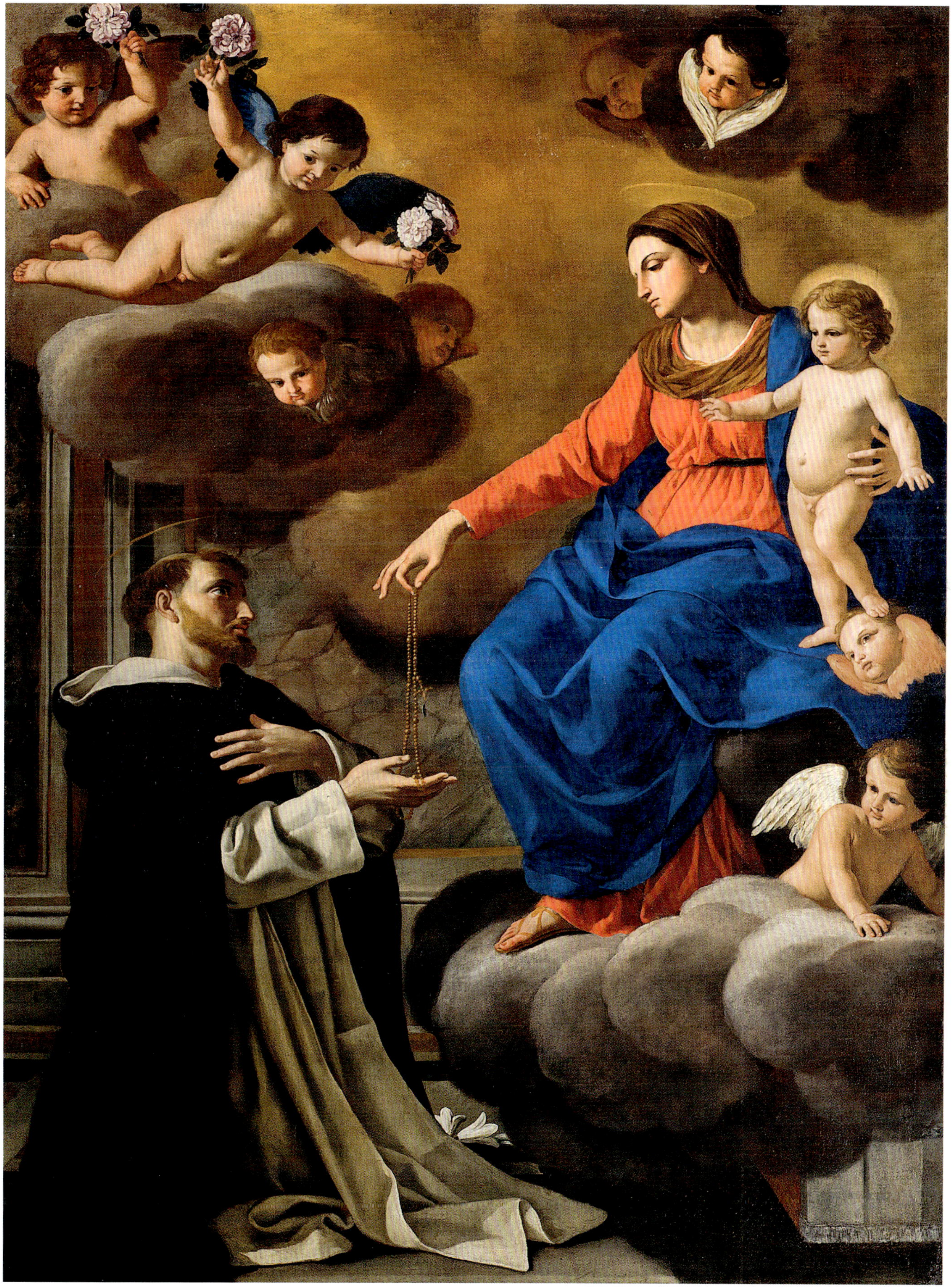

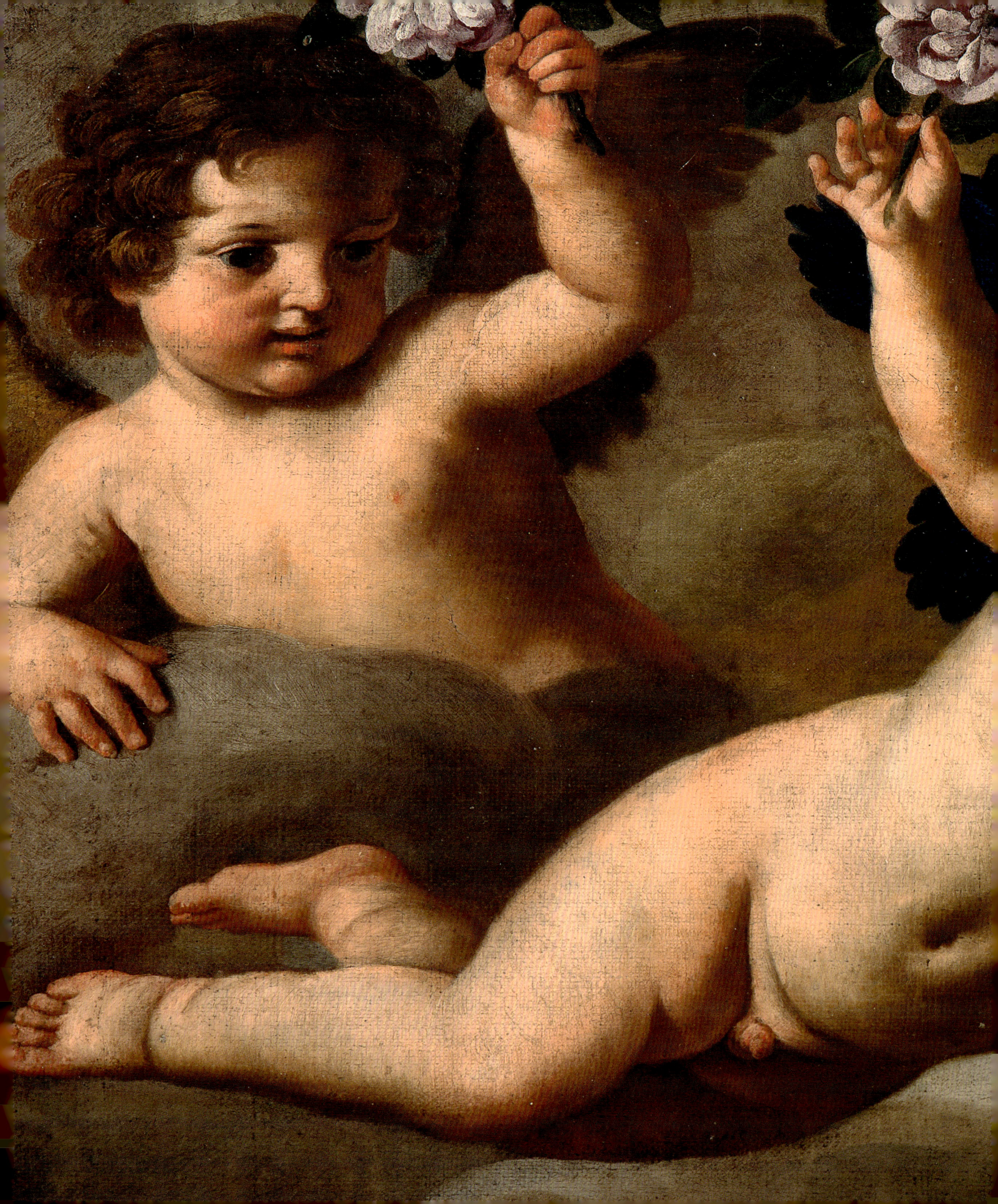

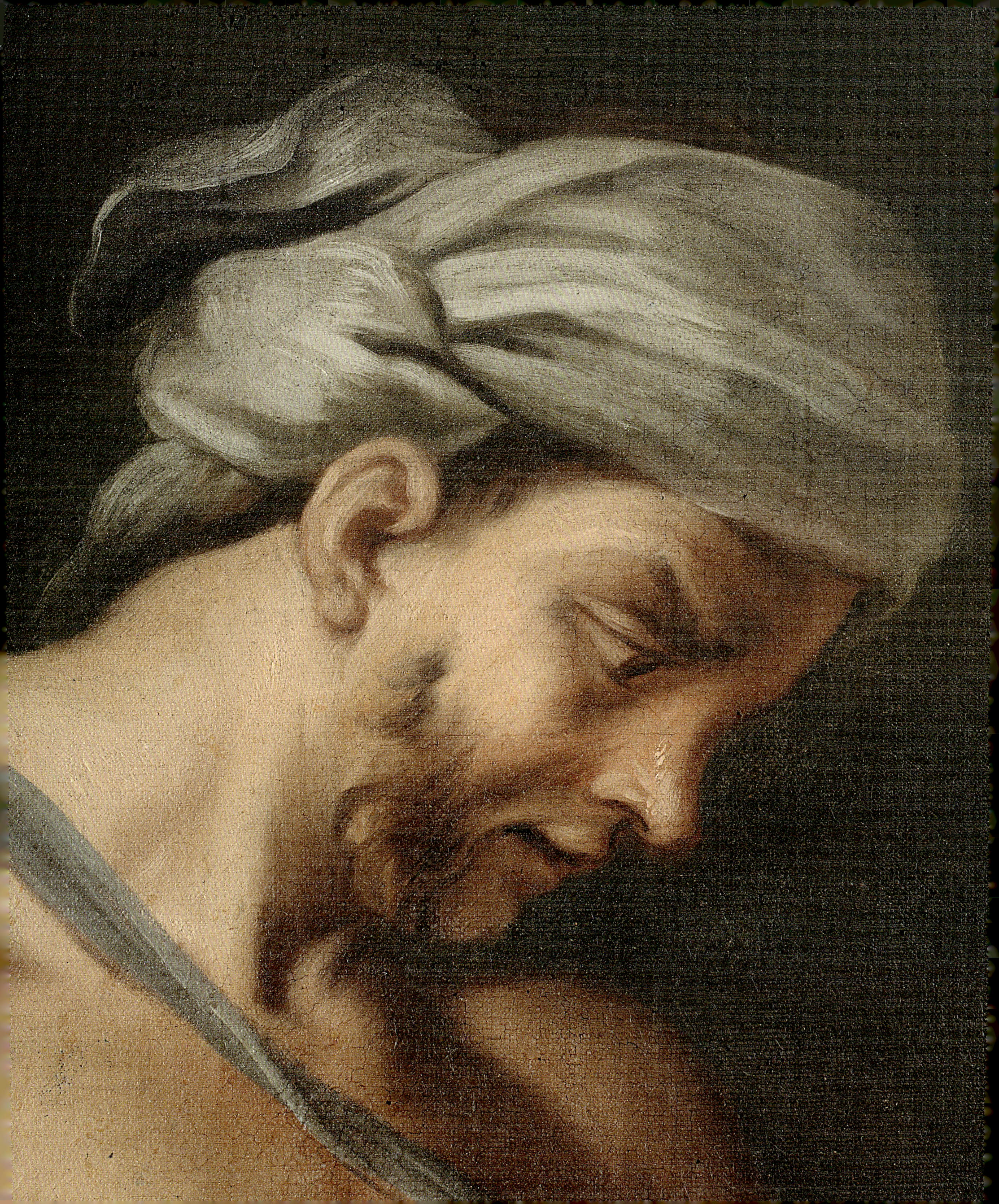

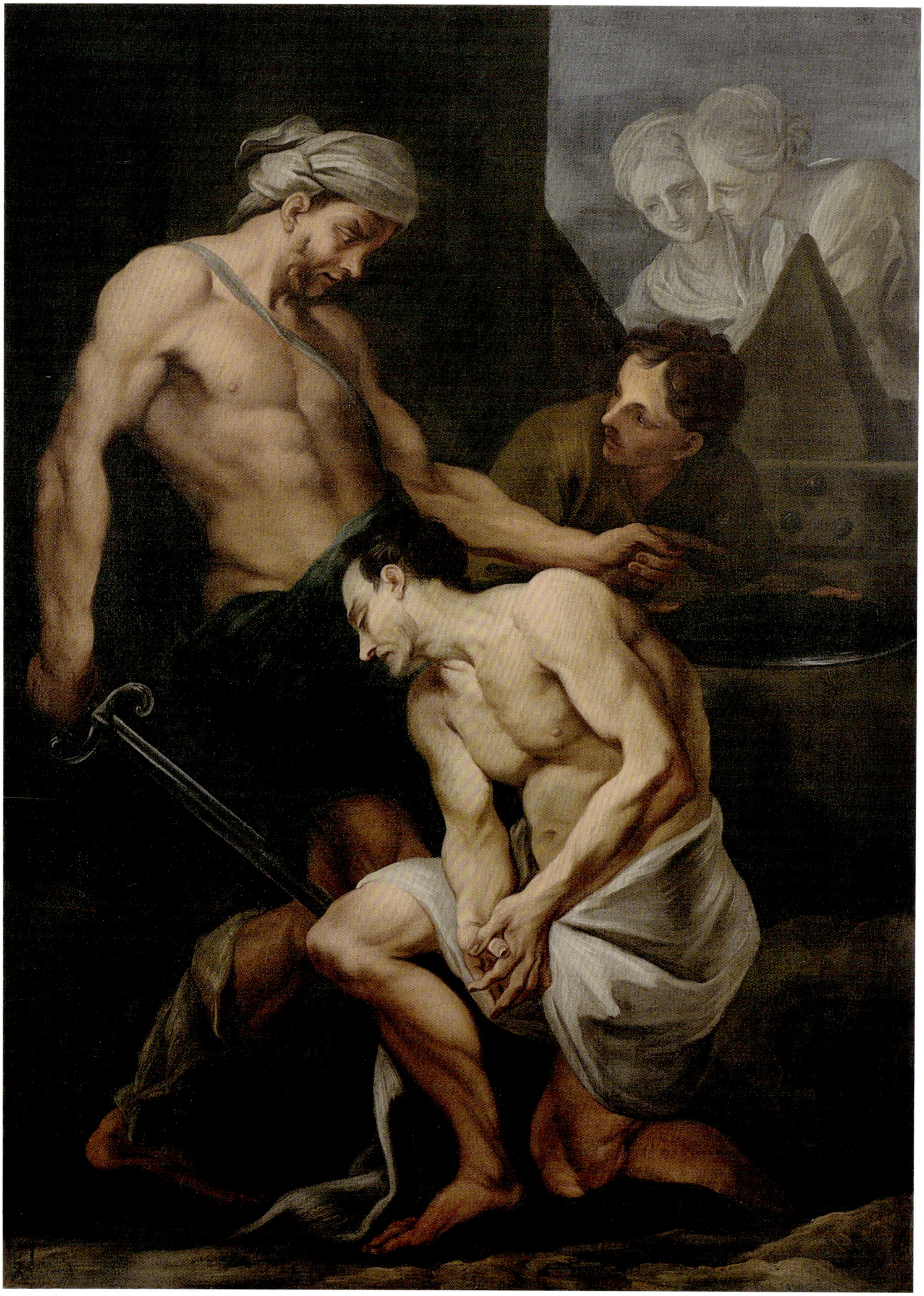

## Luigi Garzi

(Pistoia, 1638 - Roma, 1721)

### 39. *Adorazione dei magi*

1671-1675
olio su tela, 240 × 160 cm
Carcegna, chiesa di San Pietro

Il dipinto è collocato sull'altare della seconda cappella sinistra della seicentesca chiesa parrocchiale di Carcegna, piccolo borgo della Riviera d'Orta, nel territorio di Miasino. La pala – commissionata dai figli di un non meglio noto Stefano Rossi, come attesta un'iscrizione incisa sulla cornice marmorea e datata 1680 – giunse sull'altare della chiesa di Carcegna tra il 1671, anno in cui fu eretta la cappella, e il 1675, data della compilazione di un inventario della chiesa in cui essa è menzionata. In un successivo inventario del 1697 la pala è già ricordata come opera di Luigi Garzi, notizia confermata da Lazzaro Agostino Cotta in una nota manoscritta di pochi anni più tarda.

Si tratta di un importante esempio della produzione giovanile del pittore pistoiese, allievo di Andrea Sacchi e vicino a Carlo Maratti, caposcuola della pittura romana tra Sei e Settecento. La presenza di diverse opere di artisti operanti a Roma in questo periodo nelle chiese del Cusio fu certamente favorita dalla fondazione (1695) di un'accademia a Corconio da parte del pittore Giorgio Bonola, anch'egli legato a Maratti e alla romana Accademia di San Luca, di cui Garzi fu eletto principe nel 1682. Come in altri casi analoghi, la committenza è strettamente locale, a testimonianza dei frequenti rapporti commerciali tra le famiglie del Cusio e Roma. Grazie alla sua capacità di fondere stimoli diversi, adeguandosi al classicismo tardo-barocco senza imitare pedissequamente il linguaggio marattesco, Garzi ottenne molte importanti commissioni a Roma e a Napoli, soprattutto relative alla decorazione di chiese.

*Mario Epifani*

*Bibliografia*: Cotta [*post* 1716] ed. 1994, p. 116; Savoini 1992, pp. 70-71; Dell'Omo 1994, p. 102; Ferro, Dell'Omo 1996, p. 149; Frangi 1996, p. 53; F. Frangi, in *Pittura tra il Verbano e il Lago d'Orta* 1996, p. 314; Dell'Omo, Fiori 2004, pp. 129-130; Dell'Omo 2014, pp. 125-127.

## Luigi Garzi

(Pistoia, 1638 – Rome, 1721)

### 39. *Adoration of the Magi*

1671–1675
oil on canvas, 240 × 160 cm
Carcegna, church of San Pietro

The picture is located on the altar in the second left-hand chapel of the 17th century parish church of Carcegna, a small on the Riviera d'Orta, near Miasino. Commissioned by the sons of a certain Stefano Rossi, as noted in an inscription engraved in the marble frame dated 1680, the altarpiece was placed on the altar of the church of Carcegna between 1671 – the year in which the chapel was built – and 1675, when was made an inventory of the church, in which mention is made of it. In a later inventory of 1697, the altarpiece is mentioned as being by Luigi Garzi, a piece of information confirmed by Lazzaro Agostino Cotta in a handwritten note a few years later.

The painting is an important example of the youthful work of the Pistoia-born artist, a pupil of Andrea Sacchi and close to Carlo Maratti, head of the Roman school in the years between the close of the 17th and start of the 18th century. The presence of various works by artists employed in Rome during this period in the churches of the Cusio district was certainly favoured by the founding (in 1695) of an academy at Corconio by the painter Giorgio Bonola, himself associated with Maratti and with the Roman Accademia di San Luca, of which Garzi was elected head in 1682. As in other similar cases, the patronage was strictly local and bears witness to the frequent commercial links between the families of Cusio and Rome. Thanks to his ability to blend different influences, conforming to the late-baroque classicism without slavishly copying Maratti's manner, Garzi succeeded in winning many important commissions in Rome and Naples, especially concerning the decoration of churches.

*Mario Epifani*

*Bibliography*: Cotta [*post* 1716] ed. 1994, p. 116; Savoini 1992, pp. 70–71; Dell'Omo 1994, p. 102; Ferro, Dell'Omo 1996, p. 149; Frangi 1996, p. 53; F. Frangi, in *Pittura tra il Verbano e il Lago d'Orta* 1996, p. 314; Dell'Omo, Fiori 2004, pp. 129–130; Dell'Omo 2014, pp. 125–127.

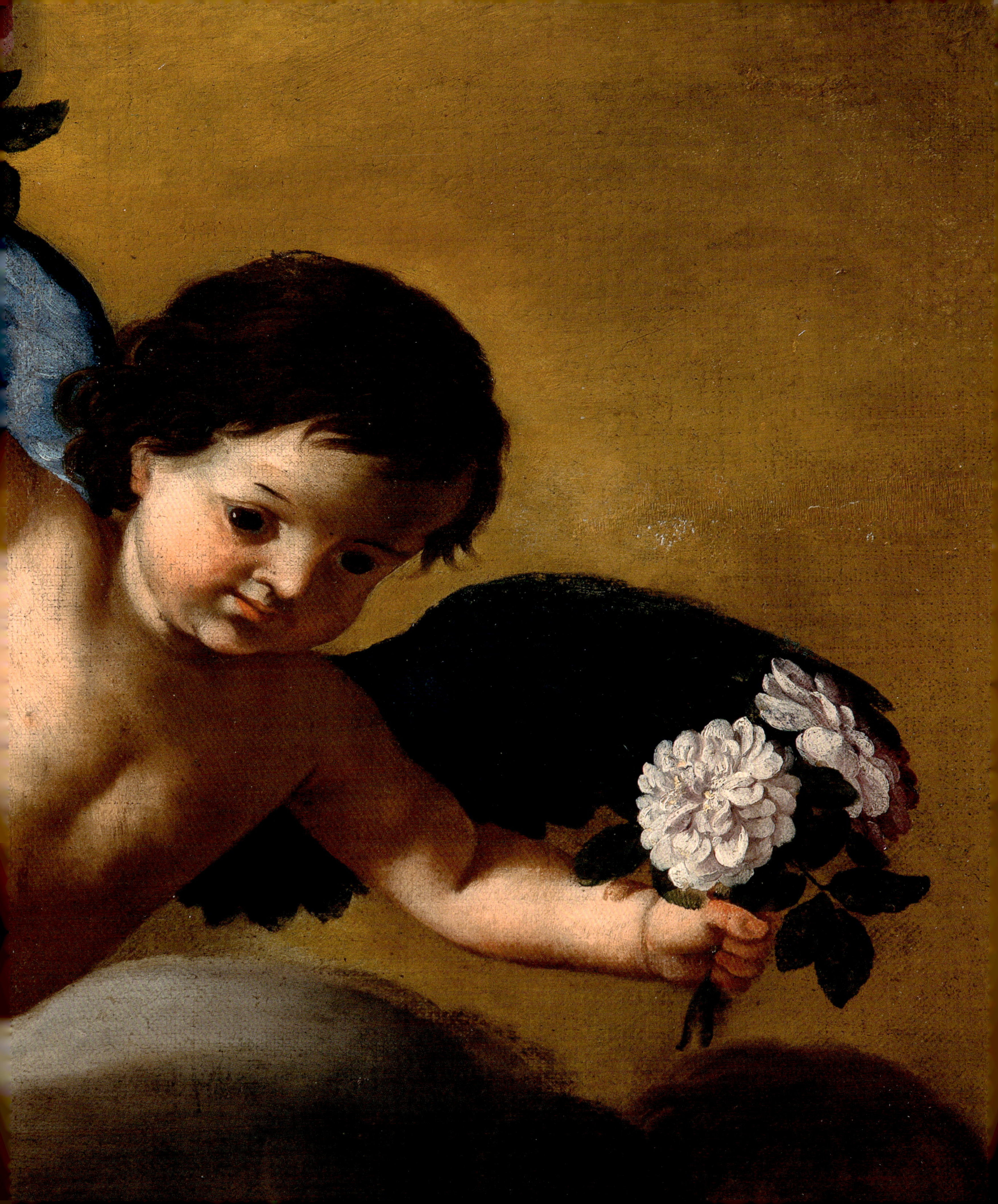

## Giovanni Antonio de Groot
(Arona, 1664 - Scopa, 1712)

### 40. *San Giovanni Battista nel deserto**
### 41. *Decollazione di san Giovanni Battista*

olio su tela, 200 × 144 cm (ciascuno)
Ameno, chiesa di San Giovanni Battista

**opera non in mostra, non illustrata*

I due dipinti sono parte di un ciclo di otto tele con Storie di san Giovanni Battista collocate nella chiesa dedicata allo stesso santo ad Ameno (Dell'Omo 1995a; S. Coppa, in *Pittura tra il Verbano e il Lago d'Orta* 1996, p. 329). La serie di dipinti fu realizzata quasi esclusivamente da Giovanni Antonio de Groot, a eccezione di due opere, una di mano di Giuseppe Zanatta, l'altra di un pittore forse identificabile in Tarquinio Grassi.
Considerando la costruzione della chiesa ancora in corso nel 1698, i dipinti furono sicuramente commissionati dopo questo anno, tanto più che il De Groot si assentò dall'Italia dal 1694 almeno fino all'autunno del 1698, quando fu ad Amsterdam a riscuotere l'eredità del padre Riccardo, originario della capitale olandese nonché pittore (Davitti 1985, p. 63; Cotta [*post* 1716] ed. 1994, pp. 106-107). La prima testimonianza del ritorno dell'artista a Milano, ove a fine Seicento egli aveva residenza, prima del trasferimento in Valsesia, è data da un documento milanese del marzo 1699 (Dell'Omo 2003, p. 315), data questa da considerarsi *post quem* al lavoro per la chiesa cusiana. Le tele del De Groot, la cui commissione fu con buone ragioni intermediata da Lazzaro Agostino Cotta, ameniese e in rapporti diretti con lo stesso pittore, sono esemplificative del suo complesso e originale linguaggio, assemblante componenti espressionistiche, particolarmente evidenti nella deformazione anatomica dei nudi, una tavolozza cromatica schiarita già in direzione settecentesca ed elementi accademici di cui è espressione particolare la serie di disegni conservati alla Pinacoteca di Varallo Sesia (Dell'Omo 1997, p. 78; Stefani Perrone 1997, pp. 34-36; M. Dell'Omo, in *Arti figurative in Valsesia* 2008, pp. 88-91). A proposito degli aspetti accademici, giova ricordare le sue frequentazioni di Antonio Busca a Milano e di Carlo Maratti a Roma – il soggiorno romano, in corso nel 1688, ha ricevuto recente conferma da ritrovamenti documentari di Sergio Monferrini di prossima pubblicazione. Nell'ambito della serie di tele ameniesi si distingue *San Giovanni Battista nel deserto*, per la presenza di uno sfondo paesistico di grande qualità, che pare confermare le affermazioni dello stesso Cotta sul suo essersi "fatto" anche pittore di "paese", sulla traccia di una educazione condotta presso Pietro de' Mulieribus detto il Tempesta a Venezia. Al contempo non sembra fuori luogo osservare come le sue capacità paesaggistiche, forse sperimentate anche in due ovali della Pinacoteca di Varallo, possano aver ricevuto ulteriore alimento dalla conoscenza di Pier Francesco Mola, sicuramente visto in occasione del viaggio nella capitale e non solo limitatamente a quanto lasciato dal pittore ticinese a Milano.

*Marina Dell'Omo*

*Bibliografia*: Cotta [*post* 1716] ed. 1994, p. 140, nota 196; Dell'Omo 1995a, pp. 265-274; S. Coppa, in *Pittura tra il Verbano e il Lago d'Orta* 1996, p. 329; Ferro, Dell'Omo 1996, pp. 120-121, nn. 246, 249.1-6; Dell'Omo 1997, p. 79.

## Giovanni Antonio de Groot
(Arona, 1664 – Scopa, 1712)

### 40. *St. John the Baptiste in the Desert**
### 41. *Beheading of St. John the Baptist*

oil on canvas, 200 × 144 cm each
Ameno, church of San Giovanni Battista

**work not on exhibition, not illustrated*

The two paintings are part of a cycle of 8 pictures showing stories in the life of St. John the Baptist hanging in the church dedicated to the saint in Ameno (Dell'Omo 1995a; S. Coppa, in *Pittura tra il Verbano e il Lago d'Orta* 1996, p. 329). The series of paintings was executed almost exclusively by Giovanni Antonio de Groot, except for two works, one by Giuseppe Zanatta, and the other by a painter perhaps identifiable as Tarquinio Grassi.
Given that the construction of the church was still under way in 1698, the paintings were certainly commissioned after that year, especially as De Groot was absent from Italy from 1694 until at least the Autumn of 1698, when he was in Amsterdam to collect the inheritance from his father Riccardo, a native of the Dutch capital and himself a painter (Davitti 1985, p. 63; Cotta [*post* 1716] ed. 1994, pp. 106–107). The first evidence of the artist's return to Milan, where he was living at the end of the 17th century, before moving to Valsesia, comes from a Milanese document dated March 1699 (Dell'Omo 2003, p. 315), which date may be considered *post quem* for the work for the church at Ameno. De Groot's pictures, the commission for which was with good reason brokered by Lazzaro Agostino Cotta, a native of Ameno and in direct contact with the same painter, are examples of his complex and original language, combining expressionistic elements, particularly evident in the anatomical deformation of the nudes, a lightened colour palette already in the 18th century manner and academic elements typified by the series of drawings preserved at the Pinacoteca in Varallo Sesia (Dell'Omo 1997, p. 78; Stefani Perrone 1997, pp. 34–36; M. Dell'Omo, in *Arti figurative in Valsesia* 2008, pp. 88–91). Concerning the academic aspects, it is worth noting that he frequented Antonio Busca in Milan and Carlo Maratta in Rome; his stay in Rome in 1688 has recently received confirmation from the discovery of documents by Sergio Monferrini which are soon to be published. Among the series of paintings for Ameno, the *St. John the Baptist in the desert* stands out for the presence of a background landscape of great quality, which seems to confirm Cotta's claims that the artist had also become a painter of the "country" following training with Pietro de' Mulieribus, known as il Tempesta, in Venice. At the same time, it does not seem out of place to observe how his landscape skills, perhaps also tested in two ovals in the Pinacoteca di Varallo, may have received additional influence from an acquaintance of Pier Francesco Mola, whose work he certainly saw during the trip to the capital and not just limited to what the painter from Ticino had left in Milan.

*Marina Dell'Omo*

*Bibliography*: Cotta [*post* 1716] ed. 1994, p. 140, note 196; Dell'Omo 1995a, pp. 265–274; S. Coppa, in *Pittura tra il Verbano e il Lago d'Orta* 1996, p. 329; Ferro, Dell'Omo 1996, pp. 120-121, nos. 246, 249.1–6; Dell'Omo 1997, p. 79.

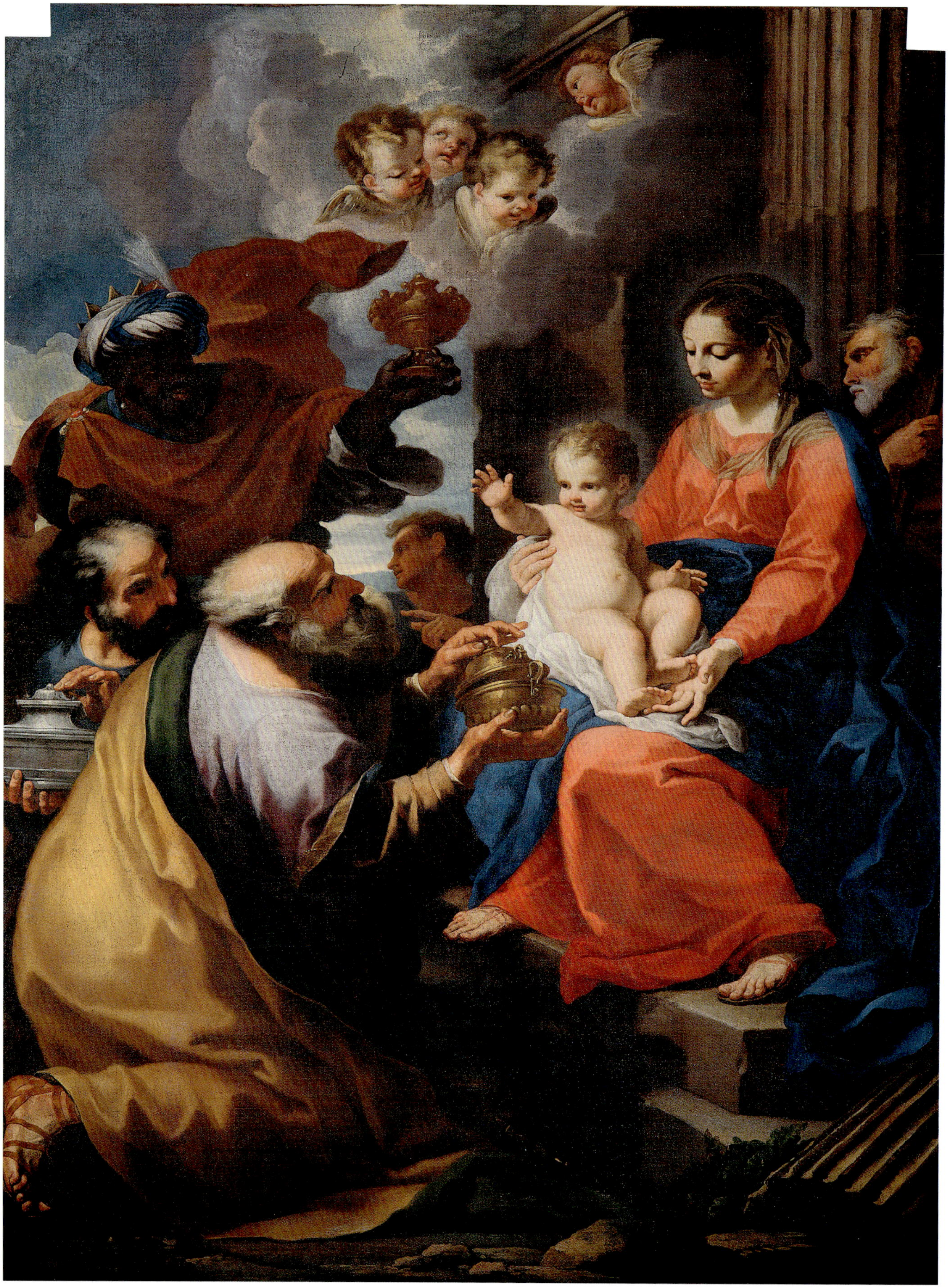

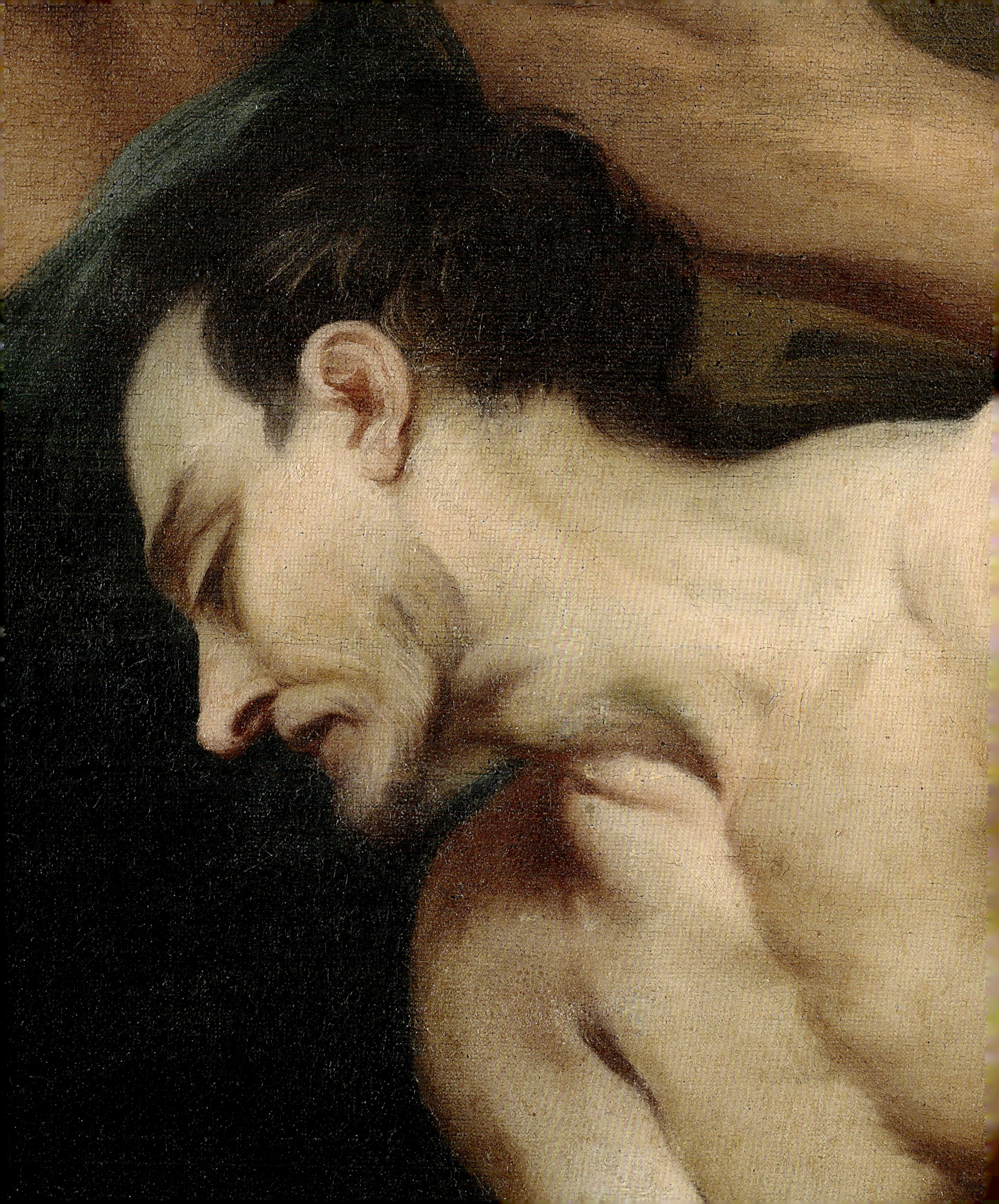

**Tarquinio Grassi**
(Romagnano Sesia, 1656 - Borgosesia, 1733)

## 42. *Madonna col Bambino, san Domenico e santa Caterina*

olio su tela, 200 × 170 cm
Romagnano Sesia, Raccolta d'Arte Sacra

La scena centrale dell'opera con la Madonna del Rosario accompagnata dai santi Caterina e Domenico si pone entro una cornice dipinta con rose e volute vegetali, che si estendono anche alla parte inferiore, a imitazione di uno stendardo tessuto. La sua attuale collocazione fa seguito alla donazione di un benefattore privato, che risultava averla precedentemente acquisita sul mercato antiquario torinese.

Il dipinto si inserisce senza ombra di dubbio nel catalogo del pittore valsesiano Tarquinio Grassi, la cui attività si svolse per un periodo relativamente lungo tra Milano, dove ebbero luogo gli inizi formativi, la Valsesia e Torino (Dell'Omo 1998a, pp. 99-101; Debiaggi 2002, pp. 691-693; Dell'Omo 2003, pp. 307-326; Carra 2003, pp. 271-298). L'approdo torinese, avvenuto sull'onda del passaggio della Valsesia nell'orbita sabauda nel 1707, potrebbe aver favorito il trasferimento del pittore in questa città, tuttavia le modalità di questo spostamento, a cui seguì poi un rinnovato ritorno nella terra di origine, non sono ancora completamente chiarite. Proprio al contesto torinese fu, molto probabilmente, destinata fin dalle origini l'opera in esame. La tipologia a cui essa risponde fa supporre che essa costituisca una delle due parti di un gonfalone già realizzato nel 1724 per la Compagnia del Rosario della chiesa di San Domenico, come rendeva noto il padre domenicano Torre nel 1780, nella sua trascrizione dei documenti dell'archivio relativo alla chiesa; detto gonfalone, di cui non era indicato l'artefice, era eseguito in "semplice pittura", con la resurrezione di Gesù Cristo da un lato e la Beata Vergine con i due santi dall'altro. Il medesimo padre segnalava che, dopo la realizzazione della nuova cappella del Rosario, da "queste due pitture" erano ricavati due quadri collocati al suo ingresso (*Dal convento alla città* 1995, pp. 62-63). Di essi non vi è traccia nell'attuale sacello, già interessato da ulteriori trasformazioni. Ipotesi più che probabile è che gli stessi siano stati alienati o ceduti a qualche personaggio legato alla chiesa, con un successivo passaggio al mercato antiquario. A conforto dell'ipotesi qui sostenuta è da considerare che il Grassi, nel 1715, aveva lasciato nella cappella di San Tommaso della stessa chiesa domenicana un altro dipinto con i santi Tommaso, Pio V, Raimondo, Antonino, attualmente disperso (Bartoli 1776-1777, I, pp. 19-20).

*Marina Dell'Omo*

*Bibliografia*: inedito.

**Tarquinio Grassi**
(Romagnano Sesia, 1656 – Borgosesia, 1733)

## 42. *Madonna and Child, St. Dominic and St. Catherine*

oil on canvas, 200 × 170 cm
Romagnano Sesia, Raccolta d'Arte Sacra

The central scene of the painting, with the Madonna of the Rosary accompanied by St. Catherine and St. Dominic is set within a painted frame with roses and vegetal scrolls, extending to the lower portion in imitation of a woven standard. It was donated to the church by a private benefactor, who appears to have bought it from an antiques dealer in Turin.

The painting is without the slightest doubt the work of Tarquinio Grassi, who was active for a relatively long time between Milan, where he trained, Valsesia, the land of his birth, and Turin (Dell'Omo 1998a, pp. 99–101; Debiaggi 2002, pp. 691–693; Dell'Omo 2003, pp. 307–326; Carra 2003, pp. 271–298). The painter's move to Turin might have been prompted by Valsesia coming under the control of the House of Savoy in 1707. However, Grassi's movements at this time are not entirely clear, especially since we know he very soon moved back to Valsesia. The present work was most probably commissioned in Turin. Its appearance certainly suggests it was one of the two parts of a banner made in 1724 for the Company of the Rosary in the church of San Domenico, as recorded by the Dominican friar Torre in 1780 in his transcription of archive material regarding the church; this banner's maker is not mentioned, but it is described as being "plainly painted", with a resurrection of Jesus Christ on one side and a Blessed Virgin with two Saints on the other. The friar goes on to say that after the new Chapel of the Rosary had been built, two pictures were made out of "these two pictures" and placed at the entrance (*Dal Convento alla città*, 1995, pp. 62–63). There is no sign of them in the present chapel, which has undergone further alterations. The likely explanation is that they were sold or given to some figure linked to the church and later found their way onto the antiques market. This possibility is further supported by the fact that in 1715 Grassi left in the chapel of San Tommaso of the dominican church another work for St Thomas's Chapel in the same church, showing Saints Thomas, Pius V, Raymond and Antonine, which is now lost (Bartoli 1776-1777, I, pp. 19–20).

*Marina Dell'Omo*

*Bibliography*: unpublished.

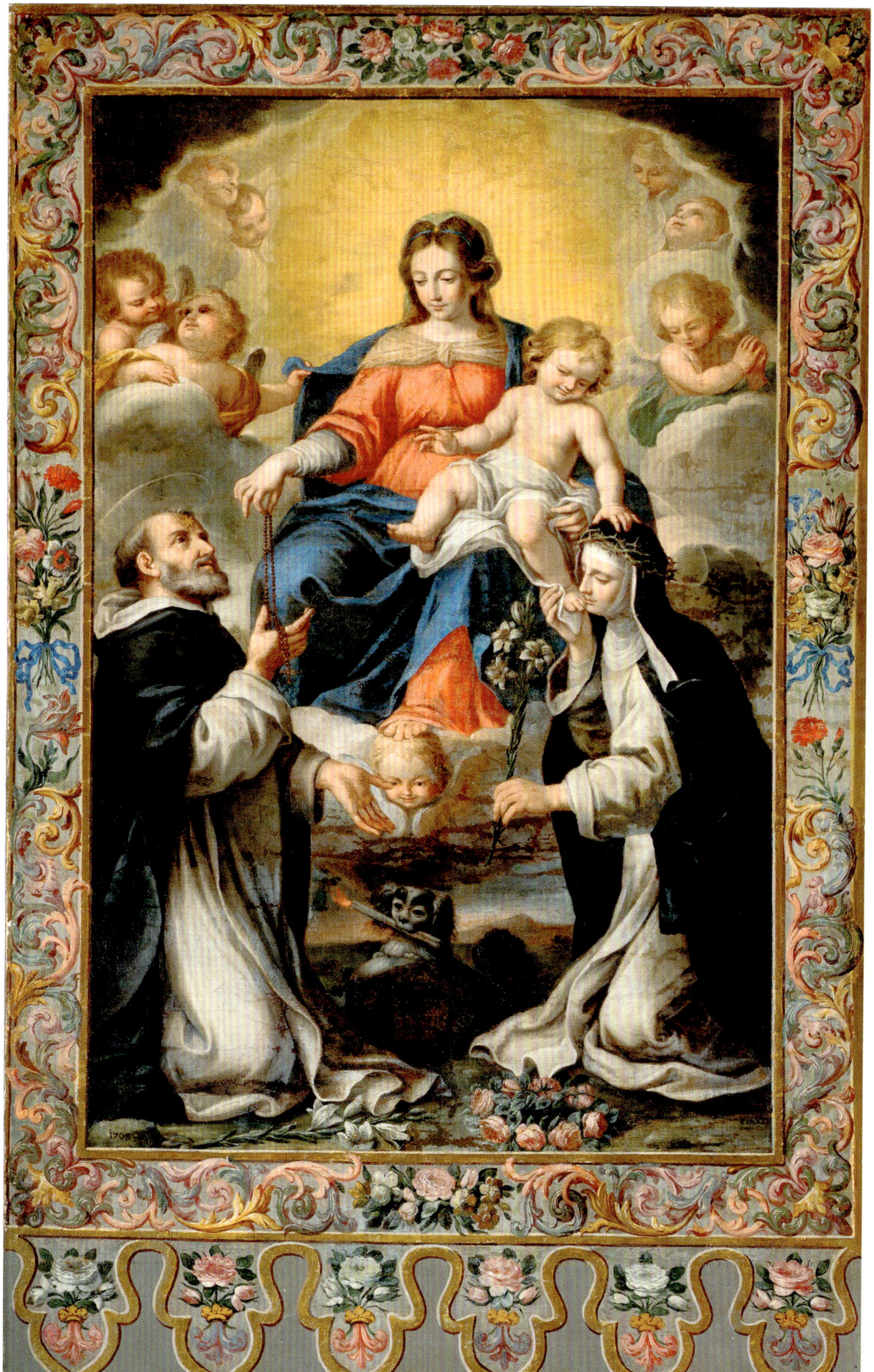

## Stefano Maria Legnani detto il Legnanino
(Milano, 1661-1713)

### 43. *Sogno di san Giuseppe*
### 44. *Morte di san Giuseppe*

1708
olio su tela, 165 × 178 cm (ciascuno)
Novara, Musei Civici

Le due tele erano state commissionate al Legnanino nel 1708 dalla Compagnia di San Giuseppe per la cappella titolata allo stesso santo nel duomo di Novara. Tale sacello raccoglieva al suo interno gli affreschi di Bernardino Lanino e sull'altare la pala di Carlo Francesco Nuvolone, già a sostituzione di una precedente di mano di Tiziano, andata perduta in occasione di un incendio a metà Seicento. Con la ricostruzione della nuova cattedrale antonelliana e lo smantellamento di quella antica, le due tele, nel 1913, furono spostate al Museo Civico cittadino (Dell'Omo 1998b, pp. 203-204, nn. 81-82; M. Dell'Omo, in *Palazzo Carignano* 2011, pp. 224-227, nn. 26a-b).

Al momento dell'incarico per la cappella novarese, il Legnani vantava un percorso prestigioso, di tono ben diverso da quello dei tempi del suo primo approdo nella città, agli esordi dell'ultimo decennio del Seicento. La lunga esperienza sabauda presso palazzo Carignano (1695-1703) aveva lasciato il suo segno, arricchendo la sua formazione accademica e di segno prevalentemente bolognese (Dell'Omo, Monferrini 2011, pp. 41-47) di dati nuovi, scaturiti dall'incontro con l'ambiente variegato della corte torinese. In particolare il confronto con la cultura genovese, ivi ben rappresentata, aveva rafforzato la propensione verso Correggio, già fortemente apprezzato fin dai tempi del suo soggiorno bolognese (A. Morandotti, in *La peinture en Lombardie* 2014, pp. 194-195, n. 50). Il suo stile ne usciva ulteriormente affinato, nella pennellata fluida e intrisa di luminescenze, nei movimenti nervosi delle mani, nella dolcezza pacata e aggraziata dei volti, lungo quella linea di una pittura "degli affetti" che, a prosecuzione di altri maestri, aveva da sempre caratterizzato il suo linguaggio. Un soggetto di lungo corso nell'iconografia sacra, quale quello della *Morte di san Giuseppe*, con un inevitabile modello nell'esemplare di Carlo Maratti, noto attraverso le incisioni, si proiettava in una dimensione totalmente nuova e moderna, attraverso il fondale neutro che ne annullava i riferimenti temporali e di luogo. Così, nel *Sogno di san Giuseppe*, ispirato al dipinto con analogo soggetto di Daniele Crespi, già nella chiesa milanese di San Carlo ai Carmelitani, accanto alla rinnovata revoca dei dati spaziali, è privilegiata una inedita comunicazione dell'angelo con Giuseppe, ancora nel segno di quella poetica degli affetti, cifra straordinaria della sua grammatica stilistica.

Alla luce di questi aspetti ora illustrati, i due dipinti novaresi rappresentano la degna conclusione di un lungo viaggio alla ricerca di una perfezione cromatica e disegnativa, aperti ormai verso una dimensione pienamente settecentesca, oltre anche quella del ba-

## Stefano Maria Legnani known as Legnanino
(Milan, 1661–1713)

### 43. *Dream of St. Joseph*
### 44. *Death of St. Joseph*

1708
oil on canvas, 165 × 178 cm each
Novara, Musei Civici

The two paintings were commissioned from Legnanino in 1708 by the Company of St. Joseph for their chapel in the Duomo of Novara. This chapel also contains frescoes by Bernardino Lanino and an altarpiece by Carlo Francesco Nuvolone, replacing an earlier one by Titian which was destroyed in a fire in the mid-17th century. When the old cathedral of Novara was pulled down to make way for the new, the two paintings were moved in 1913 to the city's museum (Dell'Omo 1998b, pp. 203–204, nos. 81–82; M. Dell'Omo, in *Palazzo Carignano* 2011, pp. 224–227, nos. 26a-b).

When he was awarded this commission, Legnani could boast a considerable reputation, far better than when he first arrived in the town as a young man in the early 1690s. His long experience working for the House of Savoy in Palazzo Carignano (1695–1703) had left its mark, deepening his academic training and bringing him into contact with the largely Bolognese influences then fashionable in the eclectic court of Turin (Dell'Omo, Monferrini 2011, pp. 41–47). Contact with Genoese culture, which was also well represented at court, reinforced his liking for Correggio, whose work he had grown to appreciate during his long stay in Bologna (A. Morandotti, in *La peinture en Lombardie* 2014, pp. 194–195, no. 50). His style was further refined by this experience, with his brushstrokes becoming smoother and his colours brighter, his hands more expressive and his faces gentler and more graceful, developing the "emotional" style of painting borrowed from other earlier masters that always typified his own art. Legnani's *Death of St. Joseph* takes a theme common in sacred iconography, helped by a model by Carlo Maratti known through engravings, and creates a totally new and modern conception by setting the event against a neutral ground that eliminates all references to time or place. In *The Dream of St. Joseph*, inspired by a painting of the same subject by Daniele Crespi, formerly in the church of San Carlo ai Carmelitani in Milan, the absence of a spatial point of reference continues. A new element is provided by the direct communication between the angel and St. Joseph, once again placing the stress on the emotions, the astonishing trademark of his style.

In the light of the above considerations, these two works from Novara can be considered the worthy conclusion of a long journey in search of perfection in colour and line that had by now taken Legnani fully into an 18th-century context, as well as making him

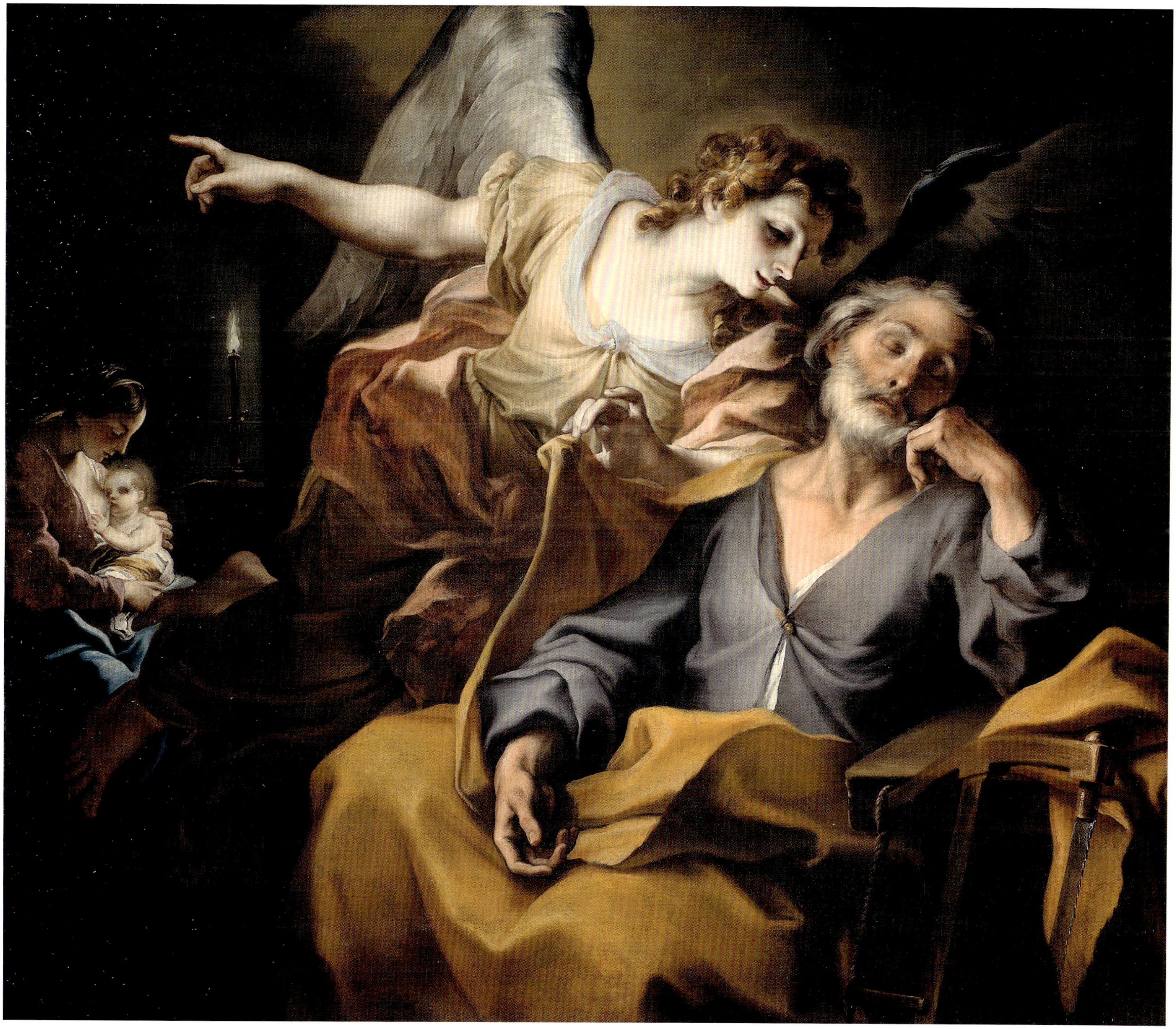

43.

rocchetto lombardo di cui il nostro rimane l'esponente più accreditato ed eloquente.

*Marina Dell'Omo*

*Bibliografia*: Cotta [*post* 1716] ed. 1994, pp. 111, 131, note 105; Bartoli 1776-1777, I, p. 91; Oretti circa 1780, c. 409; Bianchini 1828, p. 22; *Musei del Piemonte* 1978, p. 156; Tomea Gavazzoli 1983, p. 413; Dell'Omo 1985; M. Dell'Omo, in *Museo novarese* 1987, pp. 312-313; M. Braga, in *Settecento lombardo* 1991, pp. 86-87, n. I.34; Dell'Omo 1991b, pp. 151-152; Dell'Omo 1993a, pp. 126-128; Ferro, Dell'Omo 1996, p. 215, n. 510.1-2; Dell'Omo 1998b, pp. 203-204, nn. 81-82; M. Dell'Omo, in *Palazzo Carignano* 2011, pp. 224-227, nn. 26a-b; A. Morandotti, in *La peinture en Lombardie* 2014, pp. 194-195, n. 50.

the most representative and eloquent exemplar of Lombard "minor Baroque".

*Marina Dell'Omo*

*Bibliography*: Cotta [*post* 1716] ed. 1994, pp. 111, 131, note 105; Bartoli 1776-1777, I, p. 91; Oretti circa 1780, c. 409; Bianchini 1828, p. 22; *Musei del Piemonte* 1978, p. 156; Tomea Gavazzoli 1983, p. 413; Dell'Omo 1985; M. Dell'Omo, in *Museo novarese* 1987, pp. 312–313; M. Braga, in *Settecento lombardo* 1991, pp. 86-87, no. I.34; Dell'Omo 1991b, pp. 151–152; Dell'Omo 1993a, pp. 126–128; Ferro, Dell'Omo 1996, p. 215, no. 510.1–2; Dell'Omo 1998b, pp. 203–204, nos. 81–82; M. Dell'Omo, in *Palazzo Carignano* 2011, pp. 224–227, nos. 26a-b; A. Morandotti, in *La peinture en Lombardie* 2014, pp. 194–195, no. 50.

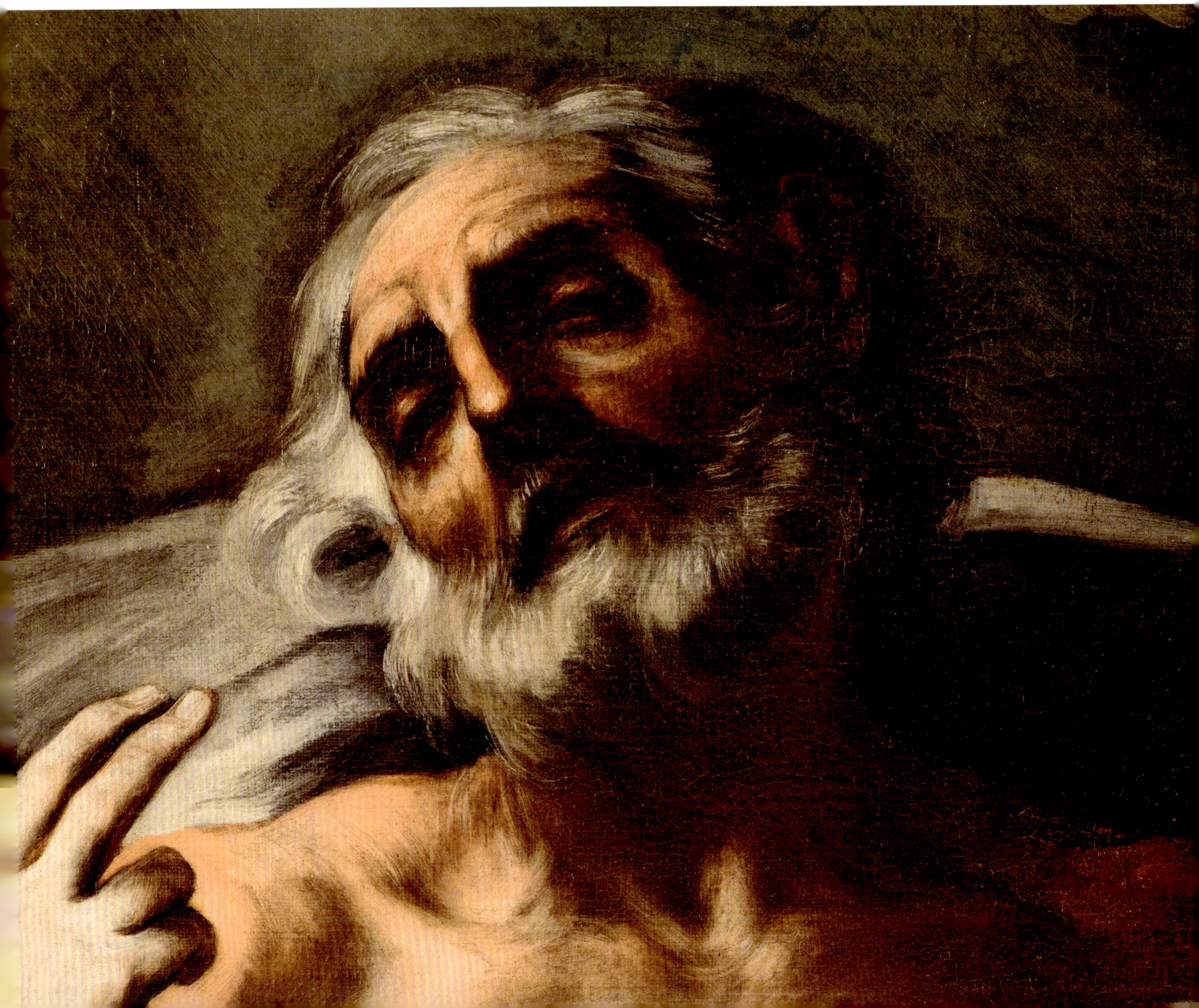

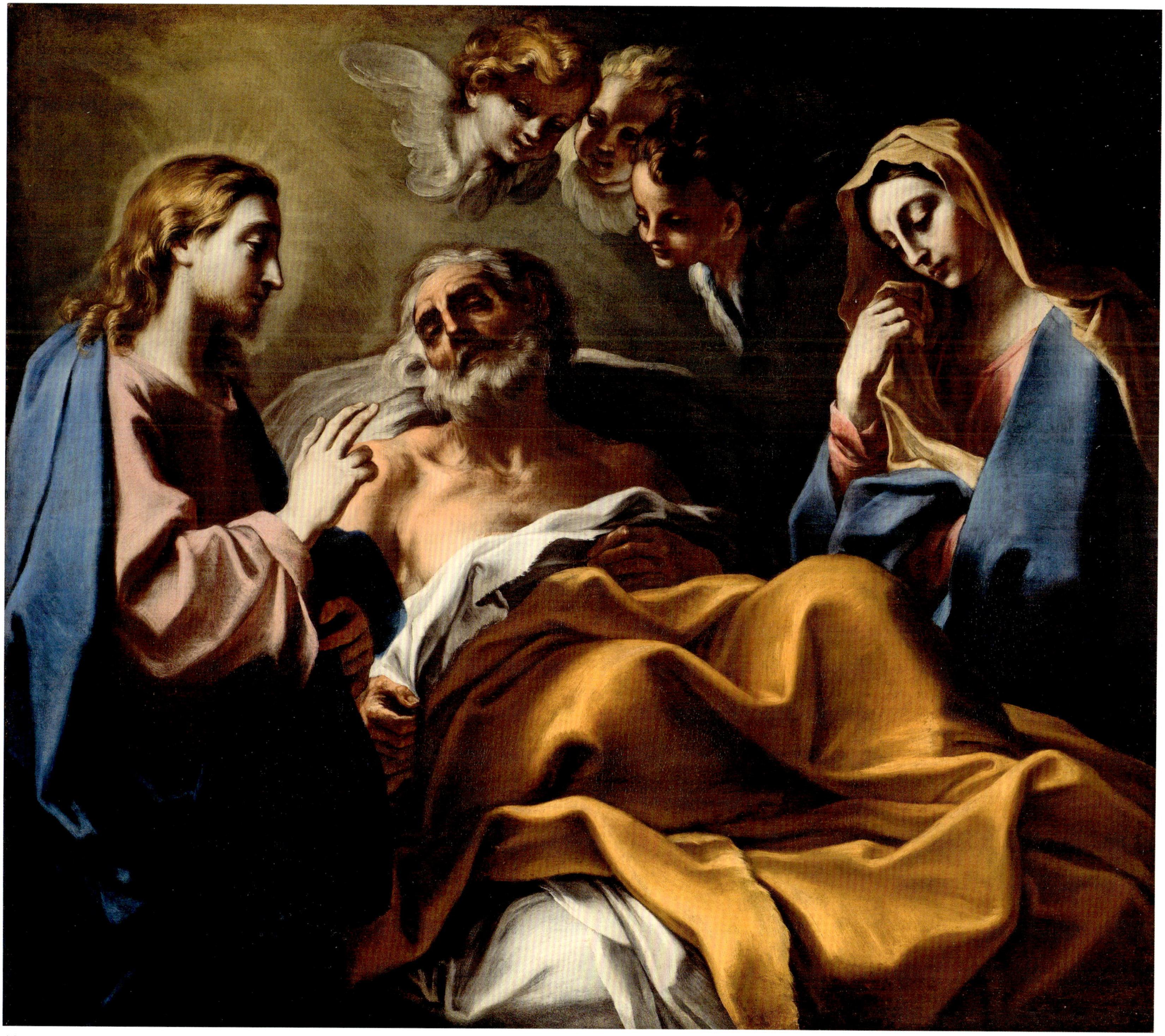

44.

## Giuseppe Antonio Tosi detto il Cuzzio

(Oleggio, 1671-1764)

### 45. *Maria Immacolata*

olio su tela, 300 × 200 cm
Novara, chiesa parrocchiale di Sant'Eustachio (Torrion Quartara)

*Iscrizioni*: firmata "Cuccio" e su un cartiglio reca la scritta CAPPUCCINORUM PROTETRIX.

La tela è da identificare con il dipinto segnalato del Cotta (che tace circa il soggetto) nella chiesa di San Lorenzo al Pozzo, e ammirato dal Bianchini nella chiesa di San Michele annessa all'Ospedale Maggiore dove tuttora esiste un dipinto-stendardo di analogo soggetto a opera di Cuzzio.
Nella composizione originaria era presente anche san Felice, poi tagliato per dare al dipinto la nuova disposizione.
Pittore nato a Oleggio, ma formatosi culturalmente a Milano, è aggiornato circa le novità della pittura barocca lombarda, conosciuta attraverso le opere di Lanzani, di Panza e di Legnanino. È attivo essenzialmente a Novara e nel Novarese.
Ingiustamente ritenuto pittore locale dalla critica degli anni novanta del secolo passato, ha rivestito un ruolo importante nel quadro pittorico del Settecento novarese e meriterebbe maggior attenzione in merito alle sue opere realizzate a Novara e conservate nelle maggiori collezioni e quadrerie settecentesche tra Piemonte e Lombardia.
La gamma cromatica con forti rossi e blu che emergono sui toni grigi del fondo e l'aspetto compositivo della pala d'altare o in quelle a lui attribuite, permettono di riconoscerne la produzione dei primi decenni del Settecento.

*Flavia Fiori*

*Bibliografia:* Cotta [*post* 1716] ed. 1994; Bianchini 1828, p. 125; Barlassina, Picconi 1933, p. 157; F. Fiori, in *Novara da scoprire* 1990, pp. 59-60; M. Dell'Omo, in Cotta [*post* 1716] ed. 1994, pp. 79-80, nota 295, p. 114 e p. 138, nota 165; S. Coppa, in *Pittura tra il Verbano e il Lago d'Orta* 1996, pp. 332-333; Ferro, Dell'Omo 1996, p. 235; F. Fiori, in *Conoscere il Museo d'arte religiosa* 2010, pp. 184-185; Fiori 2014, pp. 252-259.

## Giuseppe Antonio Tosi known as Cuzzio

(Oleggio, 1671–1764)

### 45. *The Virgin Mary*

oil on canvas, 300 × 200 cm
Novara, parish church of Sant'Eustachio (Torrion Quartara)

*Inscription*: signed "Cuccio" and a cartouche bears the words CAPPUCCINORUM PROTETRIX.

This is certainly the work noted by Cotta (who fails to mention the subject) in the church of San Lorenzo al Pozzo and admired by Bianchini in the church of San Michele attached to the Ospedale Maggiore, where there is still a painting-standard of the same subject by Cuzzio.
The original composition also included St. Felix, a figure later eliminated to give the picture its present appearance.
Cuzzio was born in Oleggio (Novara) but trained in Milan, where he learnt all the latest techniques in Lombard Baroque painting by observing the works of Lanzani, Panza and Legnanino. He was active essentially in Novara and the surrounding area.
Wrongly considered a local painter by scholars in the 1990s, Cuzzio played an important role in 18th-century painting in the province of Novara and deserves greater attention, judging, by his works in Novara and in the main collections of 18th-century art in Piedmont and Lombardy.
The deep reds and blues on a grey ground and the composition of the altarpiece, recognizable in similar works attributed to him, are typical of his style in the early decades of the 18th century.

*Flavia Fiori*

*Bibliography:* Cotta [*post* 1716] ed. 1994; Bianchini 1828, p. 125; Barlassina, Picconi 1933, p. 157; F. Fiori, in *Novara da scoprire* 1990, pp. 59–60; M. Dell'Omo, in Cotta [*post* 1716] ed. 1994, pp. 79–80, note 295, p. 114 and p. 138, note 165; S. Coppa, in *Pittura tra il Verbano e il Lago d'Orta* 1996, pp. 332–333; Ferro, Dell'Omo 1996, p. 235; F. Fiori, in *Conoscere il Museo d'arte religiosa* 2010, pp. 184–185; Fiori 2014, pp. 252–259.

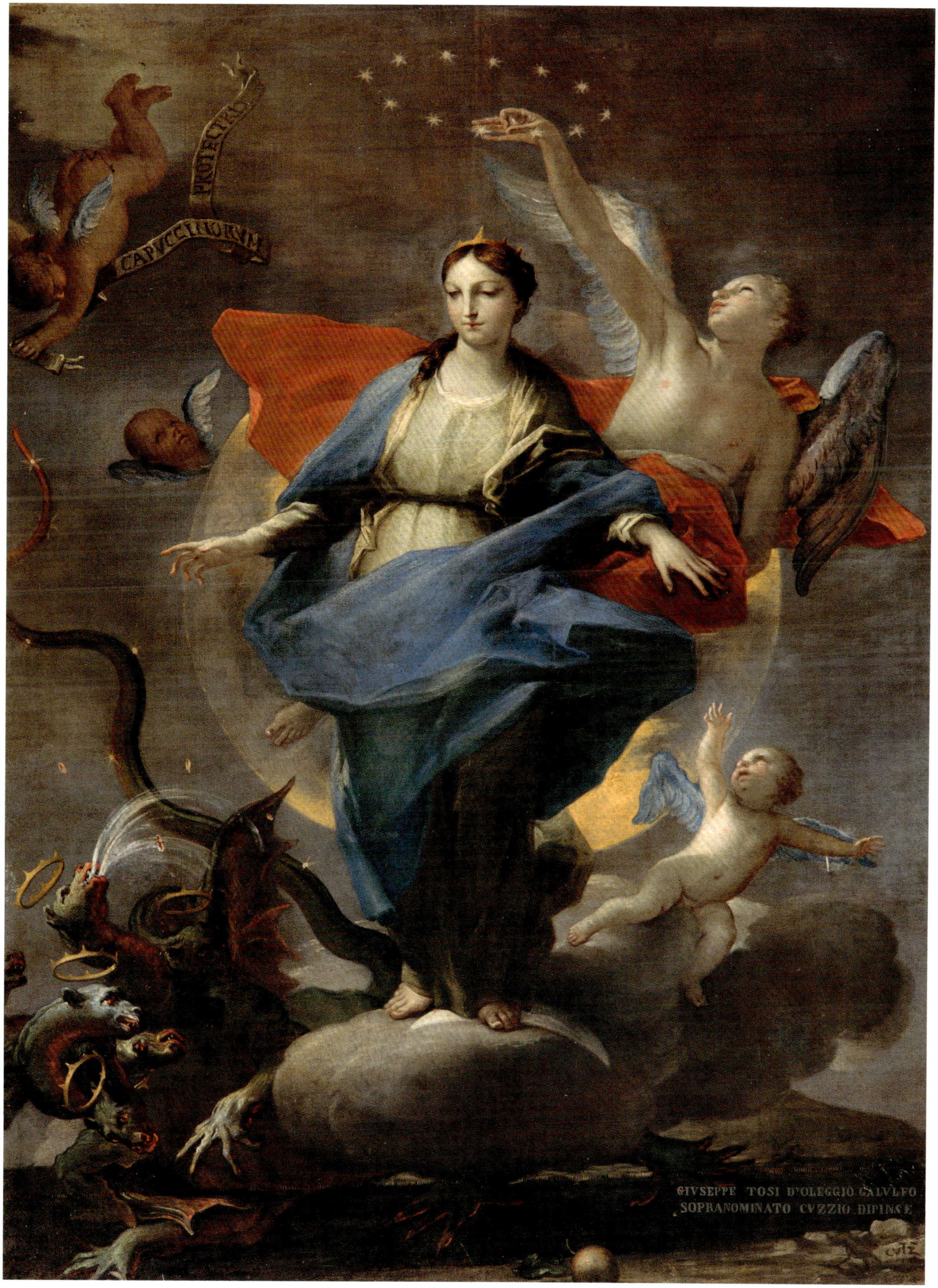
PROTECTRIX
CAPVCCINORVM
GIVSEPPE TOSI D'OLEGGIO CALVLFO
SOPRANOMINATO CVZZIO DIPINSE

## Antonio Lucini

(documentato tra la fine del XVII e il quarto decennio del XVIII secolo)

### 46. *Madonna della Cintura con santa Lucia, san Marco e san Lino papa*

olio su tela, 200 × 122 cm
Novara, palazzo dei Vescovi

La tela proviene dal soppresso monastero degli agostiniani di Gravellona Lomellina. Probabilmente a seguito delle soppressioni napoleoniche degli ordini religiosi fu depositata nella parrocchiale dello stesso paese e, in anni recenti, trasportata presso il palazzo dei Vescovi di Novara. Il dipinto recuperato in cattive condizioni, smontato dal suo telaio originario, è stato recentemente restaurato. La tela rappresenta la Vergine col Bambino in gloria in atto di porgere la cintura a san Lino papa; alla sinistra santa Lucia in ginocchio reca delicatamente fra le mani la palma del martirio e un punteruolo con infisse le orbite oculari, volgendo lo sguardo all'apparizione celeste, mentre san Marco, con il libro del Vangelo e il leone accovacciato ai piedi, come rivolgendosi verso i fedeli, accennando con lo schiudersi della bocca una parola, indica san Lino.

Il papa, in abito pontificale, avvolto da una ricco piviale rosso con stolone su cui sono ricamati motivi vegetali in oro e argento e con il capo coperto da un camauro in velluto rosso bordato di ermellino, è in ginocchio a mani giunte con al fianco un putto che regge un triregno dorato e una palma simbolo del martirio. L'episodio riprende le parole di Isaia: "Et erit iustitia cingulum lumborum eius et fides cinctorium renum eius" (E la giustizia sarà cintura dei suoi fianchi e la fede fascerà il suo dorso, Is 11,5), che formano il riferimento teologico del culto della cintura, soprattutto in ambito agostiniano. L'iconografia del dipinto è da intendersi come 'omaggio' a san Lino papa a cui era dedicata la chiesa agostiniana di Gravellona Lomellina, mentre i santi Marco e Lucia rappresentano due figure fondamentali per la devozione agostiniana. L'analisi stilistica del bel dipinto ci permette di ricondurlo all'ambito di Antonio Lucini: colpisce la dolcezza adolescenziale della Vergine con in grembo il Bambino vestito da una camiciola candida, le nuvole come una mezzaluna, e i putti giocosi che appaiono tra le nubi quasi ad anticipare le soluzioni della pala di San Vittore di Intra. I panneggi segnati dalle profonde ombre colorate del manto della Vergine, quasi una firma dello sfuggente Lucini; la composizione severa, quasi rinascimentale, che riprende la partizione della pala di Simone Cantarini con la *Madonna della Cintura con sant'Agostino e santa Monica* (*Simone Cantarini* 1997, p. 92) già presso l'eremo di Brettino e oggi nella Pinacoteca Civica di Fano, ci aiutano a collocare il dipinto all'interno della precoce produzione sacra del Lucini, suggerendo altresì come il classicismo malinconico di Cantarini sia una delle fonti principali della fredda eleganza del Lucini.

*Francesco Gonzales*

*Bibliografia*: inedito.

## Antonio Lucini

(documented between the end of the17th and the fourth decade of the 18th century)

### 46. *Madonna of the Belt with St. Lucy, St. Mark and St. Linus the Pope*

oil on canvas, 200 × 122 cm
Novara, palazzo dei Vescovi

This painting comes from the suppressed Augustinian monastery of Gravellona Lomellina. It was probably taken to the parish church of Gravellona Lomellina following Napoleon's suppression of monastic orders and was more recently moved to the Bishop's Palace in Novara. The painting was in poor condition and was removed from its original frame and recently restored. The painting depicts the Virgin and Child in glory in the act of giving St. Linus the Pope his belt; on the left, the kneeling St. Lucy gently holds the palm on which the saint was martyred and an awl with eye sockets set in it, as she gazes at the heavenly apparition, while St. Mark, with the Gospel and the lion crouching at his feet, appears to turn towards the worshippers and his half-open mouth seems to form a word as he points to St. Linus.

The Pope is shown wearing pontifical dress, an elaborate cope with a stole decorated with vegetal motifs embroidered in gold and silver thread and a red velvet camauro edged with ermine on his head. He is kneeling with his hands held together in prayer, with a putto by his side holding a gold tiara and a palm symbolizing his martyrdom. The episode illustrates the words of Isaiah: "*Et erit iustitia cingulum lumborum eius et fides cinctorium renum eius*" (And justice shall be the belt at his waist and faith shall gird his back) (Isaiah 11,5), providing the theological reference for the worship of the belt, especially among Augustinians. The paintings's iconography is intended as a "tribute" to St. Linus, to whom the Augustinian church of Gravellona Lomellina was dedicated, while St. Mark and St. Lucy are two fundamental figures in Augustinian worship. The stylistic analysis of this fine painting points to the milieu of Antonio Lucini: the striking features include the adolescent sweetness of the Virgin, with the Baby Jesus, wearing a white smock, in her lap, the clouds arranged in the form of a half-moon and the playful putti flitting among the clouds, almost foreshadowing the composition of the San Vittore altarpiece in Intra. The deep, coloured folds of the Virgin's robe, virtually Lucini's signature, and the spare, almost Renaissance composition, taking up the arrangement of Simone Cantarini's altarpiece with the *Madonna of the Belt with St Augustine and St Monica* (*Simone Cantarini* 1997, p. 92), formerly in the hermitage of Brettino and now in Fano Municipal Art Gallery, help situate the painting among Lucini's early sacred works, while also pointing to Cantarini's mournful classicism as one of the chief influences of Lucini's cold elegance.

*Francesco Gonzales*

*Bibliography*: unpublished.

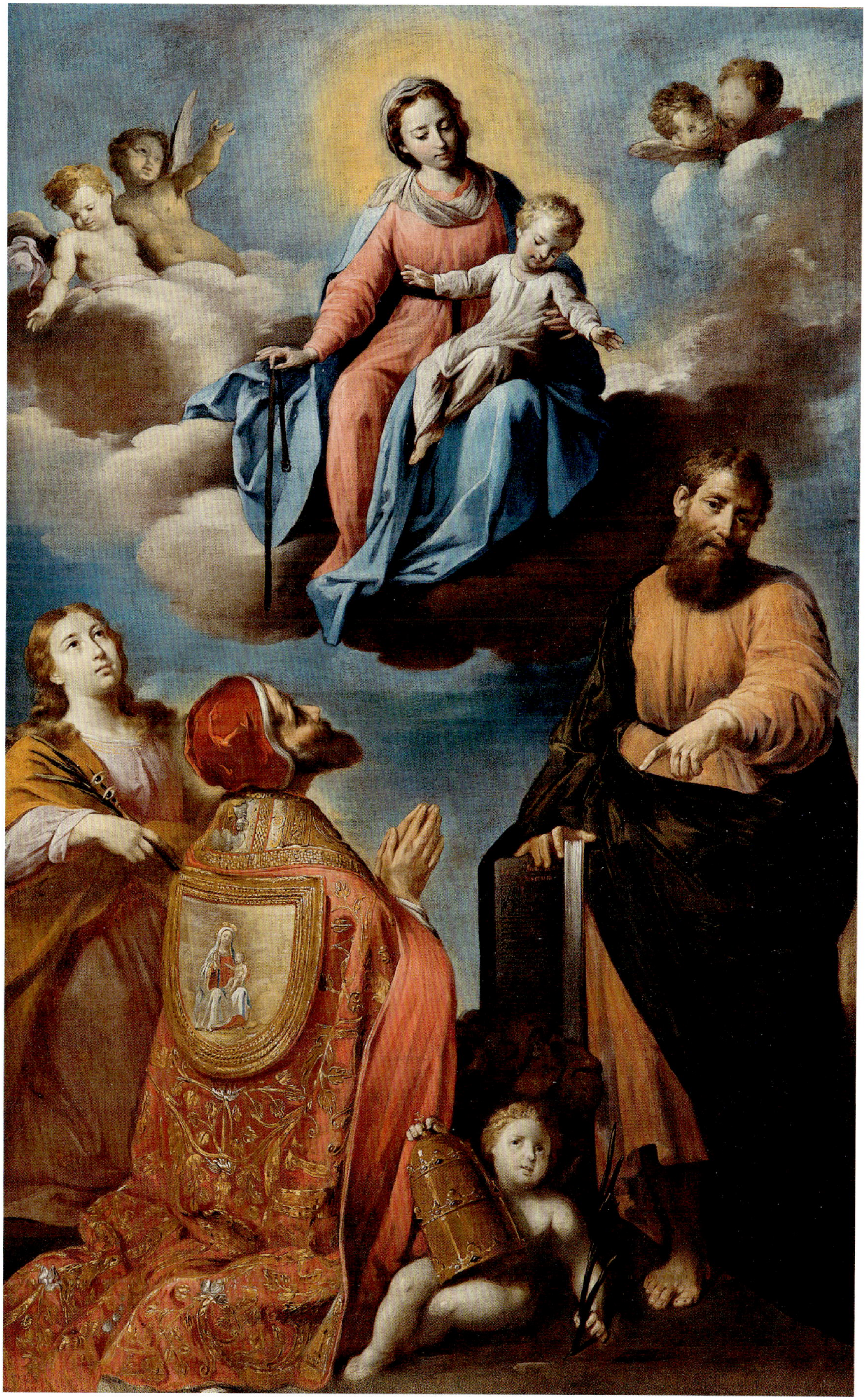

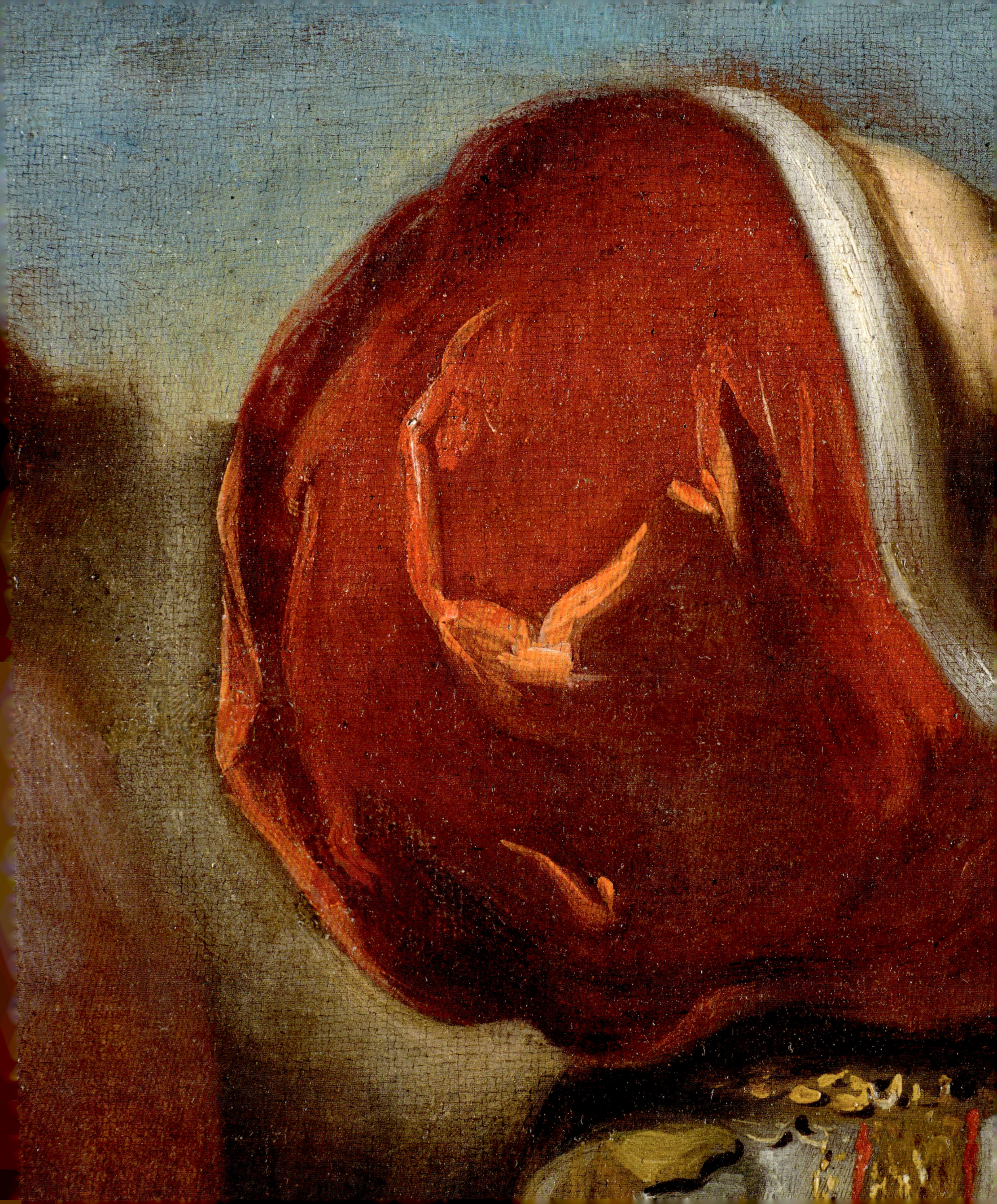

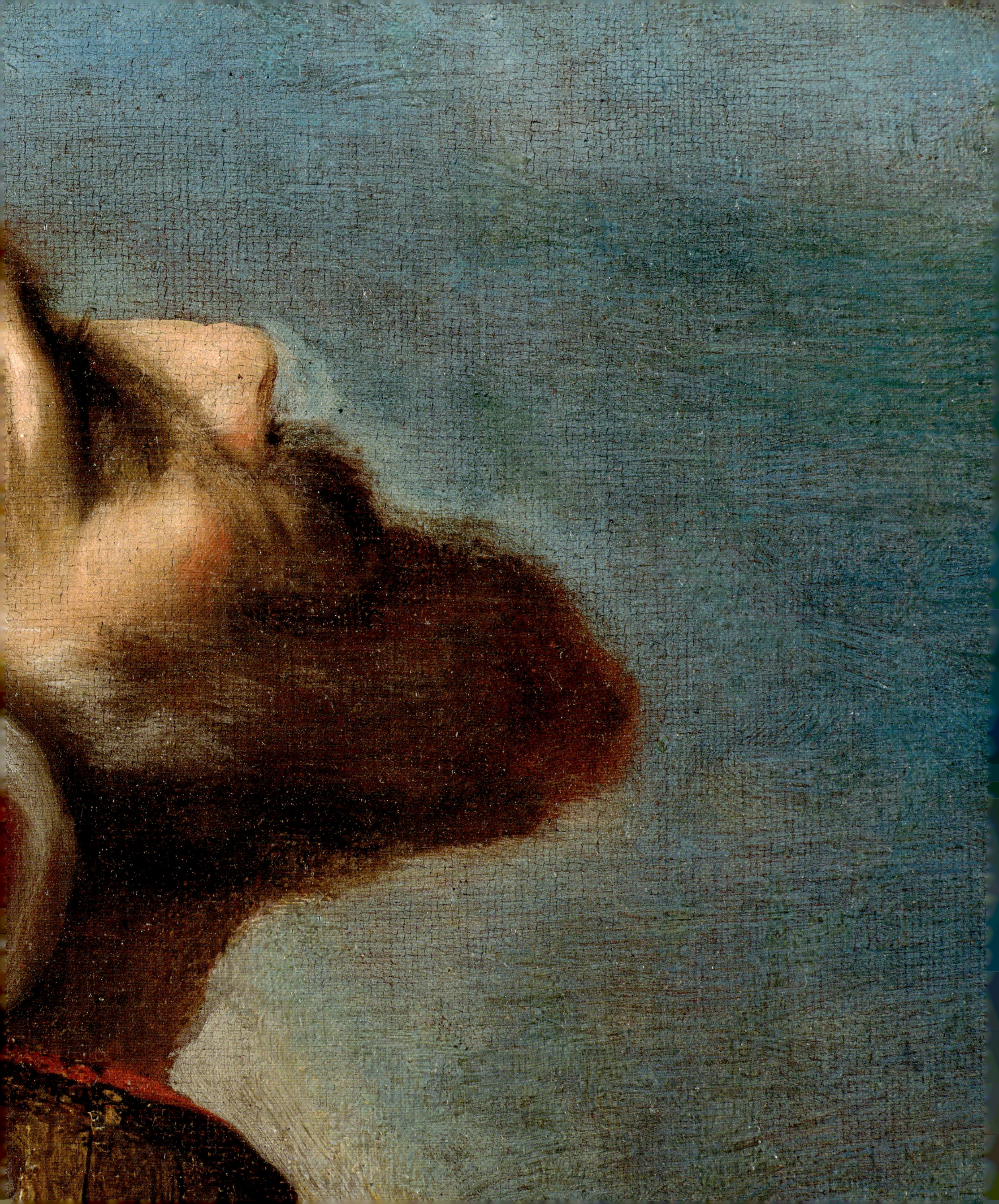

## Antonio Lucini

(documentato tra la fine del XVII e il quarto decennio del XVIII secolo)

### 47. *Transito di san Giuseppe*

olio su tela, 150 × 116 cm
Castelletto Ticino, parrocchia di Sant'Antonio Abate

In un inventario del 1719 è annotato che la cappella di San Giuseppe fu fatta edificare dai signori baroni Visconti d'Ornavasso tramite il legato di Alberto Visconti (ASDN, Inventari 1719, serie 3, 1603-1847), mentre nel 1740 viene descritto: "La Cappella che sta dalla parte dell'Epistola è sotto il titolo di S. Giuseppe, sopra dell'altare vi è un quadro dove vi è dipinta la B.ta Vergine, il suo figliolo e S. Giuseppe". Il dipinto, recuperato dopo un furto dalla parrocchiale, raffigura il momento della benedizione del corpo di san Giuseppe così come riportato dal domenicano milanese Isidoro Isolano, che ne inserì la storia nella sua *Summa de donis sancti Joseph*, stampata a Pavia nel 1522: "[...] Così spirò in pazienza e letizia. Io con le mie mani chiusi gli occhi e la bocca, ricomponendo il suo volto [...] Io nel frattempo pregai il Padre mio. Finita la preghiera, venne una moltitudine di Angeli. E comandai a due di loro di vestire il corpo di Giuseppe. E gli stessi Angeli rivestirono con una veste candida il corpo del vecchio benedetto, Giuseppe. Io benedissi il suo corpo affinché non andasse in putrefazione". Il Cristo, vestito con una tunica dal rosso acceso e da un manto azzurro, con in mano il libro dei Salmi, è in atto benedicente; il corpo esanime di Giuseppe è disteso sul letto con il torso scoperto e un braccio abbandonato sui fianchi mentre Maria lo assiste, a mani giunte, in intensa preghiera. Dall'alto, come una quinta teatrale, una nube con assiso un putto si discosta mentre appaiono la colomba dello Spirito Santo e Dio Padre in atto di benedire. Al capezzale un giovinetto di spalle con in mano la verga fiorita che fu di Giuseppe è in ginocchio in atto di venerazione. L'analisi stilistica della tela, collocabile dai documenti tra il 1719 e il 1740, unisce al rigore compositivo un'asciuttezza formale abbastanza rara nel novarese in questo inizio di Settecento. La luce, proveniente da sinistra, illumina come una lama i personaggi facendo risaltare l'anatomia del corpo macerato di Giuseppe e i colori accesi delle vesti, suggestioni che sembrano vivere del ricordo del *Transito* del Legnanino per la cattedrale di Novara (cat. 44). Questi dettagli: la resa tipica dei panneggi segnati da profondi solchi, i personaggi poggiati su un piano inclinato rispetto allo spettatore e la composizione che riprende l'apparizione di Dio Padre fra le nubi e il nodo del gruppo di famiglia dell'*Educazione di Maria* per San Vittore di Intra, avvicinano il bel dipinto alla produzione matura di Antonio Lucini. La prestigiosa committenza Visconti accomunerebbe quindi questa tela con il *San Carlo Borromeo consegna la regola alla Confraternita del Santissimo Sacramento* di Pombia (*Divo Carolo* 2010, pp. 133-134), località di cui i Visconti d'Ornavasso erano feudatari.

*Francesco Gonzales*

*Bibliografia*: inedito.

## Antonio Lucini

(documented between the end of the17th and the fourth decade of the 18th century)

### 47. *Death of St. Joseph*

oil on canvas, 150 × 116 cm
Castelletto Ticino, parish of Sant'Antonio Abate

An inventory dated 1719 reports that the lord barons Visconti d'Ornavasso commissioned the San Giuseppe Chapel using the legacy bequeathed by Alberto Visconti (ASDN, Inventari 1719, serie 3, 1603-1847), while in 1740 the chapel was described as follows: "The Chapel that stands to the side of the Epistle is named after St. Joseph, above the altar hangs a painting that depicts the Blessed Virgin Mary, her Son and St. Joseph". The painting was stolen from the parish church and subsequently recovered. It depicts the moment in which the body of St. Joseph received a blessing, as narrated by the Milan-born Dominican monk named Isidoro Isolano in his *Summa de donis St. Joseph* that was published in the city of Pavia in 1522: "And so he died with patience and delight. With my own hands I closed his eyes and mouth, recomposing his features [...] In the meanwhile I prayed my Holy Father. Following the prayer, a multitude of Angels descended upon us. Hence I ordered two of them to dress the body of Joseph. And the Angels themselves dressed the body of the elderly blessed Joseph with a pure-white robe. I gave his body my blessing, so that it might not be subjected to putrefaction". Jesus Christ, dressed in a bright red tunic and blue cloak, is holding the Book of Psalms in His hand while imparting the blessing; Joseph's bare-chested lifeless body is lying on a bed and one of his arms hanging limply at his side while Mary is next to him with her hands joined in intense prayer. From above, as if behind the scenes in a theatre, appears a cloud with a seated *putto* that has moved away to the side while the dove of the Holy Spirit and God the Father give their blessing. At the bedside there is a young man kneeling in veneration, his back towards us, holding a staff adorned with flowers that once belonged to Joseph. Analysis into the style of the painting, that according to documents can be dated to between 1719 and 1740, reports of a blend between compositive rigour and formal terseness that was rather rare in the Novara area during the early 1700s. The light, which streams in from the left, illuminates the characters in the painting with a blade-like effect; it brings out the anatomy of Joseph's mortified flesh and the bright colours of the robes, nuances that recall *Il Transito* by Legnanino that is preserved in the Novara Cathedral (cat. 44). These details lead us into believing that this beautiful painting dates back to the later stage of Antonio Lucini's artistic production: the typical arrangement of the draperies marked by deep folds, its characters on an inclined plane compared to the observer, the composition that recaptures the apparition of God the Father between the clouds and the family group depicted in *Education of Mary* for San Vittore di Intra and the prestigious Visconti patrons all associate it to *St. Carlo Borromeo consigns the law to the Confraternita del SS. Sacramento* in Pombia (*Divo Carolo* 2010, pp. 133-134) where the Visconti d'Ornavasso family were feudal lords.

*Francesco Gonzales*

*Bibliography*: unpublished.

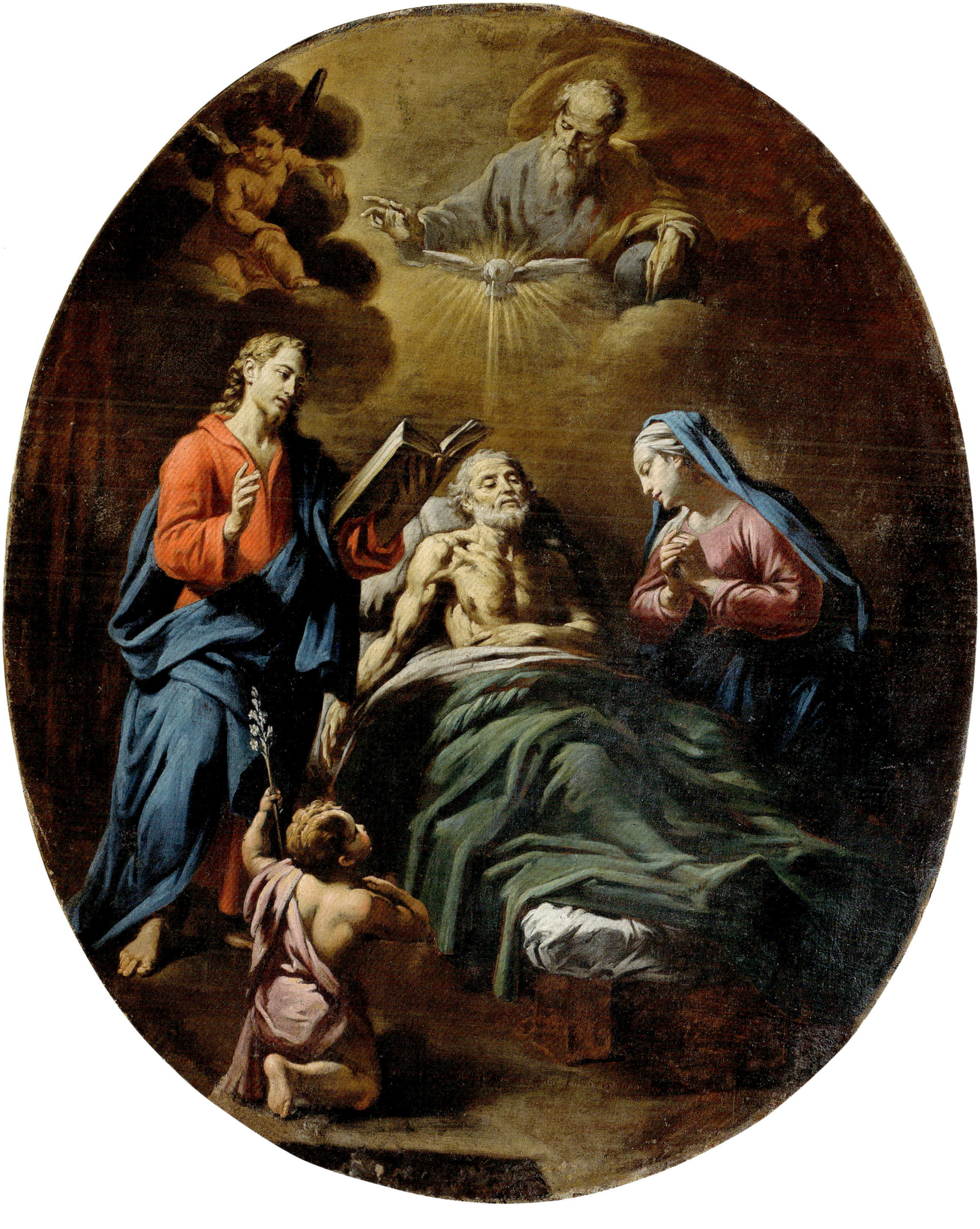

## Antonio Lucini

(documentato tra la fine del XVII e il quarto decennio del XVIII secolo)

### 48. *Addolorata*

olio su tela, 117,5 × 149,7 cm
Novara, collezione privata

Il dipinto reso noto da chi scrive (*Divo Carolo* 2010, p. 28) è conservato in collezione privata novarese. La famiglia, proveniente da Varese, possiede il dipinto dall'inizio del XX secolo. Nella tela la Vergine, assisa ai piedi della croce, con uno stiletto conficcato nel petto, volge lo sguardo verso lo spettatore e si accinge, con gesto inusuale, a porgere un secondo pugnale. La figura, vestita di una tunica rossa e avvolta da un manto azzurro, è attorniata da alcuni putti: sulla sinistra uno di essi è in atto di abbracciare la croce mentre, a destra, un secondo piange alla visione della corona di spine, illuminata dalla luce che proviene dall'alto. Ai piedi della Vergine, il *titulus crucis* reso come un cartiglio. Maria ha il volto pallido e le palpebre semichiuse come se il pianto avesse reso la donna insensibile al dolore. Un'aureola luminosa e raggiata le circonda il capo. L'intensa e contenuta immagine della Vergine sembra doversi legare al culto dell'Addolorata venerata nella basilica di San Vittore di Varese. Nel 1678 avvenne infatti il miracolo delle tre stelle, che apparvero sopra il capo dell'Addolorata del gruppo statuario cinquecentesco, visioni che si ripeterono negli anni e che incrementarono i lavori di rinnovamento della cappella come anche la devozione nei confronti dell'immagine miracolosa (Zangarini 2012, pp. 99-107). Pietro Antonio Magatti realizzò a partire dal 1727 la decorazione a fresco della cappella del santuario e ripropose, nelle due tavolette ex voto del Museo Baroffio, l'effigie della Vergine (S. Bianchi, in *Pietro Antonio Magatti* 2001, p. 170). In questa prova di pittura devozionale Lucini sembra accennare al capo reclinato piegato sulla sinistra dell'Addolorata di Varese: il velo che copre la fronte e che si poggia formando due pieghe laterali, il soggolo candido, il panneggio morbido così come la maschera cerea del volto sembrano citare il simulacro varesino. Tutto intorno la materia è invece sciolta e fusa, gli angeli sembrano quasi abbozzati e le profonde ombre brune delle orbite oculari segnano il dramma. Questi dettagli sembrano indirizzare il dipinto verso la maturità del pittore e consentono di accostarlo al *Sant'Aquilino* in Santa Maria della Passione a Milano (Zani 2000, pp. 209-211) e al *San Giuseppe col Bambino* dei Musei Civici di Novara (M. Dell'Omo, in *Museo novarese* 1987, pp. 314-315). Accomunano i dipinti l'intonazione bruna dell'insieme, la pennellata svelta e abbozzata dello sfondo e degli angeli, così come i toni freddi e gessosi dell'incarnato.

*Francesco Gonzales*

*Bibliografia*: *Divo Carolo* 2010, p. 28.

## Antonio Lucini

(documented between the end of the17th and the fourth decade of the 18th century)

### 48. *Addolorata*

oil on canvas, 117,5 × 149,7 cm
Novara, private collection

The painting made public by the author of the present (*Divo Carolo* 2010, p. 28) is preserved in a private collection in the city of Novara. The family, of Varese origin, has possessed the painting since the early 20th century. This work depicts the Virgin Mary, seated at the foot of the Crucifix, with a dagger lodged in her chest; as she turns her gaze towards the observer, she is about to offer a second dagger with an unusual sort of gesture. The figure of the Virgin is dressed in a red tunic and wrapped up in a blue cloak, as she is surrounded by a few *putti:* on the left, one of these is embracing the crucifix while, to the right, a second angel is crying at the vision of the crown of thorns that is illuminated by a stream of light descending from above. At the foot of the Virgin, the *titulus crucis* is rendered as a scroll. Mary has a pale face and her eyelids are half-closed, as if all her tears have made the woman insensible to pain. A bright radial halo surrounds her head. This intense and restrained image of the Virgin Mary seems to be connected to the cult of the venerable grieving Madonna in the San Vittore Basilica in Varese. In fact, the miracle of the three stars took place in 1678; these appeared over the head of the Grieving Madonna belonging to the 16th century sculptural group. The miracle repeated itself over the years, leading to the expansion of chapel renovation works and increasing the devotion of believers for the miraculous image (Zangarini 2012, pp. 99–107). Beginning in 1727, Pietro Antonio Magatti worked on the fresco decorations of the Sanctuary chapel and he revisited the effigy of the Virgin in two votive tablets belonging to the Baroffio Museum collection (S. Bianchi, in *Pietro Antonio Magatti* 2001, p. 170). It seems that Lucini wishes to highlight the Grieving Madonna's head reclining to the left in this devotional painting: the veil that covers her forehead, forming two lateral folds; her candid wimple, the flowing draperies and her waxy features apparently allude to the Varese simulacrum. All around the material is instead dissolved and blended, the angels seem to be almost sketchy and the deep brown shadows around her eyes testify the tragedy. These details seem to orient the painting towards the artist's production in later years, and can be accosted to *St. Aquilino* in S. Maria della Passione in Milan (Zani 2000, pp. 209–211) or to *St. Joseph with Child* preserved in the Civic Museums of Novara (M. Dell'Omo, in *Museo novarese* 1987, pp. 314–315). The paintings share brownish hues in the background, quick and sketchy brushstrokes for the background and the angels, in addition to the cool and chalky tones used for complexions.

*Francesco Gonzales*

*Bibliography*: *Divo Carolo* 2010, p. 28.

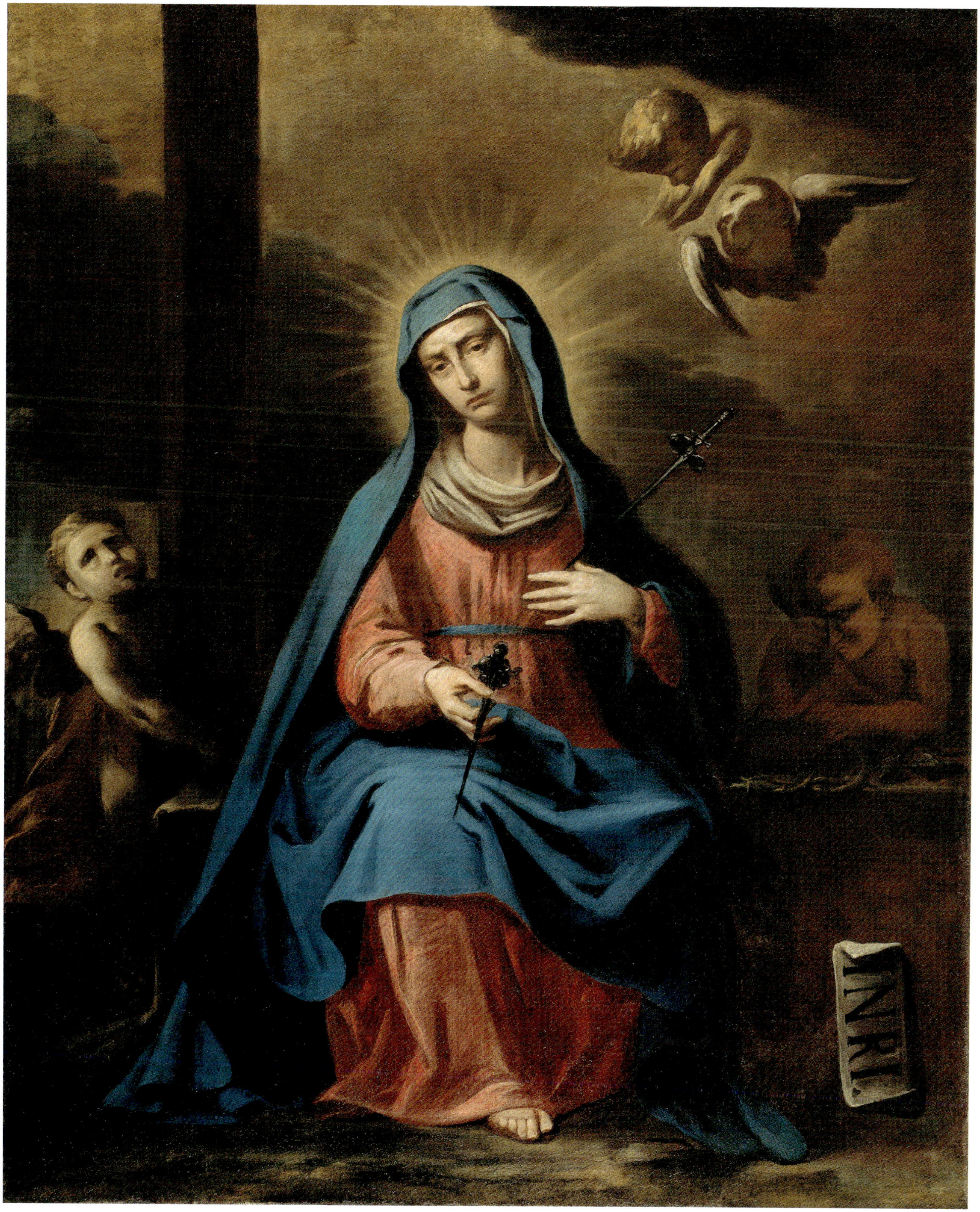
INRI

## Pietro Antonio Magatti
(Varese, 1691-1767)

### 49. *San Luigi Gonzaga adorante il Crocifisso*

olio su tela, 188 × 136 cm
Novara, palazzo dei Vescovi

Il dipinto è segnalato dal Bianchini (1828, p. 65) nella chiesa di San Carlo di Novara dei padri oblati. In anni recenti è transitato nella chiesa di San Luigi (L. Beltrame, in *Pietro Antonio Magatti* 2001, p. 70, nota 31) per poi approdare nel 2005 in palazzo vescovile dove è tuttora conservato. Inoltre la tela è stata, sino almeno al 1909, pala d'altare della chiesa di San Nicolò: risalgono infatti a quell'anno alcune immagini conservate in Archivio di Stato di Novara che documentano gli interni dell'edificio prima della demolizione avvenuta per consentire l'ampliamento di palazzo Bellini (Porzio 2006, pp. 168-169). Nel 2006 la tela è stata oggetto di restauro che ha portato alla luce le lacune dovute alla sua decurtazione. Probabilmente infatti la tela era inserita in una cornice mistilinea settecentesca e, solo in seguito, fu adattata alla cornice neoclassica odierna. Nel dipinto san Luigi in ginocchio, vestito con la tradizionale cotta e ai piedi il giglio e un libro, ha in mano il Crocifisso a cui rivolge intense preghiere. Una luce dorata proveniente da destra illumina il santo, mentre un angelo appare dispiegando le sue possenti ali sulla esile figura di Luigi tutt'intorno alcuni putti guardano la scena appoggiati su un tavolo coperto da un pesante drappo di seta su cui è posata una corona rovesciata, simbolo della rinuncia al Ducato di Mantova fatta da Luigi in favore del fratello Rodolfo. L'altissima qualità materica e pittorica è sottolineata dai virtuosismi delle velature e dai mille cangiantismi delle stoffe, della cotta bianca ombreggiata di blu di Prussia (verdastro lo chiama il Bianchini), colore scoperto solo nel 1704, dalla luce rosata che avvolge le figure angeliche e dai panneggi vaporosi e ricchi. Il dipinto si avvicina, per la scelta cromatica dei toni freddi, per l'attenzione alla variazione dell'epidermide e per i rimandi al Tiepolo nell'angelo dell'*Agar e Ismaele* conservato nella Scuola Grande di San Rocco a Venezia, datato 1732, all'*Immacolata* della quadreria degli oblati di Rho che la tela novarese sembra precedere di qualche anno e che sottolineerebbe lo stretto rapporto tra Magatti e i padri oblati.

*Francesco Gonzales*

*Bibliografia*: Bianchini 1828, p. 65; M. Dell'Omo 1987, in *Museo novarese*, p. 324; L. Beltrame, in *Pietro Antonio Magatti* 2001, p. 70.

## Pietro Antonio Magatti
(Varese, 1691–1767)

### 49. *St. Luigi Gonzaga Adoring the Crucifix*

oil on canvas, 188 × 136 cm
Novara, palazzo dei Vescovi

The painting is reported by Bianchini (Bianchini 1828, p. 65), in the church of San Carlo of the Oblate fathers in Novara. In recent years it was also exhibited in the church of San Luigi (L. Beltrame, in *Pietro Antonio Magatti* 2001, p. 70, note 31) and then finally reached Palazzo Vescovile in 2005, where it is presently preserved. Moreover, the painting was part of the altarpiece in the church of San Nicolò – at least until 1909: in fact, some images preserved in the Novara State Archives (documenting building interiors prior to demolition works executed for the expansion of Palazzo Bellini) date back to that year (Porzio 2006, pp. 168–169). The canvas was subjected to restoration work in 2006, which brought to light some blanks caused by its reduction. In fact, the painting had probably been inserted into a mixtilinear 18th century frame and only later it was adapted to its present neoclassical frame. It portrays the kneeling figure of St. Aloysius, dressed in a traditional cassock, with a lily and a book at his feet, holding a crucifix in his hand and addressing his intense prayers to the same. A golden light streaming in from the right illuminates the saint's features; meanwhile an angel appears, unfolding its powerful wings over Aloysius's thin frame; they are surrounded by some *putti* observing the scene, leaning on a table covered by a heavy silk cloth upon which an overturned crown has been set – symbolizing the surrender of the Mantua dukedom in favour of his brother Rodolfo. The excellent material and pictorial qualities of this work of art are underlined by the virtuosity of its strokes and the thousands of iridescent hues in its fabrics, for its white *cotta* shaded in Prussian blue (defined as greenish by Bianchini himself) – a colour that was only discovered in 1704, for the pinkish light that envelops the angelical figures, for its filmy rich draperies. Because of the artist's chromatic choice of using cool tones, for his attention towards skin variations, for his bringing to mind Tiepolo's angel depicted in *Hagar and Ishmael* that is preserved in the Scuola Grande di San Rocco in Venice (1732), this painting is similar to the *Immacolata* exhibited in the Oblate picture gallery in Rho; the Novara work of art seems to precede the latter by a few years – apparently underlining a close relationship between Magatti and the Oblate fathers.

*Francesco Gonzales*

*Bibliography*: Bianchini 1828, p. 65; M. Dell'Omo 1987, in *Museo novarese*, p. 324; L. Beltrame, in *Pietro Antonio Magatti* 2001, p. 70.

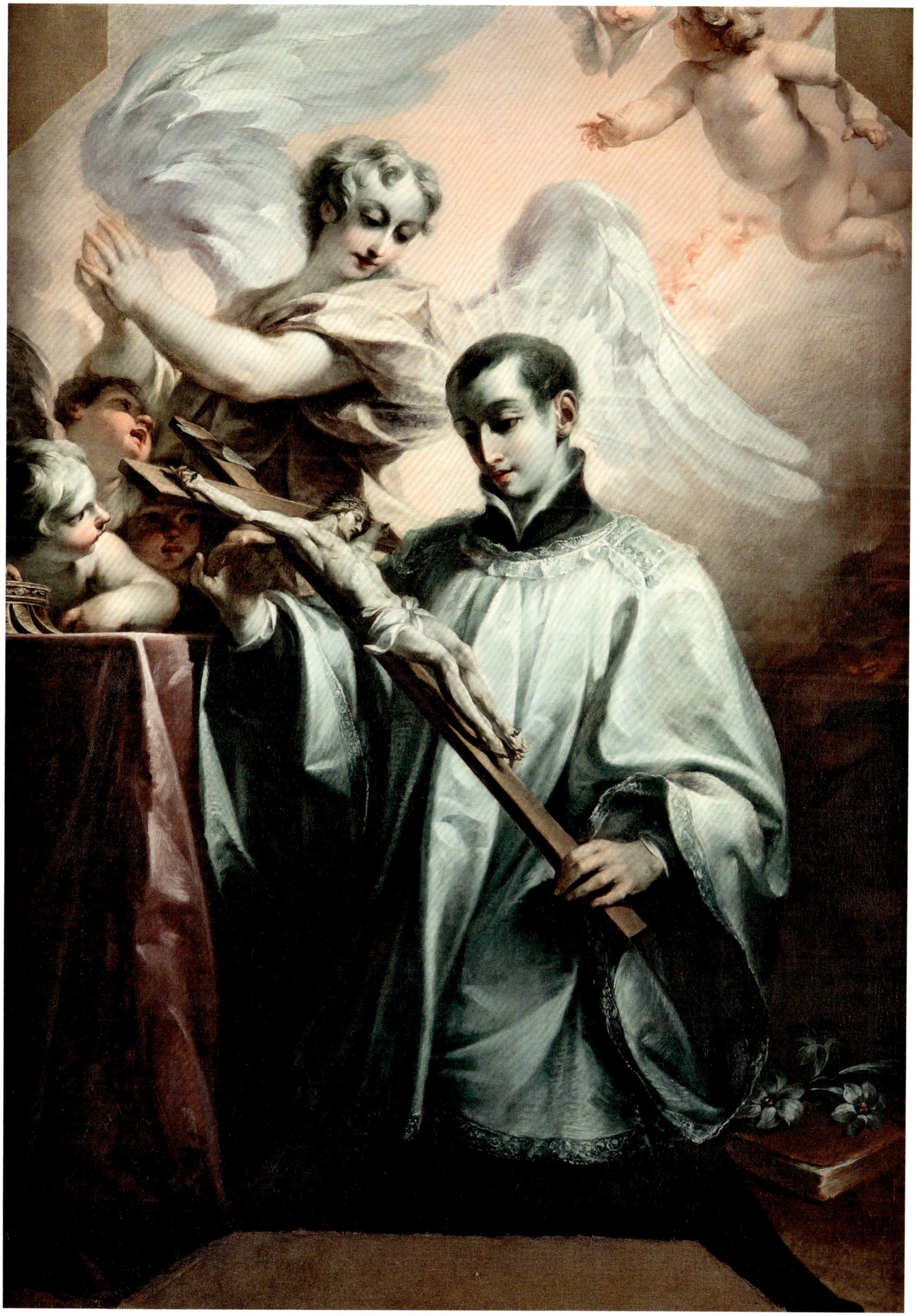

## Pietro Antonio Magatti
(Varese, 1691-1767)

### 50. *Crocifissione*

olio su tavola, 50 × 40 cm
Novara, Istituto San Giuseppe

La splendida tavola smaltata della *Crocifissione* di collezione privata novarese, testimonia la fortuna di questo soggetto nella produzione del Magatti. La figura del *Christus patiens* domina la composizione: la croce è isolata in un paesaggio deserto dove, sullo sfondo, si riconoscono le sagome di una città rischiarata dalla luce del tramonto. Un cielo carico di pioggia avvolge la figura esile del Cristo, una brezza leggera smuove il perizoma così come il cartiglio dell'Ecce Homo; i colori preziosi dell'incarnato di mille velature tenui, il cielo blu petrolio che rimanda riflessi verdastri e freddi sulle carni del Cristo, segno distintivo del luminismo magattesco, e la preziosità del supporto ligneo, non comune nella produzione magattesca, fanno dell'opera una nuova folgorante acquisizione nel catalogo del pittore varesino.
L'iconografia collega la tavola di Novara con altre analoghe composizioni del Magatti come il *Cristo crocifisso e la Maddalena* dell'Ambrosiana (S. Marinone, in *Sacro Lombardo* 2010, p. 96) e, con maggiori tangenze, il *Cristo crocifisso* di collezione privata (E. Bianchi, in *Pietro Antonio Magatti* 2001, p. 118). La composizione, in cui è sotteso un certo patetismo di ascendenza reniana (la presenza, sino al XVII secolo, nelle collezioni Ambrosiane della *Crocifissione* ascritta all'ambito di Guido Reni può aver giocato un ruolo fondamentale per l'indirizzo del Magatti) è collocabile, alla stregua delle altre versioni del soggetto, allo scadere degli anni venti del Settecento. La tecnica dell'olio su tavola permette a Magatti di sciogliere in mille filamenti luminosi le luci e gli impasti di colore, ammantando l'opera di una patina preziosa che rende le carni palpitanti e aumenta il drammatico colare del sangue dalle ferite. L'intonazione intima e il taglio della composizione sembrano caratterizzare l'opera all'interno della tipica produzione destinata alla devozione privata.

*Francesco Gonzales*

*Bibliografia*: inedito.

## Pietro Antonio Magatti
(Varese, 1691–1767)

### 50. *Crucifixion*

oil on panel, 50 × 40 cm
Novara, Istituto San Giuseppe

The resplendent enamelled panel of the Crucifixion from a private collection in Novara, testifies to the fortune of this subject in Magatti's production. The figure of the *Christus Patiens* dominates the composition: the cross is isolated in a desert landscape with, in the background, the outlines of a city lit up by the last rays of the day. A sky full of rain envelopes the slender figure of Christ, and a gentle breeze stirs the loincloth and the cartouche with the *Ecce Homo*. The fine colours of the flesh-tones, the deep-blue sky casting greenish and cold tones on the flesh of Christ, are the hallmark of the best Magatti, and the preciousness of the wooden support, not common in his production, make the work a striking new acquisition for the catalogue of the Varese-born artist.
The iconography links the Novara panel with other similar compositions by Magatti like the *Crucified Christ and Mary Magdalene* in the Ambrosiana (S. Marinone, in *Sacro Lombardo* 2010, p. 96) and, even more so, with the *Crucified Christ* in a private collection (E. Bianchi, in *Pietro Antonio Magatti* 2001, p. 118). The composition, which presents a certain pathos derived from Guido Reni (the presence of the *Crucifixion* attributed to Guido Reni, in the Ambrosiana collections until the 17th century, may have played a key role for Magatti's own approach to the subject), can like the other versions of the subject, dated to the end of the 1720s. The technique of oil on panel enabled Magatti to dissolve the highlights and impasto of colour into a thousand strands, giving the work a fine patina that breathes life into the flesh and dramatically increases the sense of blood pouring from the wounds. The intimate mood and the form of the composition seem to suggest the work be a typical item made for private devotion.

*Francesco Gonzales*

*Bibliography*: unpublished.

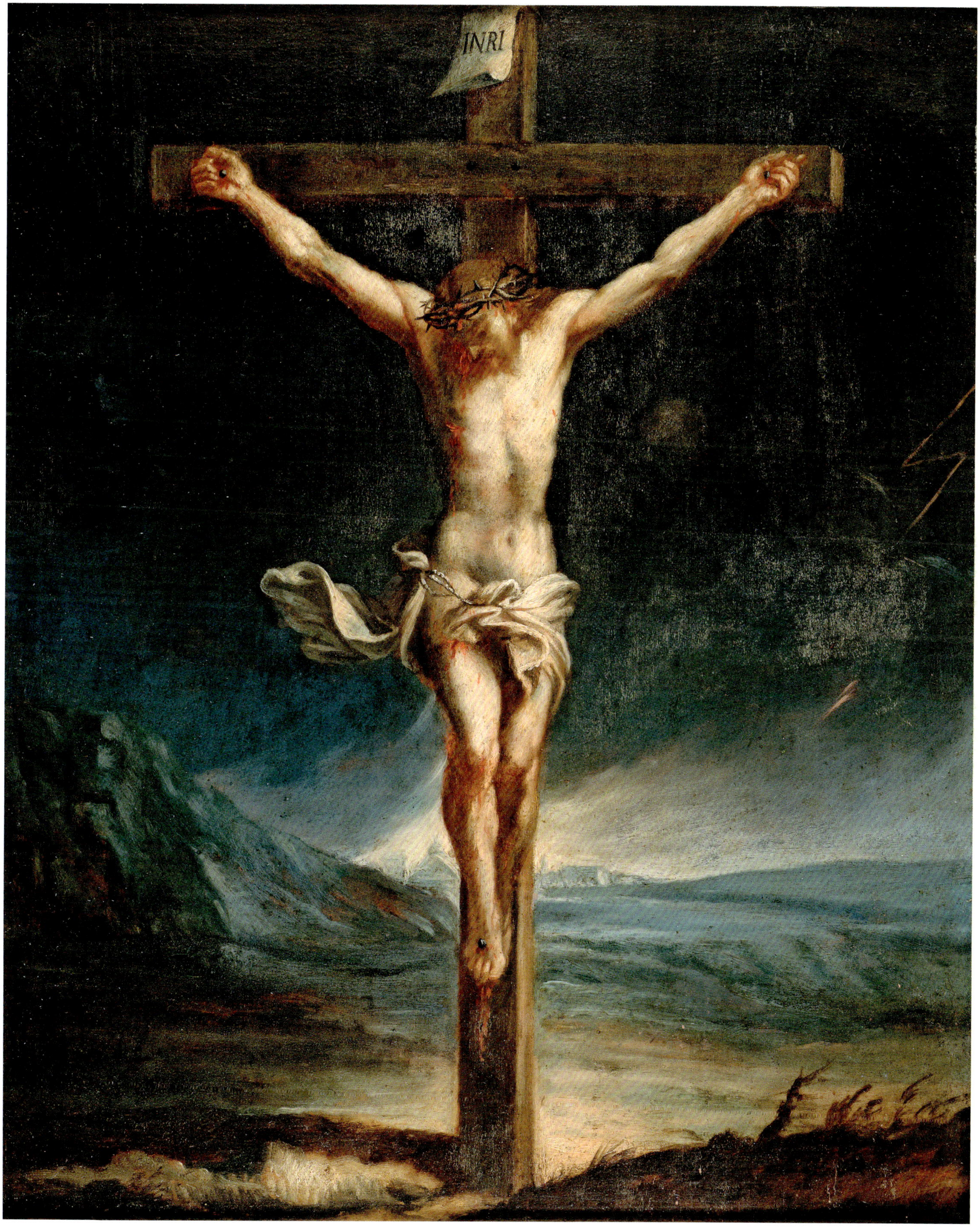
INRI

# I Maestri del Barocco
## *Baroque Masters*

## Guido Reni
(Bologna, 1575-1642)

### 51. *Mosè con le tavole della Legge*

olio su tela, 175 × 136 cm
Reggio Emilia, Collezione CREDEM

Il dipinto raffigura l'istante in cui Mosè, accortosi della deriva idolatrica del suo popolo, si accinge a scagliare le tavole della Legge: "Quando si fu avvicinato all'accampamento, vide il vitello e le danze. Allora si accese l'ira di Mosè: egli scagliò dalle mani le tavole e le spezzò ai piedi della montagna" (*Esodo* 32,19).
La tela si trovava a Roma presso palazzo Barberini al Monte di Pietà dove è registrato negli inventari dal 1671. Nel 1678 lo vide in questa sede Carlo Cesare Malvasia descrivendolo come un "Mosè grande quasi più del naturale" (Malvasia 1678, p. 64). In seguito alle divisioni ereditarie, nel 1812 la tela passò nella collezione Sciarra e, tra il 1894 e il 1899, approdò nella raccolta del ricco commerciante Edoardo Almagià. Appare verosimile che i Barberini, tra i più potenti protettori del pittore, commissionassero direttamente il dipinto a Guido Reni; in particolare si è ipotizzata una diretta connessione con Maffeo Barberini, futuro papa Urbano VIII (D. Benati, in *Le collezioni artistiche* 2010, p. 114). La tela già Barberini è stata messa in relazione dalla critica con il Mosè appartenuto a Scipione Borghese, conservato oggi a Roma presso la Galleria Borghese. Le due opere, accomunate da una intonazione quasi monocroma e da un'enfasi prettamente teatrale, sono ascrivibili intorno al 1620 per gli accenti monumentali delle figure che si ricollegano alla serie delle *Fatiche di Ercole* dipinte per il duca di Mantova, oggi al Louvre, databili tra il 1617 e il 1621 (*ibidem*). L'ambientazione notturna, gli accordi dei rossi e il panneggiare increspato e pesante sembrano riandare alla *Predica di sant'Antonio abate tra gli eremiti* di Ludovico Carracci, dipinta intorno al 1615 per l'omonima chiesa bolognese, oggi a Brera. Se evidenti sono i rimandi alla statuaria classica per i dipinti del Louvre, altrettanto palpabile risulta un certo michelangiolismo addomesticato, che segna il percorso di Reni proprio in questo frangente di secolo, come nel *Cristo portacroce* de La Valletta del 1621, modellato sulla scultura di Michelangelo conservata nella chiesa di Santa Maria sopra Minerva a Roma, e che trova in questo Mosè una severa rielaborazione sui temi del profeta del monumento funebre di Giulio II. Mosè, che nel gesto d'ira solca le diagonali della superficie pittorica, emerge dalla penombra della notte come un bassorilievo antico; la luce che piove dall'alto concentra il suo riverbero sulla testa bloccata nella smorfia di sacro furore, mentre il resto della figura appare quasi fuso nella notte di ardesia.

*Francesco Gonzales*

*Bibliografia*: Malvasia 1678, p. 64; Della Pergola 1955, pp. 35-38; Spear 1972, p. 34; Aronberg Lavin 1975, p. 296; Pepper 1984, p. 252; S. Ebert-Schifferer, in *Guido Reni e l'Europa* 1988, pp. 154-156; Pepper 1988, pp. 257-258; D. Benati, in *Dipinti barocchi* 1990, p. 24; D. Benati, in *Tesori ritrovati* 1998, p. 92; Salvy 2001, p. 152; D. Benati, in *Le collezioni artistiche* 2010, p. 114.

## Guido Reni
(Bologna, 1575–1642)

### 51. *Moses with the Tablets of the Law*

oil on canvas, 175 × 136 cm
Reggio Emilia, CREDEM Collection

The painting portrays the moment in which Moses, realizing the idolatric drift of his people, is about to fling the Tablets of the Law down to the ground: "It came about, as soon as Moses came near the camp, that he saw the calf and the dancing; and as Moses' anger burned, he threw the tablets from his hands and shattered them at the foot of the mountain" (*Exodus*, 32:19).
The painting used to be housed in Palazzo Barberini al Monte di Pietà in Rome, where it was recorded in the inventory dating back to 1671. Carlo Cesare Malvasia saw the painting on these premises, describing it as "a Moses who is nearly larger than life" (Malvasia 1678, p. 64). Subsequent to inheritance allotments, the painting went to the Sciarra collection in 1812 and then ultimately became a part of the collection owned by the rich merchant named Edoardo Almagià between 1894 and 1899. It seems feasible to assert that the Barberini family, among the most powerful patrons of the artist, had commissioned the painting directly to Guido Reni; in particular, there have been assumptions of a direct connection with Maffeo Barberini, future Pope Urban VIII (D. Benati, in *Le collezioni artistiche* 2010, p. 114). Critics have compared the former Barberini painting with the Moses belonging to Scipione Borghese, today preserved in the Borghese Gallery in Rome. The two works, sharing nearly monochromatic tones and purely theatrical emphasis, can be dated to approx. 1620 for the monumental features of their characters that recall the *Labours of Hercules* series commissioned by the Duke of Mantua; today the series is exhibited in the Louvre and can be dated between 1617 and 1621 (*Ibid.*). Its nocturnal setting, its shades of red and those rippling and heavy draperies all seem to recall Ludovico Carracci's *Preaching of St. Anthony the Abbot among the Hermits* that was painted around the year 1615 for the homonymous church in Bologna and now on display in Brera. While there are evident references to statuesque classics for the Louvre paintings, just as tangible is a domesticated Michelangelism marking Reni's artistic path during this part of the century: such as La Valletta's *Christ Carrying the Cross*, 1621 that used Michelangelo's sculpture preserved in the church of Santa Maria sopra Minerva in Rome as a model and that finds in this Moses a severe reelaboration regarding the prophet's themes in the funeral monument belonging to Pope Julius II. Moses, whose irate gestures plough through the diagonals of the painted surface, emerges from the shadows of the night like an ancient bas-relief; light streams in from above, concentrating its reverberation on the features frozen in a grimace of sacred fury, while the rest of the figure seems to blend as one with the slate-coloured night.

*Francesco Gonzales*

*Bibliography*: Malvasia 1678, p. 64; Della Pergola 1955, pp. 35–38; Spear 1972, p. 34; Aronberg Lavin 1975, p. 296; Pepper 1984, p. 252; S. Ebert-Schifferer, in *Guido Reni e l'Europa* 1988, pp. 154–156; Pepper 1988, pp. 257–258; D. Benati, in *Dipinti barocchi* 1990, p. 24; D. Benati, in *Tesori ritrovati* 1998, p. 92; Salvy 2001, p. 152; D. Benati, in *Le collezioni artistiche* 2010, p. 114.

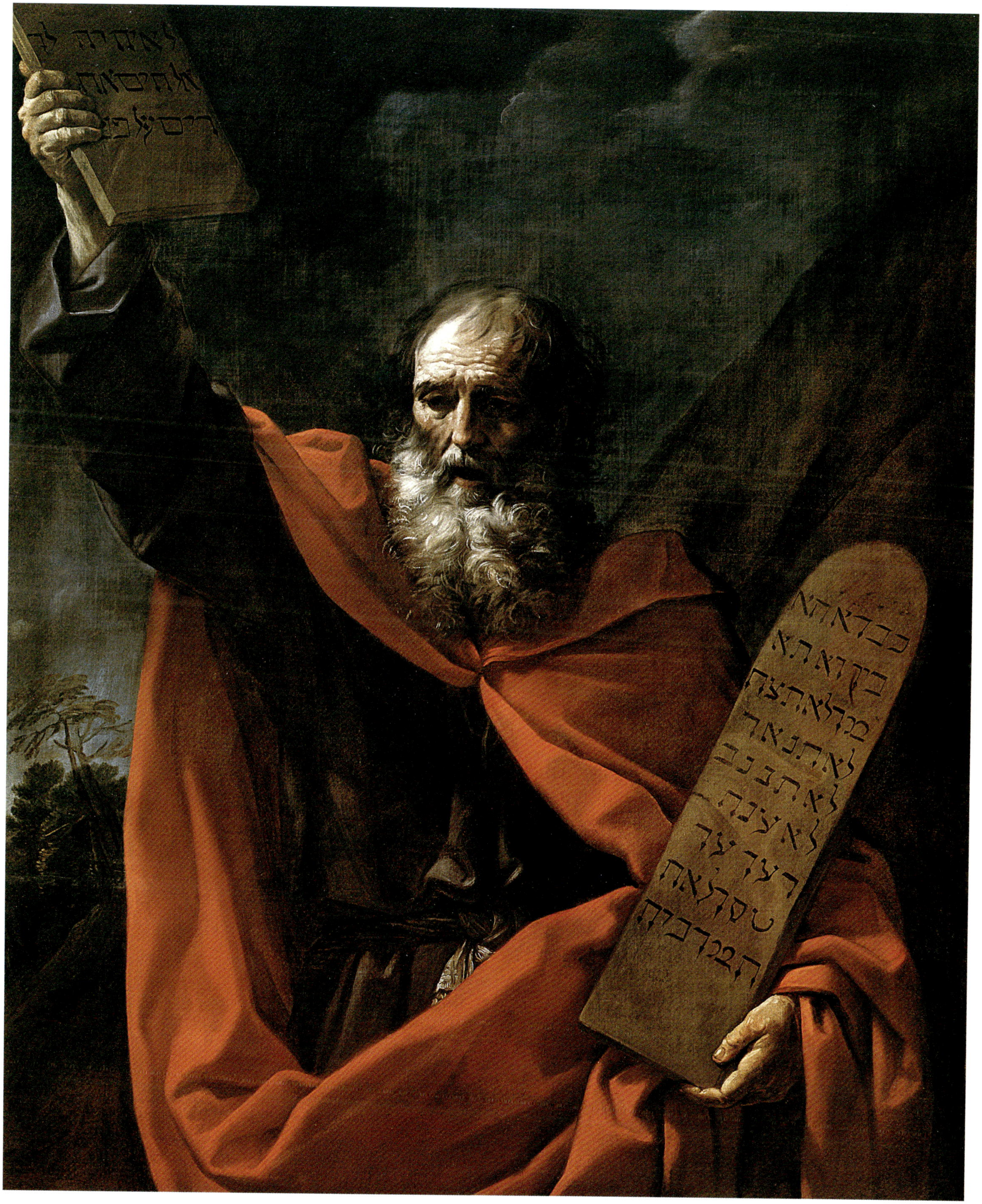

## Giovan Francesco Barbieri detto il Guercino

(Cento, 1591- Bologna, 1666)

### 52. *Padre eterno*

circa 1645
olio su tela, 106 × 176 cm
Torino, Galleria Sabauda, inv. 130

Il dipinto pervenne alla Galleria Sabauda nel 1842 per acquisto da Angelo Boucheron, il quale a sua volta lo aveva probabilmente rinvenuto nella collezione Trotti di Milano. Mentre l'autografia dell'opera è generalmente riconosciuta dalla critica, non sono unanimi i pareri riguardo alla sua originaria destinazione. Per prima Noemi Gabrielli (1971, p. 147) mise in relazione il dipinto con la singolare vicenda della cimasa raffigurante l'Eterno che doveva sovrastare la pala con la *Circoncisione di Gesù* eseguita da Guercino nel 1646 per l'altar maggiore della chiesa di Gesù e Maria a Bologna (ora al Musée des Beaux-Arts di Lione): narra il Malvasia di come il sopraqquadro inizialmente realizzato dal pittore fosse risultato troppo grande e pertanto immediatamente sostituito da una replica dipinta nel volgere di una sola notte (Malvasia 1678, II, p. 374). La Gabrielli identifica la cimasa respinta, della quale si ignorano le successive vicende conservative, con la tela della Galleria Sabauda, ma tale ipotesi è messa in dubbio dalle significative differenze iconografiche, compositive e cromatiche che intercorrono con la seconda versione, attualmente conservata presso la Pinacoteca Nazionale di Bologna. Tra le diverse redazioni ideate da Guercino per il medesimo soggetto, particolarmente vicina al dipinto torinese appare la tela posta al centro del soffitto della cappella della famiglia Barbieri nella chiesa del Santissimo Rosario di Cento, databile agli anni 1643-1645 (D. Mahon, in *Giovanni Francesco Barbieri* 1991, pp. 266-269, n. 98) e pertanto coeva al *Padre eterno* della Sabauda, stilisticamente riferibile alla metà del quinto decennio del Seicento.

*Giorgia Corso*

*Bibliografia*: Callery 1859, pp. 173-174; D'Azeglio 1862, p. 446; Jacobsen 1897, p. 137; Baudi di Vesme 1899, p. 140; Baudi di Vesme 1909, p. 145; Voss 1922, p. 218; Pacchioni 1932, p. 17; Gabrielli 1959, p. 22; Mahon 1967, p. XXXIX, tav. 21; *Giovanni Francesco Barbieri* 1968, pp. 179-180, n. 79; Gabrielli 1971, p. 147, n. 514; Salerno 1988, p. 309, n. 234; D. Mahon, in *Giovanni Francesco Barbieri* 1991, p. 286; Stone 1991, p. 229, n. 217.

## Giovan Francesco Barbieri known as Guercino

(Cento, 1591 – Bologna, 1666)

### 52. *God the Father*

circa 1645
oil on canvas, 106 × 176 cm
Turin, Galleria Sabauda, inv. 130

The painting came to the Galleria Sabauda in 1842 following its purchase from Angelo Boucheron, who had in turn probably acquired it from the Trotti collection in Milan. While the authenticity of the work is generally accepted by critics, opinion as to its original destination remains divided. Noemi Gabrielli (1971, p. 147) initially associated the painting with the unusual story of the coping depicting God the Father that was intended to dominate the altarpiece with the *Circumcision of Christ* painted by Guercino in 1646 for the main altar in the church of Gesù e Maria in Bologna (now in the Musée des Beaux-Arts in Lyon): Malvasia tells of how the panel initially produced by the artist had been too large and was therefore immediately replaced by a replica painted in the space of a single night (Malvasia 1678, II, p. 374). Gabrielli affirmed that the rejected panel, whose subsequent preservation history is unknown, is actually the picture in the Galleria Sabauda, but this hypothesis is challenged by significant differences in iconography, composition and colour compared with the second version, currently preserved at the Pinacoteca Nazionale in Bologna. Among the different versions of the same subject painted by Guercino, one that appears particularly close to the Turin painting is the picture at the centre of the ceiling of the chapel of the Barbieri family in the church of SS. Rosario in Cento, dating back to 1643–1645 (D. Mahon, in *Giovanni Francesco Barbieri* 1991, pp. 266-269, no. 98) and therefore contemporary with the God the Father in the Galleria Sabauda, and stylistically attributable to the middle of the 1640s.

*Giorgia Corso*

*Bibliography*: Callery 1859, pp. 173–174; D'Azeglio 1862, p. 446; Jacobsen 1897, p. 137; Baudi di Vesme 1899, p. 140; Baudi di Vesme 1909, p. 145; Voss 1922, p. 218; Pacchioni 1932, p. 17; Gabrielli 1959, p. 22; Mahon 1967, p. XXXIX, pl. 21; *Giovanni Francesco Barbieri* 1968, pp. 179-180, no. 79; Gabrielli 1971, p. 147, no. 514; Salerno 1988, p. 309, no. 234; D. Mahon, in *Giovanni Francesco Barbieri* 1991, p. 286; Stone 1991, p. 229, no. 217.

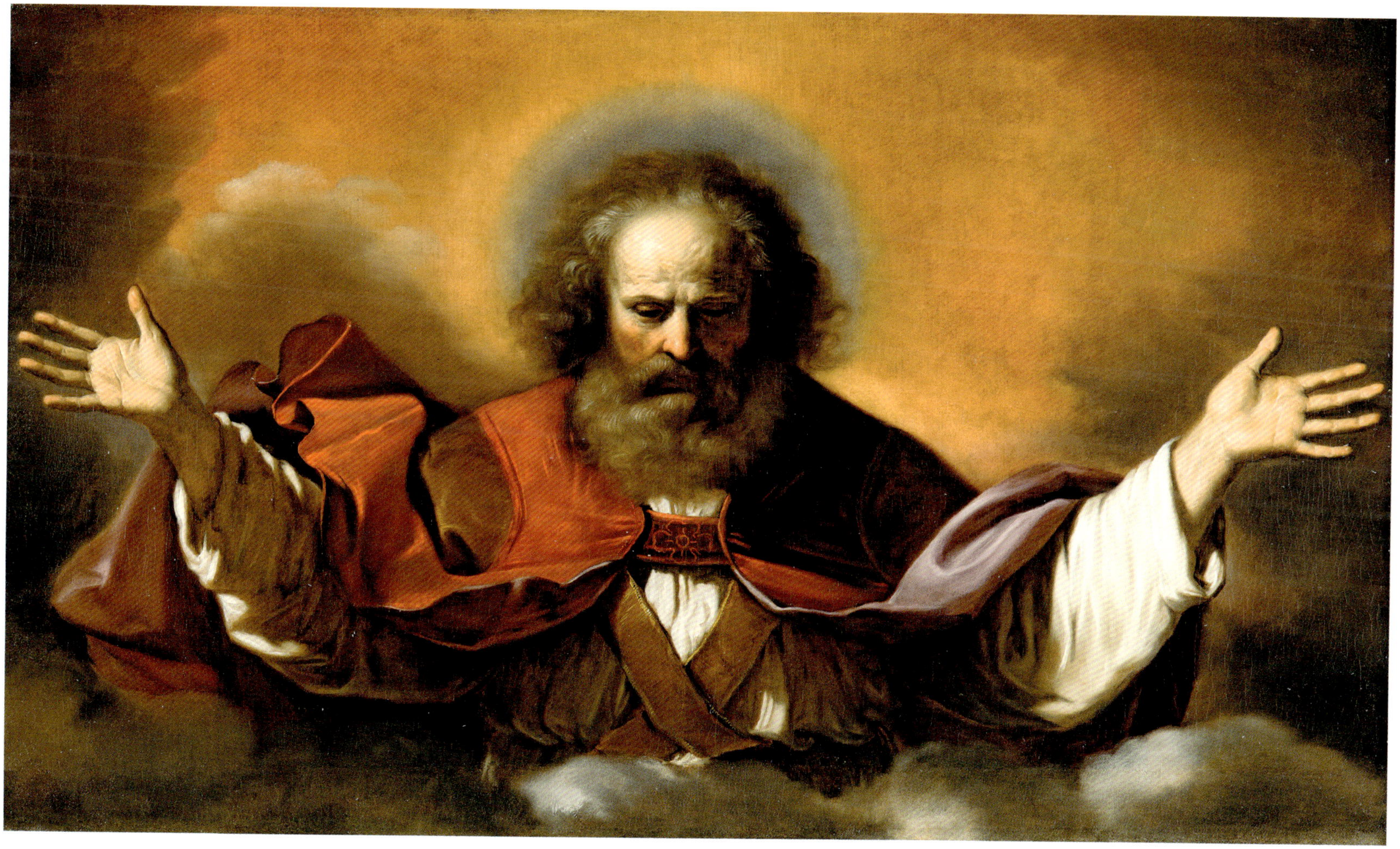

## Giovanni Francesco Barbieri detto il Guercino

(Cento, 1591 - Bologna, 1666)

### 53. *Cristo risorto appare alla Madre*

1628-1630
olio su tela, 260 × 179,5 cm
Cento, Pinacoteca Civica "Il Guercino", inv. 60

Considerato che nel *Libro dei Conti* di Guercino, iniziato il 4 gennaio 1629, l'opera venne saldata al pittore il 24 aprile 1630 e che, come riporta la nota, l'artista aveva già ricevuto una caparra che però non è registrata, si deve dedurre che la committenza della confraternita del Santissimo Nome di Dio di Cento per l'altare del suo oratorio dedicato al Santissimo Nome di Dio risalga al 1628. Sempre il *Libro dei Conti* c'informa inoltre che il Guercino il 5 settembre 1653 incassò un pagamento dalla stessa compagnia per un "ritocho" al quadro che era danneggiato dall'umidità, oltre a un rimborso spese per il prezioso oltremarino che il pittore adoperò nel ritocco al mantello della Madonna.

È un capolavoro del "periodo di transizione" (1623-1632), ricordato da tutti gli storici locali e commentato con entusiasmo dai viaggiatori di passaggio a Cento, come Goethe che l'ammirò nel 1786, poco prima che la tela venisse requisita dalle truppe napoleoniche, sottolineandone la "tenerezza indicibile [...] seducente" della Madre che rivede e può toccare il figlio che credeva morto.

Come sottolineò Denis Mahon si riscontrano qui analogie con lo stile maturo di Guido Reni, quindi un'adesione di Guercino alle teorie del Classicismo, nell'idealizzazione della figura del Cristo che ricorda la statuaria greca, nella semplificazione delle linee compositive (le due figure sono come inserite in un triangolo mentale) e nell'allineamento dei due protagonisti della scena in primo piano come fossero attori in una recita teatrale.

La caratteristica dell'artista in questi anni è che, nonostante l'evidente virata verso il Classicismo già percepibile anche in quest'opera, riesce tuttavia a mantenere nella resa dei particolari, nel colore e anche nella forma fisica delle figure un'attenzione al reale e una partitura di luci a effetto che ricordano ancora la sua forza giovanile, pur senza conservarne le tonalità scure e le atmosfere meteorologiche che lo avevano così ben caratterizzato nei suoi primi anni.

Uno stile che dovette piacere molto anche a Diego Velázquez, tanto che, durante il suo primo viaggio in Italia nell'autunno 1629, l'artista spagnolo volle fermarsi a Cento per conoscere personalmente Guercino che in quel momento era intento all'esecuzione di questo quadro e ne conserverà un ricordo ben visibile in alcuni quadri eseguiti successivamente a Roma.

Oltre ai quattro disegni preparatori già segnalati da Mahon, si deve aggiungere anche il disegno preparatorio della Madre al Museo Nazionale di Danzica recentemente reso noto.

*Fausto Gozzi*

*Bibliografia*: F. Gozzi, in *La Pinacoteca Civica di Cento* 1987, pp. 54-55, n. 60; D. Mahon, in *Guido Reni e l'Europa* 1988, pp. 501-503; *Giovanni Francesco Barbieri* 1991, pp. 202-203, n. 72; Ghelfi 1997, pp. 57-58, n. 17, p. 162, n. 471; *Fabulas de Velázquez* 2007, p. 318, n. 20; *Guercino. The Triumph of the Baroque* 2013, p. 142, n. II.6; *Guercino* 2015, p. 162, n. 27.

## Giovanni Francesco Barbieri known as Guercino

(Cento, 1591 – Bologna, 1666)

### 53. *Apparition of the Risen Christ to Mary*

1628–1630
oil on canvas, 260 × 179.5 cm
Cento, Pinacoteca Civica "Il Guercino", inv. 60

In view of the fact that in Guercino's *Libro dei Conti* (started on January 4, 1629) it is stated that the painter was paid for the work on April 24, 1630 and that, as shown by the note, Guercino had already received a down payment which is not, however, registered, it must be inferred that the commission from the Confraternita del Santissimo Nome di Dio of Cento of the picture for the altar of their Oratory dedicated to the Holy Name of God dates from 1628. The *Libro dei Conti* also tells us that on September 5, 1653 Guercino received a payment from the same patrons for a "*ritocho*" (retouching) of the picture, which was damaged by moisture, as well as reimbursement of costs for the precious ultramarine that Guercino used to remodel the mantle of the Madonna.

This is a masterpiece from the "transitional period" (1623–1632) mentioned by all local historians and even with enthusiasm by travelers passing through Cento: Goethe, for instance, admired it in 1786, shortly before the canvas was requisitioned by Napoleon's troops, stressing the "unmatched seductive... tenderness" of Mary who sees and can touch the Son she believed dead.

As was pointed out by Mahon, we can see similarities with the mature style of Guido Reni, and thus an interest on Guercino's part in the theories of classicism: this is evidenced in the idealisation of the figure of Christ, here reminiscent of Greek statuary, in the simplification of the composition's lines (the two figures appear as though inserted within a mental triangle) and in the alignment of the scene's two protagonists in the foreground as though they were actors on stage.

The characteristic of Guercino in these years is that, despite the evident shift towards the classicism already perceptible in this work, the artist manages to maintain a focus on reality in the depiction of details, in the colour and in the physical form of the figures, together with a use of light that recalls his youthful inventiveness, while doing away with the dark tones and meteorological atmospheres that had also characterised his early years.

This must have been a style that appealed greatly also to Diego Velázquez who, during his first trip to Italy in the autumn of 1629, wished to stop in Cento to know Guercino personally who at the time was working on this picture; the Spanish painter retained a memory of it that would subsequently take form in some of the pictures he himself painted in Rome.

In addition to the four preparatory drawings already noted by Mahon, we must also add the recently attributed preparatory drawing for the Virgin now in the National Museum in Gdansk.

*Fausto Gozzi*

*Bibliography*: F. Gozzi, in *La Pinacoteca Civica di Cento* 1987, pp. 54-55, no. 60; D. Mahon, in *Guido Reni e l'Europa* 1988, pp. 501-503; *Giovanni Francesco Barbieri* 1991, pp. 202-203, no. 72; Ghelfi 1997, pp. 57-58, no. 17, p. 162, no. 471; *Fabulas de Velázquez* 2007, p. 318, no. 20; *Guercino. The Triumph of the Baroque* 2013, p. 142, no. II.6; *Guercino* 2015, p. 162, no. 27.

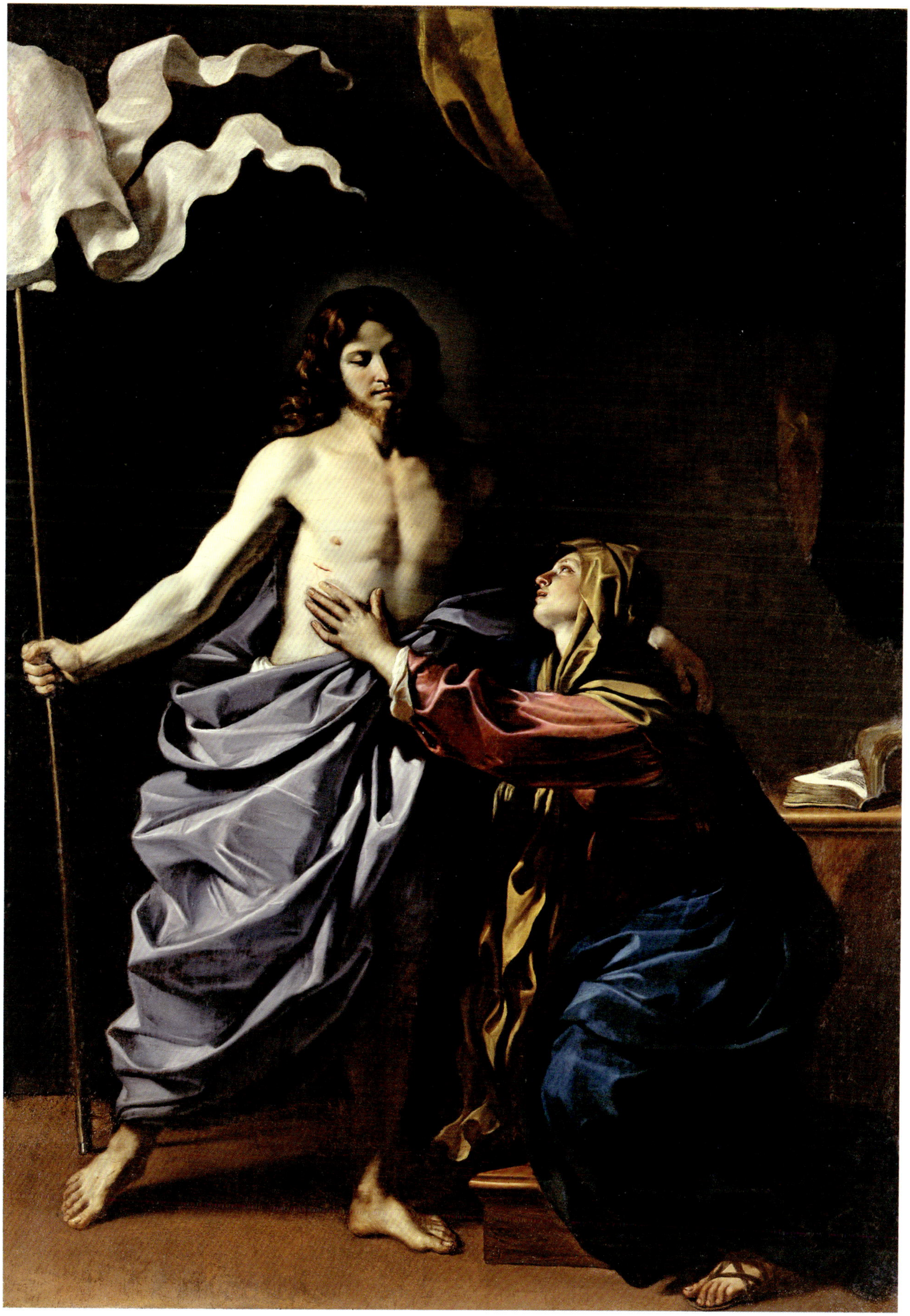

## Giovanni Francesco Barbieri detto il Guercino
(Cento, 1591 - Bologna, 1666)

### 54. *Lucrezia**

olio su tela, 110,6 × 89,8 cm
Londra, collezione privata - Loan managed by The Sir Denis Mahon Charitable Trust

**opera non in mostra*

Il dipinto, il cui soggetto appare numerose volte registrato nel *Libro dei Conti* di Guercino (Ghelfi 1997, p. 93), come dimostrato da Nicholas Turner (in *Guercino e Lucrezia* 2009, p. n.n.), può essere ricondotto in base alla lettura stilistica a due commissioni segnalate entrambe nel 1638: una pagata per conto del cardinale Rocci da Cangeliero Lombardi e la seconda dal "Signor Benaduccio".
L'opera raffigura una donna a mezza figura colta un attimo prima di infliggersi il colpo fatale con lo stiletto. Lucrezia, di tre quarti, emerge dal fondo bruno della tela quasi come un astro che svela il suo luminoso candore; ella, in un moto di orgoglio, apre le vesti, slaccia il bustino facendo intravedere la camicia candida e la generosa scollatura; stringendo nervosamente il pugnale sta per uccidersi ma, un istante prima, volge lo sguardo al cielo. Come un condannato che invoca clemenza da Dio prima di perire, così Lucrezia, violata da Sesto, figlio di Tarquinio il Superbo, preferendo la morte piuttosto di subire l'onta, sembra ritornare ai ricordi di tutta un'esistenza. Se evidenti sono i riferimenti al "tipo" tizianesco, con il soggetto reso a sbalzo grazie al fondo scuro che permette di sottolineare il chiarore della pelle lunare e la chioma rossiccia raccolta da nastri preziosi; si registra inoltre in questi anni nella produzione di Guercino l'influenza di Guido Reni che traspare negli "affetti" contenuti e in una certa monumentalità della figura. Lucrezia è ritratta in abiti seicenteschi, inserendosi in un filone condiviso con alcuni artisti di area emiliana come Cristoforo Serra e Cristoforo Savolini che prendono le distanze da una carnalità esplicita e creano una vera e propria separazione tra l'iconografia "all'antica" di Reni e quella "moderna" di Guercino (*Guercino and Händel* 2013). Nicholas Turner ipotizza per il dipinto una serie di disegni preparatori (in *Guercino e Lucrezia* 2009) che differiscono leggermente rispetto alla redazione finale; questo continuo studio, unito ai diversi pentimenti riscontrati durante il restauro della tela, sono tipici del *modus operandi* di Guercino e testimoniano la volontà di autocorrezione del maestro di Cento e la sua continua ricerca di perfezione formale.

*Francesco Gonzales*

*Bibliografia: Guercino e Lucrezia* 2009; *Guercino and Händel* 2013.

## Giovanni Francesco Barbieri known as Guercino
(Cento, 1591 – Bologna, 1666)

### 54. *Lucretia**

oil on canvas, 110,6 × 89,8 cm
London, private collection - Loan managed by The Sir Denis Mahon Charitable Trust

**work not on exhibition*

The painting, whose subject appears numerous times in Guercino's *Libro dei Conti* (Ghelfi 1997, p. 93), as demonstrated by Nicholas Turner (in *Guercino e Lucrezia* 2009, p. n.n.), can on a stylistic reading be linked to two commissions, both reported in 1638: one paid on behalf of Cardinal Rocci by Cangeliero Lombardi and the second from "Signor Benaduccio".
The painting depicts a woman shown in half-figure caught just before inflicting a fatal blow with a stiletto. Lucretia, shown in three-quarter profile, emerges from the brown background of the canvas almost like a star reveals its dazzling whiteness; in a surge of pride, she opens her clothes, unlacing a corset revealing a glimpse of the white blouse and generous neckline; nervously clutching the knife, she prepares to stab herself, but in the instant before,she looks up at the sky. Like a condemned prisoner invoking mercy from God before perishing, so Lucretia, raped by Sextus, the son of Tarquinius Superbus, prefers death to shame, and here seems to be going over all the memories of a lifetime.
While there are clear references to the Titianesque "type", with the subject shown proud of the dark background, which makes it possible to highlight the glow of the pale skin and the reddish hair tied precious ribbons, Guercino's production in these years also reflected the influence of Guido Reni, which appears here in the contained "suffering" and in a certain monumentality of the figure. Lucretia is portrayed in 17th-century clothes, conforming to a trend shared with some artists from Emilia like Cristoforo Serra and Cristoforo Savolini, who distanced themselves from an explicit carnality and created a sharp break between the "Antique" iconography of Reni and the "modern" one of Guercino (*Guercino and Händel* 2013). Nicholas Turner suggests a series of preparatory drawings for this picture (in *Guercino e Lucrezia* 2009), which differ slightly from the final version; this continuous study, combined with the different *pentimenti* found during the restoration of the canvas, are typical of the Guercino's *modus operandi* and reveal a desire to correct his work and constant striving for formal perfection.

*Francesco Gonzales*

*Bibliography: Guercino e Lucrezia* 2009; *Guercino and Händel* 2013.

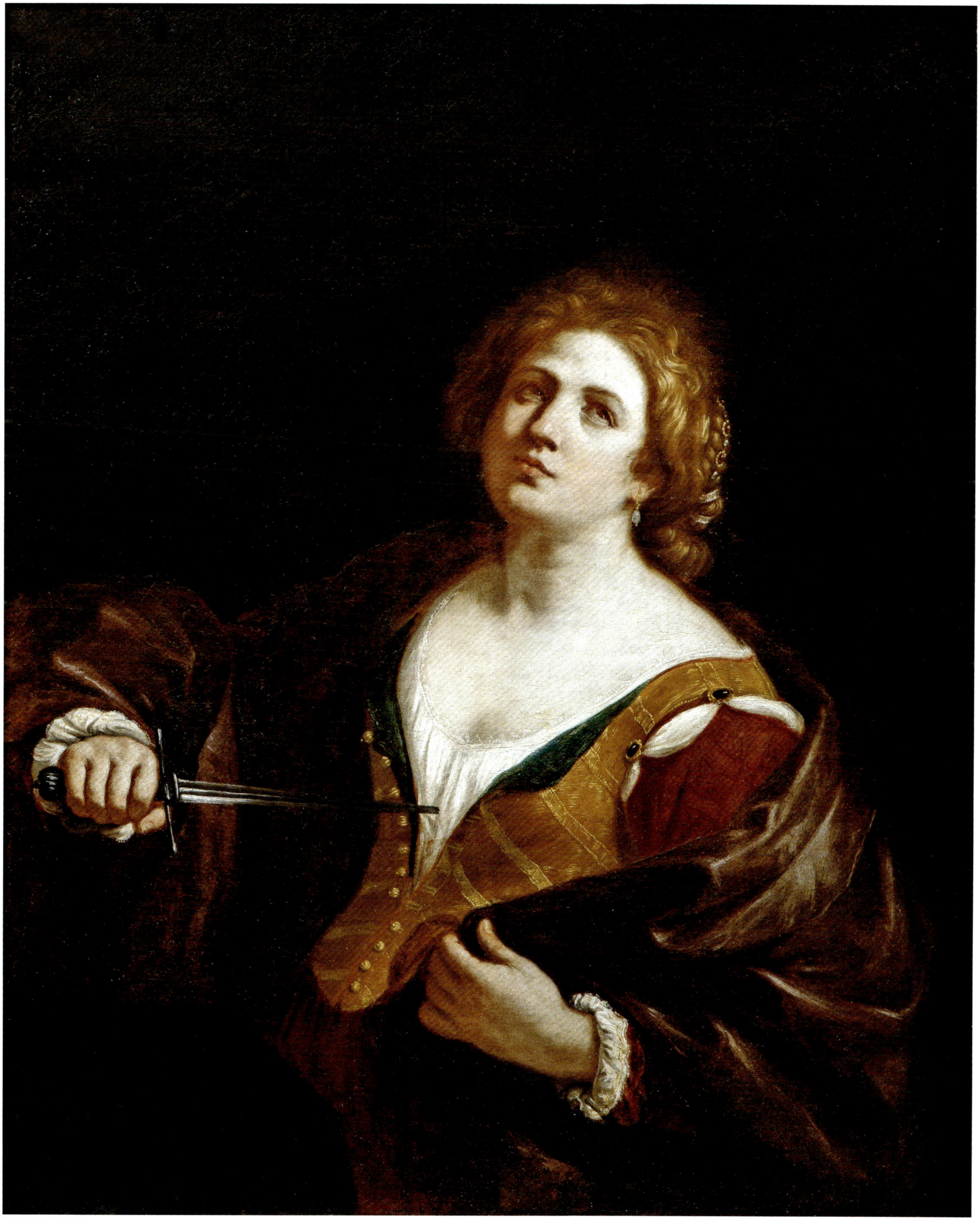

## Cesare Gennari (?)

(Cento, 1637 - Bologna, 1688)

### 55. *Maddalena penitente*

olio su tela, 240 × 169 cm
Perugia, collezione privata

In una cupa spelonca la Maddalena, inginocchiata su uno sperone di roccia, il torso nudo appena coperto dalla fluente chioma castana, rivolge le sue implorazioni verso un crocifisso poggiato sulla nuda terra. A fianco, un libro con le Sacre Scritture è poggiato su un cilicio di metallo: vi si legge l'incipit del salmo 50, *Miserere mei deus*, secondo la versione della Vulgata. La santa, alzando le braccia al cielo, muove il prezioso drappeggio carminio lasciando intravedere l'interno del manto realizzato in iuta grezza intrecciata.

Il dipinto è apparso sul mercato antiquario solo nel 1978. Visionato da Carlo Volpe e da lui assegnato a Guercino in una comunicazione scritta datata 1979 fu, in seguito, pubblicato da Prisco Bagni nel 1986 con l'attribuzione a Cesare Gennari, lettura confermata da una comunicazione di Luigi Salerno nel 1989, e da Nicosetta Roio nel 2004 (N. Roio, in *La scuola del Guercino* 2004, p. 209). In effetti, la resa del panneggio, crepitante e mosso, una certa rotondità dei volumi e l'intonazione bruna della preparazione della tela, il volto di tre quarti che si rifugia nell'ombra come nell'*Allegoria della Carità* della Galleria d'Arte Antica di Roma databile agli anni sessanta suggeriscono rimandi all'opera di Cesare Gennari.

La grande pala riprende essenzialmente la composizione del *San Francesco penitente* di Guercino dipinto per i padri cappuccini di Cesena, ora di proprietà della Pinacoteca Comunale della stessa città. Il gesto della Maddalena, le cui braccia sono protese verso il cielo in un atteggiamento di preghiera estenuata, rappresenta l'estrema punta di *pathos* post-tridentino in cui la bellezza della santa – che traspare e si affaccia tra le chiome scarmigliate e nel volto segnato dal pianto – viene trasfigurata dall'intensità della preghiera e dalla supplica verso il Crocifisso. Il fine penitenziale del dipinto è sottolineato dai dettagli del cilicio – reso con pennellate precise e realistiche –, dal particolare della veste foderata in iuta e dal misero pasto fatto di solo pane, in primo piano. L'utilizzo della veste rosso porpora non sembra affatto casuale se riletto attraverso i numerosi esempi di tale consuetudine presenti nella letteratura seicentesca e in particolare in alcuni sermoni quaresimali: "[...] che Maddalena cambiò la porpora col cilicio [...]".

*Francesco Gonzales*

*Bibliografia*: Volpe, comunicazione personale, 22 marzo 1979; Salerno, comunicazione personale, 30 agosto1989; N. Roio, in *La scuola del Guercino* 2004, p. 209.

## Cesare Gennari (?)

(Cento, 1637 – Bologna, 1688)

### 55. *The Penitent Magdalene*

oil on canvas, 240 × 169 cm
Perugia, private collection

In a gloomy cavern, kneeling on a rock, her naked torso barely covered by her flowing brown hair, Mary Magdalene turns her entreaties to a crucifix placed on the bare ground. Alongside, a book with the Holy Scriptures is placed on a metal hair-shirt: one can read the opening words of Psalm 50, *Miserere mei Deus*, in the Vulgate version. The saint, raising her arms to the sky, moves the precious carmine draps, revealing the inside of the coat made of woven raw jute.

The painting appeared on the art market in 1978. Seen by Carlo Volpe and attributed by him to Guercino in a written communication dated 1979, it was subsequently published by Prisco Bagni in 1986 with an attribution to Cesare Gennari, a reading confirmed in a letter by Luigi Salerno in 1989, and in 2004 by Nicosetta Roio (N. Roio, in *La scuola del Guercino* 2004, p. 209). And indeed, the crackling and shifting depiction of the drapery, a certain roundness of the volumes and the brown preparation of the canvas, as well as the three-quarter face half-hidden in the shadows like in the *Allegory of Charity* in the Galleria d'Arte Antica in Rome and datable to the 1660s, do suggest references to the work of Cesare Gennari.

The large altarpiece essentially repeats the composition of *The penitent St. Francis* by Guercino painted for the Capuchin Fathers of Cesena, and now owned by the Pinacoteca Comunale di Cesena. The gesture of the Magdalene, whose arms are outstretched to the sky in an attitude of supplicant prayer, represents the extreme point of post-Tridentine pathos in which the beauty of the Magdalene – which shines and emerges from the dishevelled hair and face marked by crying – is transformed by the intensity of prayer and supplication towards Christ. The penitential purpose of the painting is underlined by the details of the hair-shirt – depicted with precise and realistic brushstrokes – by the detail of the robe lined with jute and by the miserable meal of just bread shown in the foreground. The use of the purple-red robe does not seem at all random if seen through the many examples of this practice in the 17th-century literature and in particular in some Lenten sermons: "Whereby the Magdalene exchanged her purple for the hair-shirt".

*Francesco Gonzales*

*Bibliography*: Volpe, Private Communication, 22 March 1979, Salerno, Private Communication, 30 August 1989, N. Roio, in *La scuola del Guercino* 2004, p. 209.

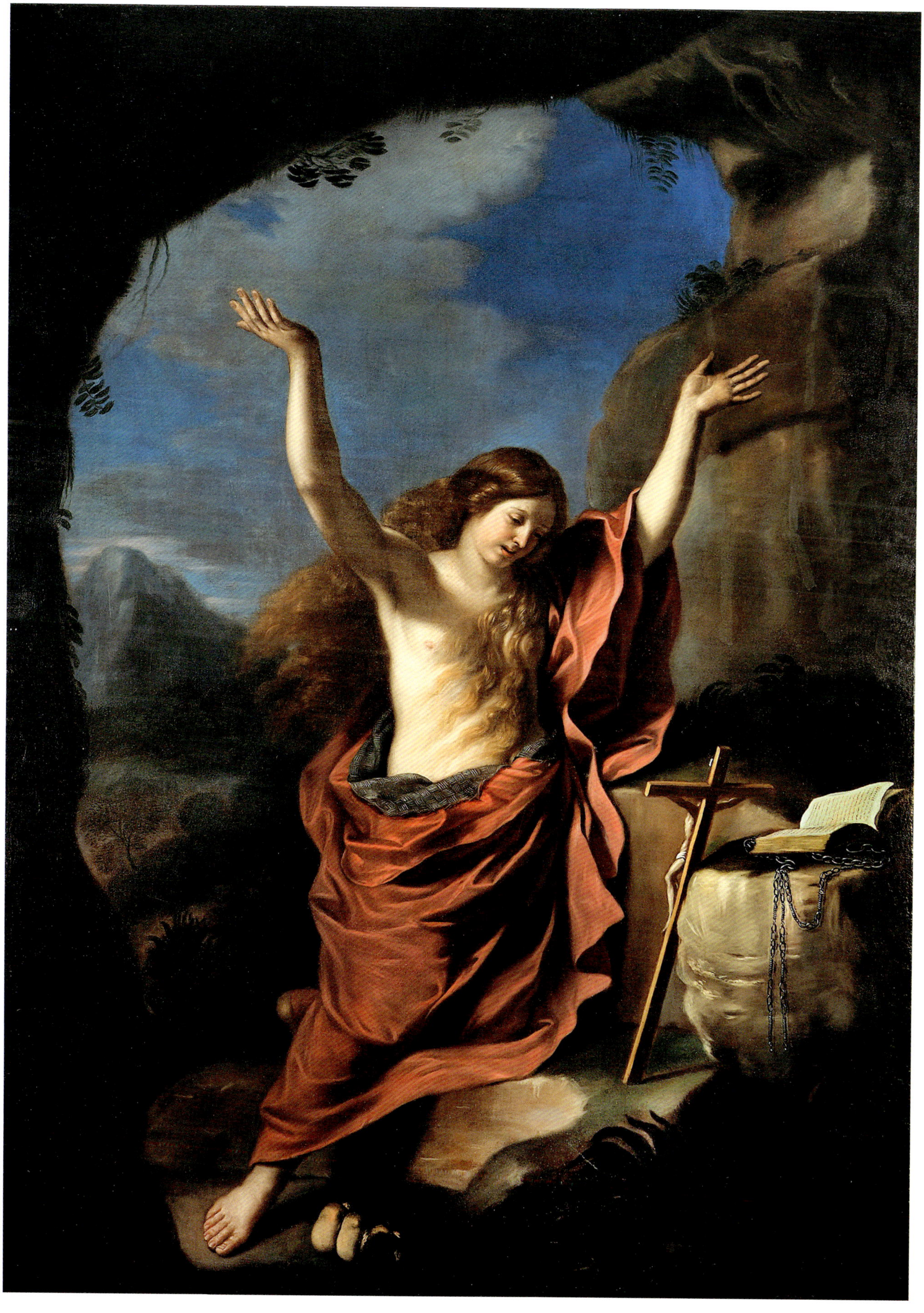

## Pietro Berrettini detto Pietro da Cortona
(Cortona, 1597 - Roma, 1669)

### 56. *La raccolta della manna*

olio su tela, 148 × 205 cm
Torino, palazzo Dal Pozzo della Cisterna

Il dipinto fu eseguito a Roma per Amedeo Dal Pozzo, marchese di Voghera, maggiordomo dei duchi di Savoia e grande collezionista, unitamente al suo *pendant* raffigurante *La costruzione del tabernacolo* di Giovanni Francesco Romanelli, come attestano una serie di pagamenti datati tra il 1632 e il 1634, anni in cui Pietro da Cortona, in costante ascesa, è impegnato nella cruciale impresa degli affreschi sulla volta del salone di palazzo Barberini. Credute disperse, le due tele sono state recentemente individuate nella residenza torinese dei Dal Pozzo, dove le aveva viste nel 1665, durante un breve soggiorno nella città subalpina, il pittore e storiografo Luigi Scaramuccia (Cifani, Monetti 1995, pp. 612-616; A. Cifani, F. Monetti, in *Pietro da Cortona* 1997, pp. 346-347, n. 41). Entrambe le opere sono registrate nel 1644 in un inventario *post mortem* dei beni del nobiluomo piemontese e in successivi inventari delle raccolte della famiglia Dal Pozzo accanto a due quadri di Nicolas Poussin, l'*Adorazione del vitello d'oro* (Londra, The National Gallery) e il *Passaggio del mar Rosso* (Melbourne, National Gallery of Victoria), commissionati al maestro francese negli stessi anni e appartenenti al medesimo ciclo dedicato alle storie di Mosè (Cifani, Monetti 2000, pp. 561-564). Intermediario nell'acquisto dei quattro dipinti fu il cugino Cassiano Dal Pozzo, intellettuale di primo piano al servizio della corte pontificia di Urbano VIII e coltissimo mecenate, di cui sono noti i rapporti con gli artisti incaricati e al quale Amedeo si rivolse per il tramite del banchiere fiorentino Agnolo Galli (*ibidem*).
La piena autografia della tela in esame è stata finora sostenuta dalla critica per le evidenti analogie stilistiche e iconografiche con la produzione coeva del pittore toscano, in particolare con *Il ritorno di Agar* del Kunsthistorisches Museum di Vienna per la posa ampia e maestosa di Mosè e con l'*Incontro di Venere ed Enea* e l'*Alleanza di Giacobbe e Labano* del Louvre per la resa dello sfondo a tocchi rapidi e sfumati (A. Lo Bianco, in *I segreti di un Collezionista* 2001, p. 173, n. 84). Dubbi circa l'attribuzione sono stati tuttavia avanzati da Maurizio Fagiolo Dell'Arco (2001, p. 39), che ritiene la tela di invenzione ma non di diretta esecuzione cortonesca, proponendo ipoteticamente il nome del suo primo allievo, Pietro Paolo Ubaldini.

*Sofia Villano*

*Bibliografia*: Scaramuccia 1674 (?), pp. 157-158; Cifani, Monetti 1995, pp. 612-616; A. Cifani, F. Monetti, in *Pietro da Cortona* 1997, pp. 346-347, n. 41; Cifani, Monetti 2000, pp. 561-564; Fagiolo Dell'Arco 2001, pp. 38-39; A. Lo Bianco, in *I segreti di un Collezionista* 2001, pp. 171-174, n. 84; L. Facchin, in Cassetti, Signorelli 2004, pp. 145-146; S. de Bosio, in *La Reggia di Venaria* 2007, p. 167, n. 9.4; S. Villano, in *De Van Dyck à Bellotto* 2009, pp. 168-169, n. 6.10.

## Pietro Berrettini known as Pietro da Cortona
(Cortona, 1597 – Rome, 1669)

### 56. *Gathering Manna*

oil on canvas, 148 × 205 cm
Turin, palazzo Dal Pozzo della Cisterna

This work was painted in Rome for Amedeo Dal Pozzo, Marquis of Voghera, majordomo of the Dukes of Savoy and a great collector in his own right. It was commissioned together with its companion work depicting *The Building of the Tabernacle*, by Giovanni Francesco Romanelli, as is attested by a series of payments dating from between 1632 and 1634, a period when Pietro da Cortona's growing reputation led to the crucial commission to paint the fresco on the ceiling of the hall in Palazzo Barberini. The two paintings were believed lost, but were recently rediscovered in the Turin palace of the Dal Pozzo family, where the painter and historiographer Luigi Scaramuccia had seen them in 1665 during a brief stay in the city (Cifani, Monetti 1995, pp. 612-616; A. Cifani, F. Monetti, in *Pietro da Cortona* 1997, pp. 346-347, no. 41). Both works are registered in a 1644 *post mortem* inventory of the belongings of the Piedmontese noble and in subsequent inventories of the collections of the Dal Pozzo family, along with two paintings by Nicolas Poussin, *The Adoration of the Golden Calf* (London, National Gallery) and *Crossing the Red Sea* (Melbourne, National Gallery of Victoria), which were commissioned from the French painter in the same period and were part of the same series of works illustrating the life of Moses (Cifani, Monetti 2000, pp. 561-564). The intermediary in the sale of the four paintings was Amedeo's cousin Cassiano Dal Pozzo, a leading intellectual in the service of the Papal Court of Urban VIII and a highly cultivated patron of the arts. He is known to have been acquainted with the artists in question and it was to him that Amedeo turned on the advice of the Florentine banker Agnolo Galli (*Ibid.*).
Scholars have accorded full attribution of the painting under examination owing to the clear stylistic and iconographic similarities to contemporary work of the Tuscan artist, such as his *The Return of Agar*, in the Kunsthistorisches Museum in Vienna, especially with regard to Moses' confident, majestic pose, and his *Encounter between Venus and Aeneas* and *The Alliance between Jacob and Laban*, in the Louvre, where the background is again rendered using short, sfumato brushstrokes (A. Lo Bianco, in *I segreti di un Collezionista* 2001, p. 173, no. 84). However, doubts concerning this attribution have been put forward by Maurizio Fagiolo dell'Arco (2001, p. 39), who believes the painting was conceived but not directly executed by Pietro da Cortona, tentatively suggesting his first pupil, Pietro Paolo Ubaldini, as an alternative.

*Sofia Villano*

*Bibliography*: Scaramuccia 1674 (?), pp. 157-158; Cifani, Monetti 1995, pp. 612-616; A. Cifani, F. Monetti, in *Pietro da Cortona* 1997, pp. 346-347, no. 41; Cifani, Monetti 2000, pp. 561-564; Fagiolo Dell'Arco 2001, pp. 38-39; A. Lo Bianco, in *I segreti di un Collezionista* 2001, pp. 171-174, no. 84; L. Facchin, in Cassetti, Signorelli 2004, pp. 145-146; S. de Bosio, in *La Reggia di Venaria* 2007, p. 167, no. 9.4; S. Villano, in *De Van Dyck à Bellotto* 2009, pp. 168-169, no. 6.10.

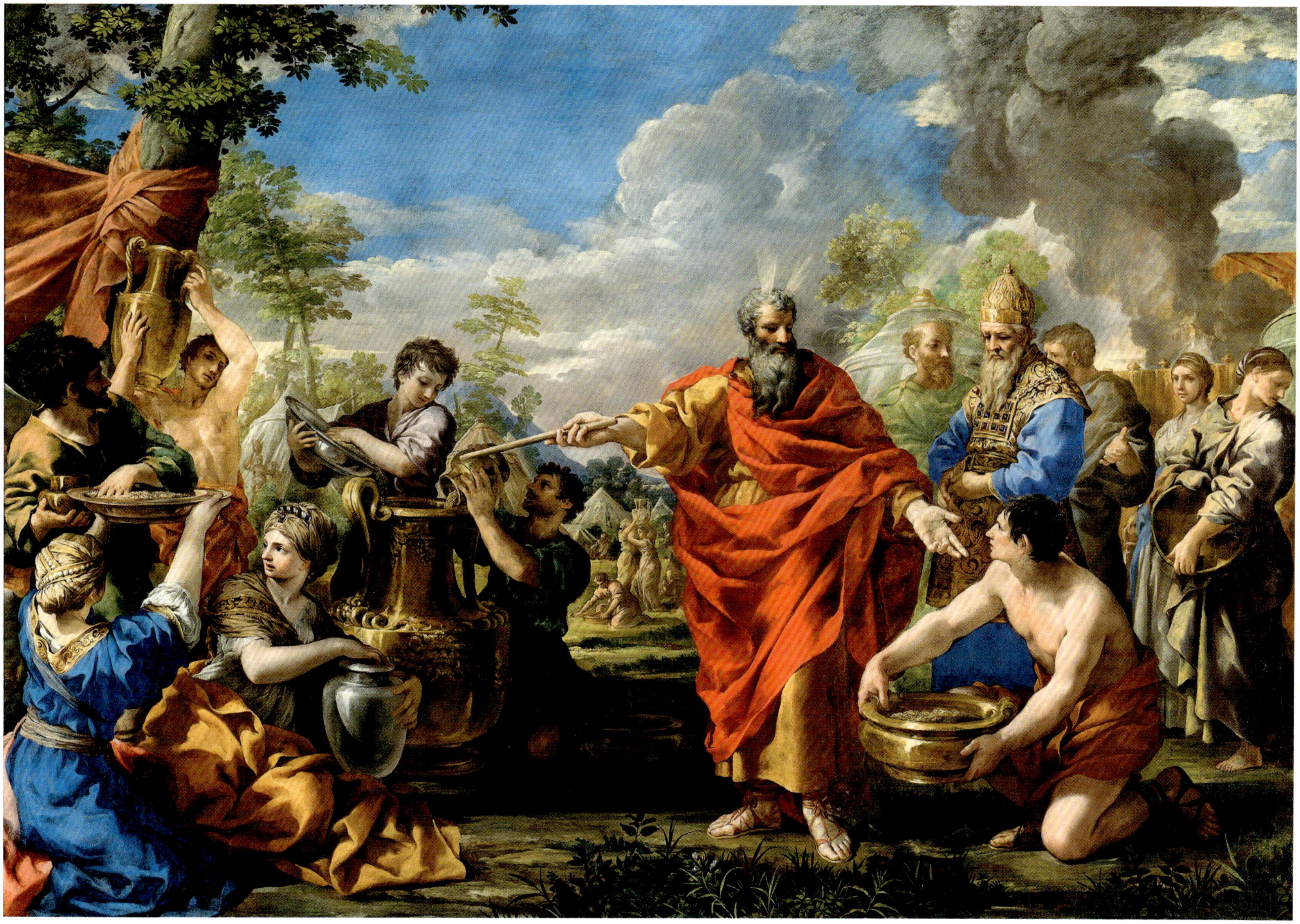

# Tessuti e paramenti
# *Fabrics and Vestments*

## Manifattura italiana (Milano o Firenze)

### 57. *Pianeta, dalmatica, piviale*

metà XVII secolo
lampasso (raso lanciato laminato)
seta, argento filato e lamellare dorato
Soriso, chiesa parrocchiale di San Giacomo

*Il parato liturgico è composto da pianeta, dalmatica, piviale, velo da calice, borsa per corporale, stola e baldacchino processionale*

Il parato è confezionato in modo omogeneo con il lampasso rosso e oro, foderato con *taffetas* di color nocciola, rifinito con galloni a fuselli e al telaio con argento filato e lamellare. Il motivo decorativo del tessuto è impostato a maglie ovali a doppia punta, definito da festoni di foglie. Al centro di ogni maglia si pone una cornice con volute a "graffe" e una pigna cuoriforme centrale incorniciata da un serto.
Sull'applicazione ricamata del piviale, bordata da una cornice mistilinea in gros de Tours, è dipinto: BENEFAT.[TORI] DI SORISO HABIT.[ANTI] IN MANTOA, a ricordo della donazione collettiva di un paramento molto prezioso.
Sull'applicazione tessuta e dipinta della pianeta dello stesso parato liturgico è riportato il nome ANTONIO FORNARA come committente del paramento, che si è voluto distinguere dai benefattori mantovani provenienti da Soriso e specializzati nell'arte del cuoio. Gli elenchi dei forestieri a Mantova del 1658 e del 1712 riportano le presenze di emigranti dalla Riviera d'Orta con tali cognomi.
Il motivo del tessuto ha riscosso molta fortuna sia per la composizione decorativa sia per la tecnica (il raso lanciato) meno complessa del broccato, impiegata all'inizio del Seicento, che permette, con una lavorazione abbastanza semplificata, risultati sontuosi e di effetto, tanto da essere proposti per tutto il XVII secolo e per quello successivo.
Tessuti con motivi analoghi sono proposti nei dipinti del Guercino, intorno al 1630 nel *Ritratto di Francesco d'Este* della collezione Revillod del museo d'arte di Ginevra e da Francesco Feti nel *Ritratto di fanciulla* dell'inizio del XVII secolo al Museo di Cracovia. Un motivo simile, realizzato in damasco broccato, è segnalato a Venezia, Collezione Fortuni, e datato alla metà del XVI secolo, a conferma della fortuna del motivo decorativo nei secoli, pur con le varianti tecniche e formali.

*Flavia Fiori*

*Bibliografia*: Dell'Omo, Fiori 2004, p. 182; *Tessuti antichi* 2013, p. 104.

## Italian Manufacture (Milan or Florence)

### 57. *Chasuble, dalmatic, cope*

mid-17th century
lampas (laminated lancé satin)
silk, silver thread and intertwined with gold
Soriso, parish church of San Giacomo

*The liturgical vestments comprise a chasuble, dalmatic, cope, purificator, burse and corporal, stole and processional baldequin*

The vestments all accord to a single manner with the red and gold lampas lined with hazelnut-coloured taffeta, decorated with bobbin lace galloons and on the loom with silver and twisted yarn. The decorative motif of the fabric is based on oval links with a double point defined by festoons of leaves. At the centre of each link, there is a frame with a "graffe" volute and a heart-shaped central cone surrounded by a wreath.
On the embroidered application of the cope, bordered by a multiple frame in *Gros de Tours*, the following is painted: BENEFAT.[TORI] DI SORISO HABIT.[ANTI] IN MANTOA in memory of the collective donation of a very valuable vestment.
On the woven and painted application on the chasuble, we find the name ANTONIO FORNARA as the patron of the vestment, who wanted to distinguish himself from the Mantuan benefactors from Soriso specialising in the art of leather. The lists of foreigners in Mantua in 1658 and 1712 show the presence of emigrants from Riviera Orta bearing these surnames.
The motif of the fabric has enjoyed much success both for the decorative composition and for the technique employed (satin lancé), which is less complex than brocade used at the beginning of the 17th century, and which with a fairly simple process, enabled sumptuous results, which caused it to remain popular throughout the 17th and 18th centuries.
Fabrics with similar motifs appear in the paintings of Guercino around 1630 in the *Portrait of Francesco d'Este* in the Revillod Collection in the art gallery of Geneva, and in those of Francesco Feti in the *Portrait of a Girl* dating from the beginning of the 17th century in the museum of Krakow. A similar motif made from damask brocade is reported in Venice, in the Fortuny Collection, dated to the mid-16th century, confirming the success of this decorative pattern over the centuries, albeit with technical and formal changes.

*Flavia Fiori*

*Bibliography*: Dell'Omo, Fiori 2004, p. 182; *Tessuti antichi* 2013, p. 104.

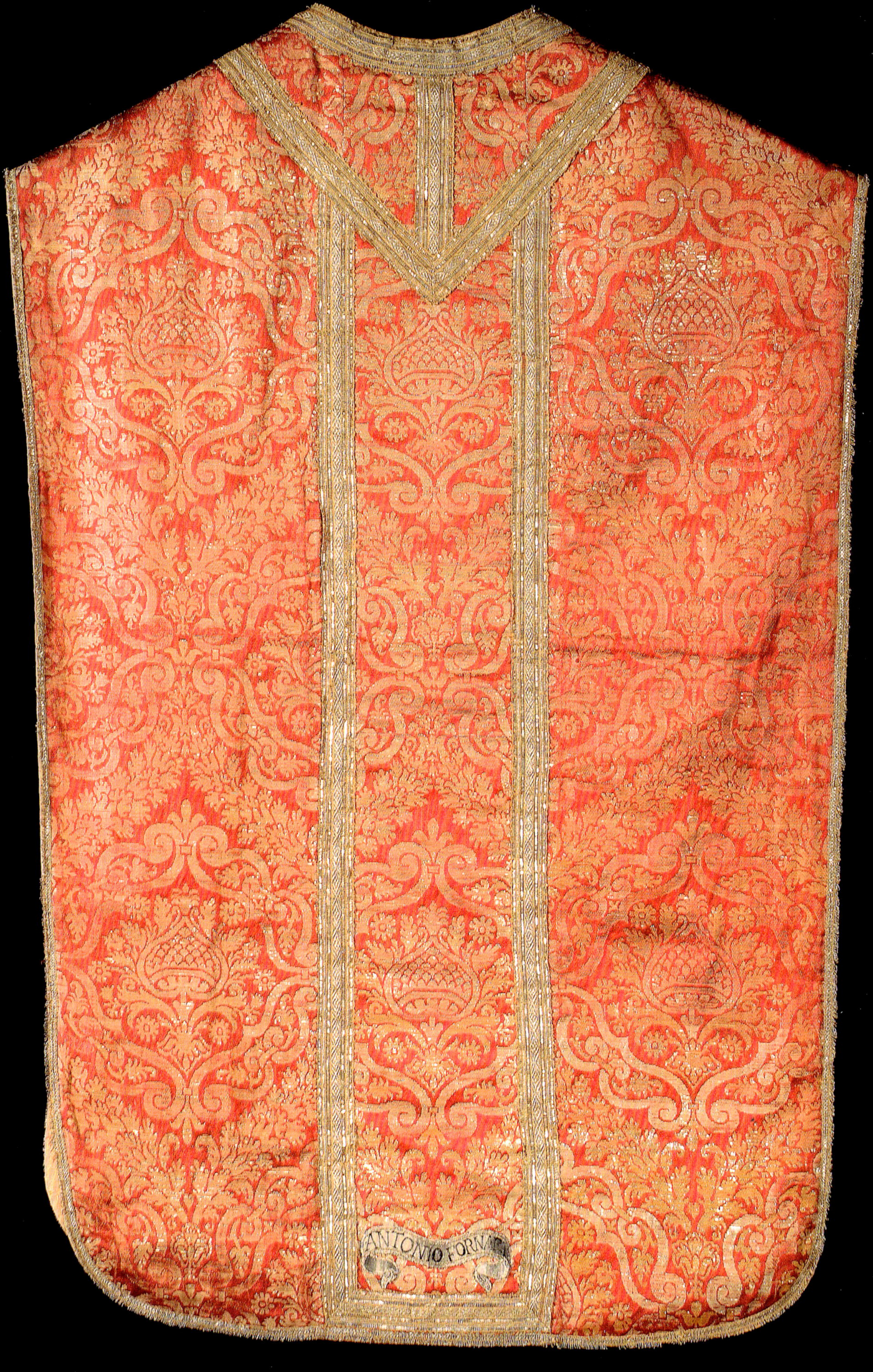
ANTONIO FORNA

## Manifattura lombarda

### 58. *Pianeta di damasco verde con applicazione ricamata e tessuta*

1666-1679
raso da cinque faccia ordito per il fondo
e raso faccia trama per il decoro
Oleggio, Museo d'Arte Religiosa "P. A. Mozzetti"

*Il parato liturgico è composto da pianeta, dalmatica, piviale, velo da calice, borsa per corporale e stola*

Sullo stolone della pianeta è applicata l'arma della famiglia lombarda del cardinale Alfonso Litta, possessore dal 1666 al 1679 del patronato della Badia di Dulzago (Bellinzago), ampia tenuta agricola con chiesa di origine romanica, da cui proviene l'oggetto. Al terzo quarto del Seicento si potrebbe far risalire l'acquisizione del paramento destinato alla cappella Litta dedicata a sant'Antonio, all'interno della chiesa parrocchiale di Dulzago, e confezionato con un damasco dal decoro impostato a maglie ovali definite da due tralci fogliati, tipo acanto, raccordate da pigne. Al centro delle maglie è posto un motivo a vaso baccellato con anse tipo erme; dal vaso si aprono, a raggiera, cinque fiori recisi: un garofano, due tulipani, due fiori a cinque petali, tutti di forte valenza simbolica.
Questo decoro, legato per dimensione alle composizioni tardocinquecentesche, è diffuso nei paramenti, damaschi classici o damaschi bicolore, conservati in molte sacrestie della diocesi di Novara, dell'arcidiocesi di Milano e in molte località piemontesi del Seicento, motivato dall'esistenza del centro di produzione probabilmente nel capoluogo lombardo, dalla efficiente rete commerciale e dalla solidità del tessuto, resistente e di qualità per i filati ottimamente ritorti e, infine, per il decoro legato alla tradizione e contemporaneamente rivolto al nuovo.
Esistono damaschi con lo stesso decoro, di vari colori, nel Museo oleggese, ad Ameno – donati dagli emigranti a Lucca –, a Lu Monferrato, ad Auzate – una pianeta con la data 1667 e un'altra datata 1690 – e nella chiesa parrocchiale di San Giacomo all'Isola di San Giulio.

*Flavia Fiori*

*Bibliografia*: F. Fiori, in *La Badia di Dulzago* 1991; *Tessuti antichi* 2013, pp. 78-81.

## Lombard Manufacture

### 58. *Green damascene chasuble with embroidery and decoration*

1666–1679
the five-end warp satin weave, with the warp side used as the base and the weft for the decoration
Oleggio, Museo d'Arte Religiosa "P. A. Mozzetti"

*The liturgical vestments comprise a chasuble, dalmatic, cope, purificator, burse and corporal, and stole*

The edging of the chasuble bears the coat of arms of the Lombard family of Cardinal Alfonso Litta, who from 1666 to 1679 possessed the patronage of the Badia di Dulzago (Bellinzago), large farm with Romanesque church, whence comes the chasuble. The purchase of the vestment for the Litta chapel dedicated to St. Anthony in the parish church of Dulzago, decorated with a damask set in oval links defined by two leafy acanthus branches linked by cones can be traced back to the third quarter of the 17th century. At the centre of the grid, there is a pattern with fluted vase with herm-shaped handles; five flowers emerge from the vase: a carnation, two tulips, two flowers with five petals, all of strong symbolic value.
This decoration, linked in terms of size to late-16th-century compositions, is common in vestments, classic damasks or two-coloured damasks preserved in many sacristies of the diocese of Novara, the archdiocese of Milan and in many Piedmontese sites of the 17th century, since the centre of production was probably in Milan, and thanks to an efficient sales network. Moreover, it was highly regarded for the strength of the fabric, which was durable, the quality of the well-twisted yarns, and finally for the traditional decoration which simultaneously looked forward.
There are damasks with the same pattern, of various colours in the museum in Oleggio, and also in Ameno – donated by emigrants to Lucca – and in Lu Monferrato; in Auzate, there is a chasuble with the date 1667, and another dated 1690 in the parish church of San Giacomo on the Island of San Giulio.

*Flavia Fiori*

*Bibliography*: F. Fiori, in *La Badia di Dulzago* 1991; *Tessuti antichi* 2013, pp. 78-81.

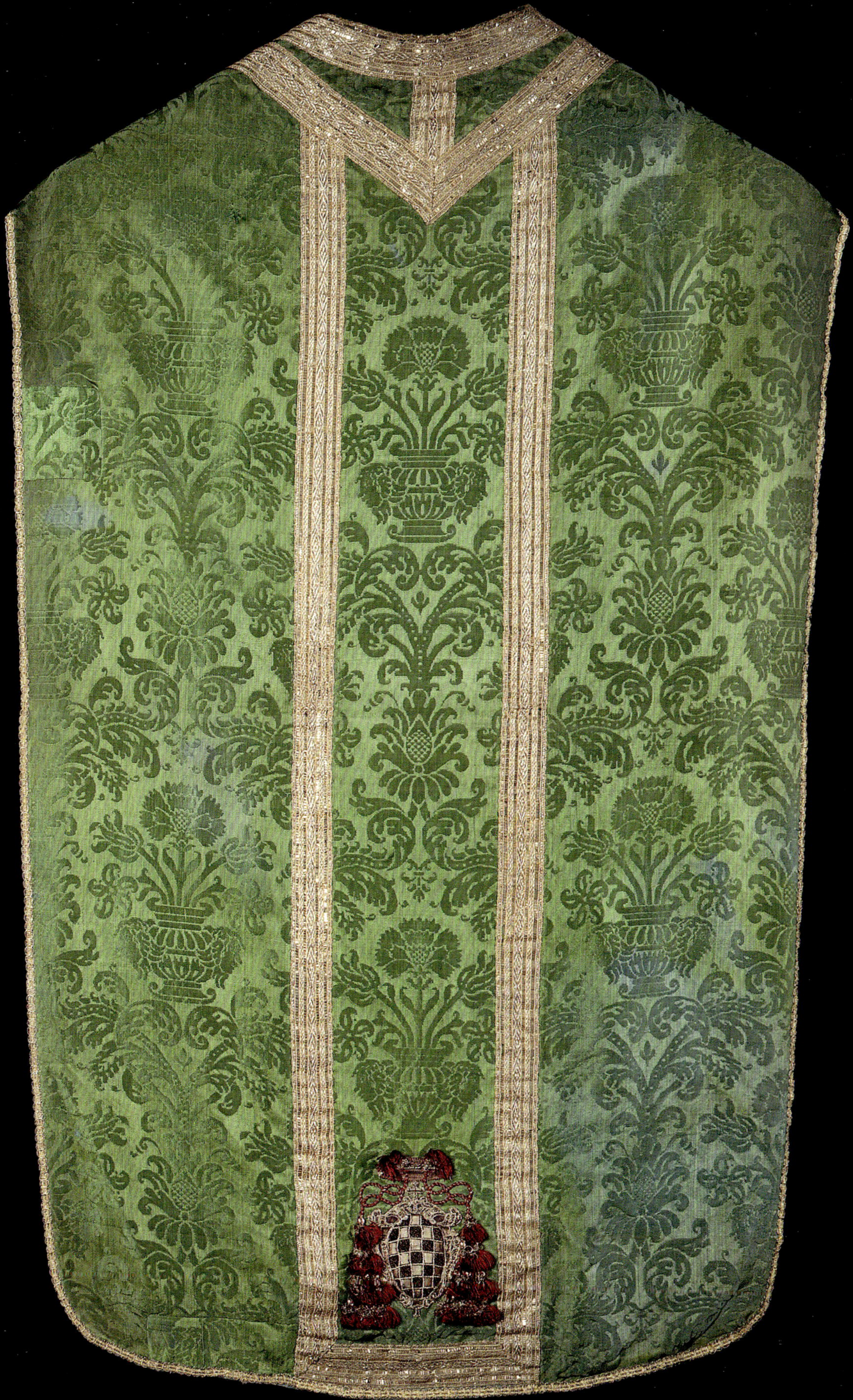

## Manifattura francese

### 59. *Pianeta e dalmatica*

secondo quarto del XVIII secolo
lampasso (*taffetas* laminato) ricamato
seta, argento filato e lamellare dorato
Craveggia, Museo della chiesa parrocchiale di San Giacomo

*Il parato liturgico è composto da pianeta, dalmatica, velo da calice, busta per corporale*

Il tessuto in teletta d'argento (o *taffetas* laminato) con i ricami d'argento imbottito rende questo paramento sontuoso e prezioso per la parrocchia di Craveggia, borgo della valle Vigezzo, arricchita dai doni degli emigranti attivi da secoli in Francia. Alcuni di essi fecero fortuna a Parigi come orefici del re nel Settecento e dei nobili nell'Ottocento. Non è improbabile che sia stata la famiglia Mellerio, fornitrice di gioielli ai nobili e tuttora attiva nella capitale francese, a donare questa eccezionale opera dove argento tessuto e argento ricamato si intrecciano e si fondono nell'estremo lusso.
Il ricamo dei galloni che bordano il paramento, con la complessa cornice centrale della dalmatica e dello stolone della pianeta, riflette il gusto per i motivi sinusoidali con fiori tra le anse presente nei tessuti ma anche nei decori dei palazzi signorili, dagli elaborati stucchi alle porcellane, e in ogni opera del secondo quarto del XVIII secolo. Anche il motivo delle anfore, presente nei tessuti seicenteschi, viene proposto stilizzato, quasi una figura diafana, ma in rilievo, quindi con imbottitura che riflette la luce in modo molto d'effetto.
I paramenti d'oro e d'argento sono impiegati nelle feste solenni della liturgia per sottolineare l'eccezionalità dell'evento.

*Flavia Fiori*

*Bibliografia*: inedito.

## French Manufacture

### 59. *Chasuble and dalmatic*

second quarter of the 18th century
embroidered lampas (laminated taffeta)
silk, woven and intertwined gilt silver
Craveggia, Museum of the parish church of San Giacomo

*The liturgical vestments comprise chasuble, dalmatic, purificator, burse and corporal*

The fabric in silver interlining (or laminated taffeta) with padded silver embroidery, makes this vestment a sumptuous and valuable asset for the parish church of Craveggia, a village in Valle Vigezzo, enriched by the gifts of emigrants who for centuries had worked in France. Some of the emigrants made their fortunes in Paris as goldsmiths to the king in the 18th century and to the nobility in the 19th. It is not unlikely that it was the Mellerio family, suppliers of jewellery to the nobility and still active in the French capital, to donate this exceptional work in which woven silver and embroidered silver intertwine and blend to offer extreme luxury.
The embroidery of the galloons bordering the whole, with the complex central frame of the dalmatic and of the stole on the chasuble, reflects the taste for wavy patterns with flowers between the loops present in fabrics but also in the decoration of palaces, in the elaborate stucco with porcelain and in every work of the second quarter of the 18th century. The motif of the amphorae too, present also in fabrics from the century before the 18th century, is proposed in stylised form, almost as a diaphanous figure but in relief, and thus padded to reflect the light in a highly effective way.
The vestments of gold and silver are used in the solemn feasts of the liturgy to emphasise the exceptional nature of the event.

*Flavia Fiori*

*Bibliography*: unpublished.

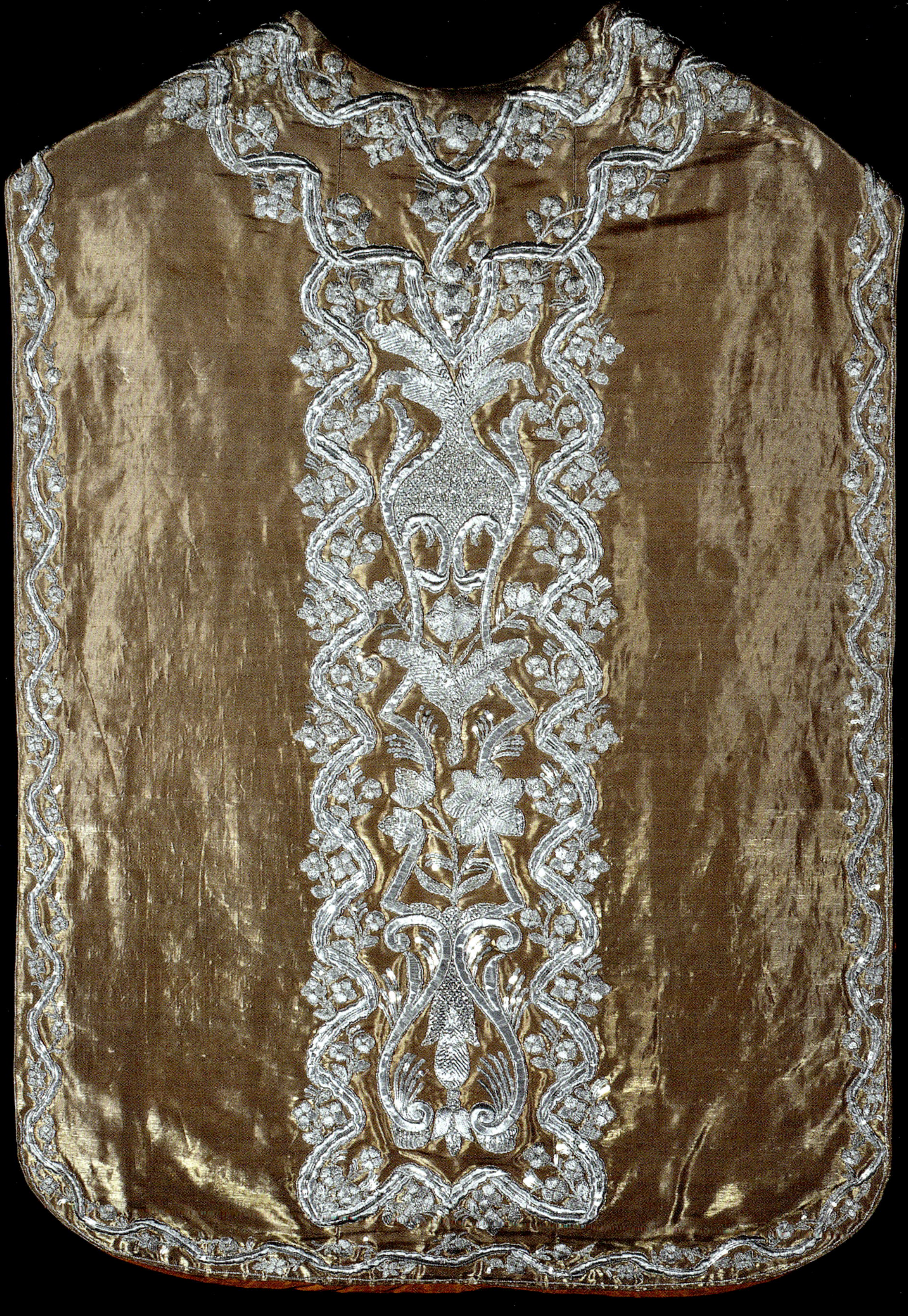

## Manifattura italiana o francese

### 60. *Pianeta a fondo giallo*

1735
lampasso lanciato broccato (fondo cannellato)
Oleggio, Museo d'Arte Religiosa "P. A. Mozzetti"

*Il parato liturgico è composto da pianeta, velo da calice, borsa per corporale e stola*

Sul fondo giallo del tessuto risalta il decoro argento con la ricca gamma cromatica serica definito da un motivo *rocaille* e da un mazzo di fiori policromi che si alternano con andamento sinusoidale verticale. La struttura di questo tessuto si articola in un intreccio complesso a cui partecipano i fili di due catene, più trame *liserés* e numerose trame broccate in seta e in argento filato. La ricchezza del disegno e la varietà dei colori, oltre alla complessa struttura tecnica del lampasso, suggeriscono la collocazione del tessuto fra il terzo e il quarto decennio del XVIII secolo, riflettendo in pieno gli orientamenti del gusto in voga in Europa in tema di decorazione tessile. Nella chiesa di provenienza, San Giovanni Battista, frazione di Oleggio, venne istituita la cappellania laicale e nominato il cappellano Pariani nel 1735 e per l'occasione venne dotata di paramenti sacri. Alcuni elementi essenziali alla datazione di un tessuto sono il disegno, il grado di aderenza stilistica e cromatica e la rappresentazione della natura, con rose e dalie e infiorescenze policrome. Se nei primi decenni del Settecento l'immagine dei fiori e delle foglie era sottolineata dall'impiego delle campiture piatte, monocrome, grazie all'abilità di disegnatori lionesi, quali Ringuet, Courtois, Revel, dal 1730 vengono introdotti nelle stoffe motivi floreali resi in modo naturalistico. La tradizione attribuisce a Jean Revel (1684-1751) l'invenzione dell'accorgimento tecnico (*point-rentré*) consistente nel far rientrare per breve tratto un colore in quello contiguo, al fine di riprodurre uno sfumato di grande effetto.

*Flavia Fiori*

*Bibliografia*: *Tessuti antichi* 2013, pp. 114-115.

## Italian or French Manufacture

### 60. *Chasuble with yellow background*

1735
brocaded lampas lancé (with ribbed stitching)
Oleggio, Museo d'Arte Religiosa "P. A. Mozzetti"

*The liturgical vestments comprise a chasuble, purificator, burse and corporal, and stole*

The silver decoration stands out against a yellow fabric with the rich colour range of the silk defined by a *rocaille* motif and a bouquet of polychrome flowers alternating in vertical waves. The structure of this fabric consists of a complex weave involving the strands of two chains, several *liserés* weaves and numerous brocaded weaves of silk and silver thread. The richness of the pattern and variety of colours, in addition to the complex structure of the lampas technique, suggest it was made between the third and fourth decade of the 18th century, reflecting in full the taste in fashion in Europe as regards textile decoration. In the church from which these items come, San Giovanni Battista in a village near Oleggio, a lay chaplaincy was established and Pariani named chaplain in 1735; for the occasion, the chapel was endowed with these vestments. Some essential elements for the dating of a fabric are the pattern and the degree of stylistic and chromatic mannerism to the point of depicting nature, with roses and dahlias and multicoloured flowers. While in the first decades of the 18th century, the image of flowers and leaves was underlined by the use of flat, monochrome fields of colour, thanks to the skill of designers from Lyon, such as Ringuet, Courtois, Revel, after 1730 floral motifs shown in a naturalistic way were introduced into fabrics. Tradition attributes to Jean Revel (1684–1751) the invention of the technical means (*point-rentré*) to make a colour fall behind a contiguous one, in order to reproduce a nuanced and highly attractive effect.

*Flavia Fiori*

*Bibliography*: *Tessuti antichi* 2013, pp. 114-115.

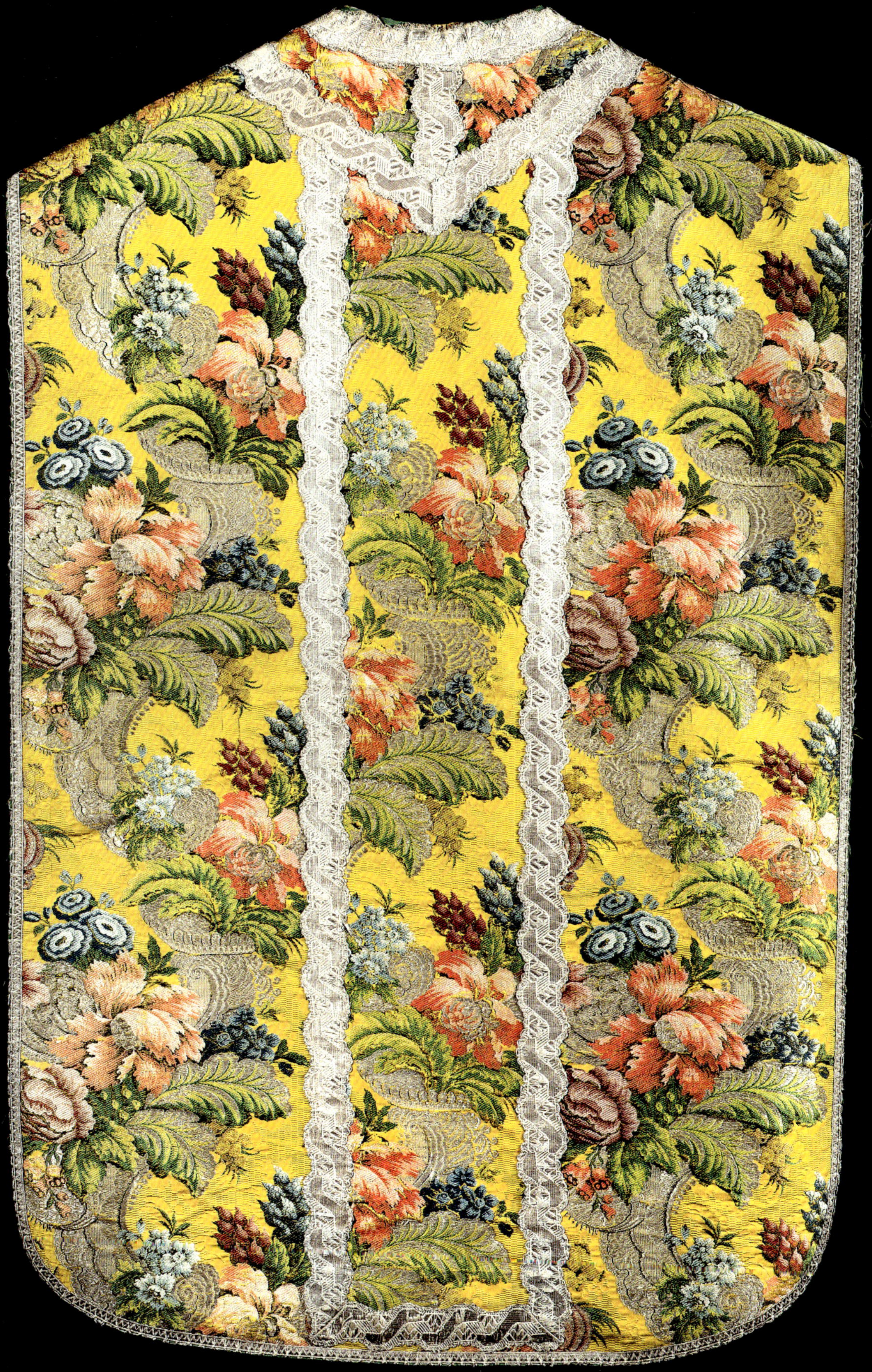

# Bibliografia / Bibliography

*Abbreviazioni / Abbreviations*
ASDN Archivio Storico Diocesano Novara
APO Archivio Parrocchiale Oleggio


*Arona Sacra* 1977
*Arona Sacra. L'epoca dei Borromeo*, a cura di / edited by G. Romano, catalogo della mostra / catalogue of the exhibition, Arona 1977.

Aronberg Lavin 1975
M. Aronberg Lavin, *Seventeenth Century Barberini Documents and Inventories of Art*, New York 1975.

*Arti figurative in Valsesia* 2008
*Arti figurative in Valsesia. I disegni della Pinacoteca di Varallo*, a cura di / edited by C. Falcone, Candelo 2008.

*Badia di Dulzago* 1991
*Badia di Dulzago. Contadini, signori e santi: storia di un'abbazia*, testi, schede e documenti / texts, entries and documents by G. Andenna, R. Bottini, Dulzago 1991.

Bagliotti 1684
F. Bagliotti, *Vera Idea di Apostolico Sacerdote, rappresentata nella Vita di S. Lorenzo prete e martire*, Milano 1684.

Baini, Colombo 2000
F. Baini, S.A. Colombo, *Danedi, Giovanni Stefano*, in *Allgemeines Künstlerlexikon*, vol. XXIV, München-Leipzig 2000, pp. 97-98.

Bandera Gregori, Montalto 1985
L. Bandera Gregori, *I Montalto. Pittori trevigliesi del '600*, Calvenzano 1985.

Barlassina, Picconi 1931
G. Barlassina, A. Picconi, *Novara Sacra. Guida del clero per l'anno 1931*, Novara 1931.

Barlassina, Picconi 1933
G. Barlassina, A. Picconi, *Le chiese di Novara. Guida storico-artistica*, Novara 1933.

Baroni 1952
C. Baroni, *L'arte a Novara e nel Novarese*, in *Novara e il suo territorio*, Novara 1952, pp. 533-615.

Bartoli 1776-1777
F. Bartoli, *Notizie delle Pitture, Sculture e Architetture, che ornano le chiese, e gli altri luoghi pubblici di tutte le più rinomate città d'Italia di non poche terre, castella, e ville d'alcuni rispettivi distretti*, 2 voll. / vol., Venezia 1776-1777.

Baudi di Vesme 1899
A. Baudi di Vesme, *Catalogo della Regia Pinacoteca di Torino*, Torino 1899.

Baudi di Vesme 1909
A. Baudi di Vesme, *Catalogo della Regia Pinacoteca di Torino*, Torino 1909.

*Le collezioni artistiche* 2010
*Le collezioni artistiche del Credito emiliano: storia del palazzo Spalletti Trivelli di Reggio Emilia*, a cura di / edited by F. Bonvicini, Cinisello Balsamo 2010.

Bertamini 1974
T. Bertamini, *San Brizio di Vagna*, in "Oscellana", IV, 1974, pp. 115-130.

Bettoja 1995
M. Bettoja, *Stemmario della Valle Strona*, Roma 1995.

Bianchini 1828
F.A. Bianchini, *Le cose rimarchevoli della città di Novara precedute da un compendio storico*, Novara 1828.

*Bologna, Pinacoteca Nazionale* 2008
*Bologna, Pinacoteca Nazionale, Catalogo generale. 3, Guido Reni e il Seicento*, a cura di / edited by J. Bentini, G. Cammarota, D. Scaglietti Kelescian, Venezia 2008.

Bona Castellotti 1992
M. Bona Castellotti, *Doneda (Danedi) Giovanni Stefano, detto il Montalto*, in *Dizionario biografico degli italiani*, vol. XLI, Roma 1992, pp. 125-129.

Bora, Caracciolo, Prosperi Valenti Rodinò 2008
G. Bora, M.T. Caracciolo, S. Prosperi Valenti Rodinò (a cura di / edited by), *I disegni del Codice Bonola del Museo Nazionale di Belle Arti di Santiago del Cile*, Roma 2008.

Borlandelli 2014
S. Borlandelli, *Appunti per una storia del collezionismo. Quadri e arredi nelle dimore patrizie novaresi*, in *Forme che volano. 1630-1738. Il Barocco nelle province di Novara e del Verbano Cusio Ossola*, a cura di / edited by M. Dell'Omo, S. Monferrini, atti delle giornate di studio / proceedings of the conferences (Novara, 17-19 maggio / May 2012), Borgomanero 2014, pp. 224-242.

Brugo 2000
C. Brugo, *L'Abbazia di San Silvano in Romagnano. Fatti uomini documenti*, Romagnano Sesia 2000.

Callery 1859
J.M. Callery, *La Galerie royale de peinture de Turin*, Torino 1859.

*Capolavori caravaggeschi* 2014
*Capolavori caravaggeschi a Novara: pittura di realtà a Novara e nel suo territorio*, a cura di / edited by A.M. Bava, F. Gonzales, catalogo della mostra / catalogue of the exhibition, Novara 2014.

Carena 1985
C. Carena, *Giorgio Bonola pittore (1657-1700)*, Anzola d'Ossola 1985.

*Carlo e Federico* 2005
*Carlo e Federico. La luce dei Borromeo nella Milano spagnola*, a cura di / edited by P. Biscottini, catalogo della mostra / catalogue of the exhibition, Milano 2005.

Carra 2003
C. Carra, *Nuovi ragguagli documentari sul pittore valsesiano Tarquinio Grassi e su "Gio Battista suo figliuolo"*, in "De Valle Sicida", XIV, 1, 2003, pp. 271-298.

Casalis 1833-1856
G. Casalis, *Dizionario Geografico-Storico-Statistico-Commerciale degli stati di S.M. il Re di Sardegna*, 28 voll. / vol., Torino 1833-1856.

Casati 1692
P.P. Casati, *Le prove dell'istoria dipinta ne' quadri di S. Lorenzo al Pozzo, esposta la prima volta nella Cattedrale di Novara l'anno 1692*, Novara 1692.

Cassani s.d. / n.d. [ma / but 1947-1963]
L. Cassani, *Arte ed artisti nelle chiese del Novarese. Notizie*, ms., s.d. / n.d. [1947-1963], Novara, Archivio Storico Diocesano.

Cassetti, Signorelli 2004
M. Cassetti, B. Signorelli, *Palazzo dal Pozzo della Cisterna nell'isola dell'Assunta in Torino*, Torino 2004.

Chenna 1785-1835
G.A. Chenna, *Del vescovato, de' Vescovi e delle chiese nella città e diocesi di Alessandria*, 4 voll. / vol., Alessandria 1785-1835.

Cifani, Monetti 1995
A. Cifani, F. Monetti, *Two unpublished paintings by Pietro da Cortona and Giovanni Francesco Romanelli from the collection of Amedeo Dal Pozzo*, in "The Burlington Magazine", 1110, vol. CXXXVII, settembre / September 1995, pp. 612-616.

Cifani, Monetti 2000
A. Cifani, F. Monetti, *The dating of Amedeo Dal Pozzo's paintings by Poussin, Pietro da Cortona and Romanelli*, in "The Burlington Magazine", 1170, vol. CXLII, settembre 2000, pp. 561-564.

*Le collezioni artistiche* 2010
*Le collezioni artistiche del Credito emiliano: storia del palazzo Spalletti Trivelli di Reggio Emilia*, a cura di / edited by F. Bonvicini, Cinisello Balsamo 2010.

Colombo 2001
S. Colombo, ad vocem *Discepoli, Giovanni Battista*, in *Allgemeines Künstlerlexikon*, vol. XXVII, München-Leipzig 2001, pp. 559- 560.

*Conoscere il Museo d'arte religiosa* 2010
*Conoscere il Museo d'arte religiosa "p. A. Mozzetti" Oleggio*, Comignago 2010.

Coppa 2015
S. Coppa, *Modelli e reimpieghi nella pittura di grande decorazione di Giovanni Stefano Montalto e un'aggiunta al suo catalogo*, in *Giovanni Stefano e Giuseppe Montalto. Due pittori trevigliesi nella Lombardia barocca*, a cura di / edited by O. D'Albo, atti della giornata di studi / proceedings of the conference (Treviglio, Auditorium Civico, 12 aprile / April 2014), Milano 2015, pp. 51-54.

Cotta [*post* 1716] ed. 1994
L.A. Cotta, *Museo Novarese. IV Stanza e giunte manoscritte* [*post* 1716], introduzione e note critiche di / introductions and critical notes by M. Dell'Omo, Torino 1994.

Crenna 1999
M. Crenna, *San Vittore. La chiesa parrocchiale di Cannobio a 250 anni dalla consacrazione*, Verbania 1999.

*Da Gaudenzio Ferrari* 2007
*Da Gaudenzio Ferrari ad Angelo Morbelli. Tesori dalle collezioni private novaresi*, a cura di / edited by M. Rosci, catalogo della mostra / catalogue of the exhibition, Novara 2007.

*Da Rubens a Maratta* 2013
*Da Rubens a Maratta. Le meraviglie del Barocco nelle Marche*, a cura di / edited by V. Sgarbi, catalogo della mostra / catalogue of the exhibition, Cinisello Balsamo 2013.

*Dal convento alla città* 1995
*Dal convento alla città. La vita torinese attraverso il registro dell'archivio del convento di S. Domenico redatto dal padre G. A. Torre (1780)*, a cura di / edited by V. Ferrua, Torino 1995.

D'Albo 2015
O. D'Albo, *Giovanni Stefano e Giuseppe Montalto: vicende e fortuna di due fratelli pittori*, in *Giovanni Stefano e Giuseppe Montalto. Due pittori trevigliesi nella Lombardia barocca*, a cura di / edited by O. D'Albo, atti della giornata di studi / proceedings of the conferences (Treviglio, Auditorium Civico, 12 aprile / April 2014), Milano 2015, pp. 17-24.

Davitti 1985
P. Davitti, *Il pittore Giovanni Antonio de Groot. Dalle "Giunte" al "Museo Novarese" del Cotta agli affreschi di Palazzo Reale di Amsterdam*, in "Novarien",15, 1985, pp. 58-66.

D'Azeglio 1862
R. D'Azeglio, *Notizie estetiche e biografiche sopra alcune precipue opere oltramontane del museo torinese*, Firenze 1862.

De Pascale 1994
E. De Pascale, *Doneda Giovanni Stefano detto il Montalto*, in *Dizionario degli artisti di Caravaggio e Treviglio*, Bergamo 1994, pp. 93-99.

*De Van Dyck à Bellotto* 2009
*De Van Dyck à Bellotto. Splendeurs à la cour de Savoie*, a cura di / edited by C.E. Spantigati, catalogo della mostra / catalogue of the exhibition, Torino-London-Venezia-New York 2009.

Debiaggi 2002
C. Debiaggi, ad vocem *Grassi Tarquinio*, in *Dizionario biografico degli italiani*, vol. LVIII, Roma 2002, pp. 691-693.

Della Pergola 1955
P. Della Pergola, *I due "Mosè" di Guido Reni*, in "Paragone", 63, 1955, pp. 35-38.

Dell'Omo 1985
M. Dell'Omo, *Legnanino alla cappella di San Giuseppe*, Novara 1985.

Dell'Omo 1991a
M. Dell'Omo, *Il Duomo di Novara tra Controriforma e Barocco. Gli artisti, i cantieri, i committenti*, in "Arte lombarda", 3-4, 1991, pp. 189-198.

Dell'Omo 1991b
M. Dell'Omo, *Per il Legnanino*, in "Labyrinthos", XIX-XX,1991, pp. 123-153.

Dell'Omo 1993a
M. Dell'Omo, *La cattedrale di Novara. Arredi e decorazioni dal Cinquecento all'Ottocento*, Torino 1993.

Dell'Omo 1993b
M. Dell'Omo, *Dipinti del Seicento sul Lago Maggiore e sulla Riviera d'Orta. Nuove proposte per Camillo Procaccini, Giovanni Battista Discepoli e Giuseppe Nuvolone*, in "Arte lombarda", 113-115, 1993, pp. 103-106.

Dell'Omo 1994
M. Dell'Omo, *Note su alcuni dipinti romani nel Novarese*, in "Arte lombarda", 1-2, 1994, pp. 99-108.

Dell'Omo 1995a
M. Dell'Omo, *Un'aggiunta al catalogo di Giovanni Antonio De Groot: il ciclo di San Giovanni Battista ad Ameno*, in "De Valle Sicida", VI, 1, 1995, pp. 265-274.

Dell'Omo 1995b
M. Dell'Omo, *Dipinti del Seicento sul Lago Maggiore e sulla Riviera d'Orta. Nuove proposte per Camillo Procaccini, Giovanni Battista Discepoli e Giuseppe Nuvolone*, in "Arte lombarda", 113-115, 1995, pp. 103- 106.

Dell'Omo 1997
M. Dell'Omo, *Giovanni Antonio De Groot: un pittore tra Lombardia e Valsesia*, in "Nuovi Studi", 3, 1997, pp. 77-90.

Dell'Omo 1998a
M. Dell'Omo, *"a fresco e a oglio"*, in "Le Rive", XII, 2, 1998, pp. 99-101.

Dell'Omo 1998b
M. Dell'Omo, *Il Legnanino*, Ozzano Emilia 1998.

Dell'Omo 1999
M. Dell'Omo, *Bartolomeo Furogotti e Giovanni Battista Vioca di Prato Sesia. Documenti inediti per Giovanni Baglione a Roma e un'aggiunta per Giacinto Gimignani*, in "De Valle Sicida", X, 1999, pp. 233-243.

Dell'Omo 2001
M. Dell'Omo, *Per Giuseppe Zanatta, pittore miasinese (1634-1720): nuovi documenti e un quadro inedito a Pogno*, in "Novarien", 30, 2001, pp. 257-270.

Dell'Omo 2002
M. Dell'Omo, *Giorgio Bonola tra "mercimonio" e pittura. Alcune considerazioni e nuovi documenti per le committenze milanesi*, in *Giorgio Bonola e il suo tempo*, a cura di / edited by C. Germani, atti del convegno / proceedings of the conference

(Orta San Giulio, 8-10 settembre / September 2000), Novara 2002, pp. 89-114.

Dell'Omo 2003
M. Dell'Omo, *Notizie dagli archivi per i pittori "valsesiani" Tarquinio Grassi e Giovanni Antonio de Groot*, in "De Valle Sicida", XIV, 1, 2003, pp. 307-326.

Dell'Omo 2005
M. Dell'Omo, *Per il Sacro Monte d'Orta e dintorni nella seconda metà del Seicento. Notizie dagli archivi su artisti e committenti della cappella XIII, con un inventario della quadreria Besozzi*, in "Arte lombarda", 145, 3, 2005, pp. 96-105.

Dell'Omo 2006
M. Dell'Omo, *L'altare del Rosario della parrocchiale di Belgirate. Nuovi apporti per l'ancona lignea e per il dipinto*, in *Intorno al restauro della pala del Rosario della parrocchiale di Belgirate*, a cura di / edited by M. Dell'Omo, Novara 2006, pp. 17-28.

Dell'Omo 2007
M. Dell'Omo, *Filippo Abbiati (1640-1715) ad Arona. Note sul dipinto nel Monastero della Visitazione*, in "Antiquarium Medionovarese II", 2007, pp. 411-416.

Dell'Omo 2009a
M. Dell'Omo, *All'ombra della famiglia Borromeo. Cultura figurativa del Verbano in epoca barocca*, in *Pittori lombardi nel Verbano. Quadri di epoca barocca restaurati*, a cura di / edited by M. Dell'Omo, Gravellona Toce 2009, pp. 9-44.

Dell'Omo 2009b
M. Dell'Omo, *Un dipinto di Giuseppe Zanatta (Miasino 1634-1720) nella parrocchiale di Sant'Albino a Pella*, in *La memoria e la nostra storia. Mulini, ruvide tele e raffinate sete*, Gravellona 2009, pp. 71-72.

Dell'Omo 2009c
M. Dell'Omo, *Il Sacro Monte Calvario di Domodossola. Cronache dai cantieri*, in *Calvario. Monte Sacro di Domodossola*, a cura di / edited by S. Minissale, A. Feltre, Torino 2009, pp. 41-43.

Dell'Omo s.d. / n.d. [ma / but 2010]
M. Dell'Omo, *Carlo Preda a san Leonardo. La tela restaurata per il soffitto della cappella del Crocifisso*, in *La chiesa collegiata di San Leonardo. Restauri e studi per una sede di culto in Verbania Pallanza*, a cura di / edited by L. Fallarini, Verbania, s.d. / n.d. [2010].

Dell'Omo 2013
M. Dell'Omo, *Gli apparati figurativi: uno spettacolo tra "lusso barocco" e volontà di immagine*, in *La chiesa parrocchiale di San Rocco a Miasino. "Un tempio degnissimo di grande e illustre città"*, a cura di / edited by M. Dell'Omo, M. Epifani, F. Mattioli Carcano, Borgomanero 2013, pp. 63-161.

Dell'Omo 2014
M. Dell'Omo, *Apparati decorativi nella chiesa parrocchiale di Carcegna tra Roma, Milano e cultura locale*, in F. Mattioli Carcano, T. Rigotti (a cura di), *Carcegna, antica comunità del Cusio*, Borgomanero 2014, pp. 119-133.

Dell'Omo, Fiori 2004
M. Dell'Omo, F. Fiori, *I tesori degli emigranti. Arte, artigianato ed emigrazione nel Cusio e nella diocesi di Novara dal Cinquecento al Settecento*, Novara 2004.

Dell'Omo, Monferrini 2011
M. Dell'Omo, S. Monferrini, *1682: l'arrivo a Bologna, "felice per le pittura insigne che vi sono di studiare*, in *Palazzo Carignano. Gli appartamenti barocchi e la pittura del Legnanino*, a cura di / edited by E. Gabrielli, catalogo della mostra / catalogue of the exhibition, Firenze 2011, pp. 40-47.

*Diana trionfatrice* 1989
*Diana trionfatrice. Arte di corte nel Piemonte del Seicento*, a cura di / edited by M. di Macco, G. Romano, catalogo della mostra / catalogue of the exhibition, Torino 1989.

*Dipinti barocchi* 1990
*Dipinti barocchi delle banche italiane*, a cura di / edited by D. De Grazia, P.G. Castagnoli, catalogo della mostra / catalogue of the exhibition, Venezia 1990.

*Divo Carolo* 2010
*Divo Carolo. Carlo Borromeo pellegrino e santo tra Ticino e Sesia*, a cura di / edited by F. Gonzales, C. Lacchia, catalogo della mostra / catalogue of the exhibition, Novara 2010.

*Fabulas de Velázquez* 2007
*Fabulas de Velázquez. Mitologia e historia sagrada en el Siglo de Oro*, a cura di / edited by P. Portus, catalogo della mostra / catalogue of the exhibition, Madrid 2007.

Fagiolo Dell'Arco 2001
M. Fagiolo Dell'Arco, *Pietro da Cortona e i "cortoneschi" Gimignani, Romanelli, Baldi, il Borgognone, Ferri*, Milano 2001.

Ferro 1967
F.M. Ferro, *Storia di S. Lorenzo al Pozzo dipinta da Filippo Abbiati per il Duomo di Novara*, Novara 1967.

Ferro 1986
F.M. Ferro, *Storie agostiniane di Giuseppe Nuvolone*, in "Paragone", 439, settembre 1986, pp. 34-40.

Ferro 1987a
F.M. Ferro, *I quadroni della chiesa di San Marco a Novara. 2, Pietro Maggi tra nostalgie 'tenebrose' e barocchetto*, in "Paragone", 453, 1987, pp. 46-51.

Ferro 1987b
F.M. Ferro, *I vescovi e la committenza religiosa dopo il Concilio di Trento*, in *Museo novarese. Documenti, studi e progetti per una nuova immagine delle collezioni civiche*, a cura M.L. Tomea Gavazzoli, catalogo della mostra / catalogue of the exhibition, Novara 1987, pp. 282-283.

Ferro 1989
F.M. Ferro, *Arte edita e inedita. Viaggio "romantico-pittorico" nella città e nel territorio*, in *Novara. Memorie e progetti*, Torino 1989, pp. 141-170.

Ferro 1990
F.M. Ferro, *'Storie dipinte' da Filippo Abbiati per il duomo di Novara*, in "Paragone", 483, maggio 1990, pp. 123-128.

Ferro 2003
F.M. Ferro, *Nuvolone. Una famiglia di pittori nella Milano del '600*, Soncino 2003.

Ferro 2004
F.M. Ferro, *La pittura lombarda in età barocca*, in V. Terraroli (a cura di / edited by), *Lombardia barocca e tardobarocca. Arte e architettura*, Milano 2004, pp. 85-125.

Ferro 2010
F.M. Ferro, *L'anima dipinta. Scritti d'arte lombarda e piemontese da Gaudenzio Ferrari a Ranzoni*, Novara 2010.

Ferro 2013
F.M. Ferro, *Carlo Francesco Nuvolone. "Frammenti di un discorso amoroso"*, in "Valori Tattili", 2, 2013, pp. 93-104.

Ferro, Dell'Omo 1996
F.M. Ferro, M. Dell'Omo, *La pittura del Sei e del Settecento nel Novarese*, Novara 1996.

Fiori 1989
F. Fiori, *Bartolomeo Vandoni pittore oleggese: per un repertorio delle opere*, in "Bollettino Storico per la Provincia di Novara", LXXX, 1, 1989, pp. 149-175.

Fiori 2014
F. Fiori, *Giuseppe Antonio Tosi detto il Cuzzio, pittore novarese fra tradizione e innovazione*, in *Forme che volano. 1630-1738. Il Barocco nelle province di Novara e del Verbano Cusio Ossola*, a cura di / edited by M. Dell'Omo, S. Monferrini, atti delle giornate di studio / proceedings of the conferences (Novara, 17-19 maggio / May 2012), Borgomanero 2014, pp. 252-259.

Fornoni s.d. [1915-1920]
E. Fornoni, *I pittori bergamaschi*, ms., Bergamo, Curia Vescovile, s.d. [1915-1920].

Frangi 1996
F. Frangi, *Dalla nascita del Sacro Monte all'Accademia di Corconio. La pittura del Seicento nella Riviera d'Orta*, in *Pittura tra il Verbano e il*

*Lago d'Orta dal Medioevo al Settecento*, a cura di / edited by M. Gregori, Milano 1996, pp. 44-55.

Frangi 2001
F. Frangi, *Giovan Battista Discepoli: colore e sentimento nel barocco lombardo*, in *Giovan Battista Discepoli detto lo Zoppo da Lugano. Un protagonista della pittura barocca in Lombardia*, a cura di / edited by F. Frangi, A. Bernardini, catalogo della mostra / catalogue of the exhibition, Milano 2001, pp. 13-63.

Frangi 2013a
F. Frangi, *Nuvolone Carlo Francesco*, in *Dizionario biografico degli italiani*, vol. LXXIX, Roma 2013.

Frangi 2013b
F. Frangi, *Sfortuna e meriti del secondo Seicento lombardo*, in *Seicento lombardo a Brera. Capolavori e riscoperte*, a cura di / edited by S. Coppa, P. Strada, catalogo della mostra / catalogue of the exhibition, Milano 2013, pp. 59-65.

Gabrielli 1959
N. Gabrielli, *La Galleria Sabauda di Torino* ("Itinerari dei musei, gallerie e monumenti d'Italia", 16), Roma 1959.

Gabrielli 1971
N. Gabrielli, *Galleria Sabauda. Maestri italiani*, Torino 1971.

Gattoni 2014
M.V. Gattoni, *I quadroni di San Filippo Neri a Casale Monferrato: alcune considerazioni*, in *Alessandria e Asti nel Seicento. Repertorio antologico della pittura genovese e lombarda*, a cura di / edited by A. Morandotti, G. Spione, Genova 2014, pp. 43-58.

*Giovan Battista Discepoli* 2001
*Giovan Battista Discepoli detto lo Zoppo da Lugano. Un protagonista della pittura barocca in Lombardia*, a cura di / edited by F. Frangi, A. Bernardini, catalogo della mostra / catalogue of the exhibition, Milano 2001.

*Giovanni Francesco Barbieri* 1968
*Giovanni Francesco Barbieri, 1591-1666*, a cura di / edited by D. Mahon, catalogo della mostra / catalogue of the exhibition, Bologna 1968.

*Giovanni Francesco Barbieri* 1991
*Giovanni Francesco Barbieri il Guercino*, a cura di / edited by D. Mahon, catalogo della mostra / catalogue of the exhibition, Bologna 1991.

Ghelfi 1997
B. Ghelfi, *Il Libro dei Conti del Guercino (1629-1666)*, consulenza scientifica / scientific consult di D. Mahon, Bologna 1997.

Gonzales 2011
F. Gonzales (a cura di / edited by), *Telai Divini*, Novara 2011.

*Guercino* 2015
*Guercino*, a cura di / edited by S. Watanabe, L. Ficacci, F. Gozzi, catalogo della mostra / catalogue of the exhibition, Tokyo 2015.

*Guercino and Händel* 2013
*Guercino and Händel*, a cura di / edited by F. Gonzales, K. Hogg, catalogo della mostra / catalogue of the exhibition, London 2013.

*Guercino e Lucrezia* 2009
*Guercino e Lucrezia. Un dipinto inedito per Cento*, a cura di / edited by N. Turner, con testi di D. Benati, D. Biancardi, A. Cobbe, F. Gozzi, D. Mahon, N. Turner, catalogo della mostra / catalogue of the exhibition, Cento 2009.

*Guercino. The Triumph of the Baroque* 2013
*Guercino. The Triumph of the Baroque: Masterpieces from Cento, Roma and Polish Collections*, a cura di / edited by J. Kilian, F. Gozzi, catalogo della mostra / catalogue of the exhibition, Warszawa 2013.

*Guido Reni e l'Europa* 1998
*Guido Reni e l'Europa*, a cura di / edited by S. Ebert-Schifferer, catalogo della mostra / catalogue of the exhibition, Bologna 1988.

Jacobsen 1897
E. Jacobsen, *La Regia Pinacoteca di Torino*, in "Archivio Storico dell'Arte", III, 1897, pp. 113-141.

Lana 1840
G. Lana, *Guida ad una gita entro la Valsesia per cui si osservano alcuni luoghi e tutte le parrocchie che in essa vi sono: premesse diverse notizie generali intorno la medesima valle colla sua carta geografica*, Novara 1840.

*Leonardo e la Pulzella* 1998
*Leonardo e la Pulzella di Camaiore: inediti vinciani e capolavori della scultura lucchese del primo Rinascimento*, a cura di / edited by C. Pedretti, catalogo della mostra / catalogue of the exhibition, Firenze 1998.

*Maestri lombardi* 2003
*Maestri lombardi in Piemonte nel primo Seicento*, a cura di / edited by A.M. Bava, C.E. Spantigati, catalogo della mostra / catalogue of the exhibition, Torino 2003.

Mahon 1967
D. Mahon, *I disegni del Guercino della Collezione Mahon*, Bologna 1967.

Mallè s.d. [ma / but 1974]
L. Mallè, *Le arti figurative in Piemonte*, Torino s.d. [ma / but 1974].

Malvasia 1678
C.C. Malvasia, *Felsina Pittrice. Vite de' Pittori Bolognesi*, 2 voll. / vol., Bologna 1678.

Mantelli 1836
C. Mantelli, note a G.A. De Giorgi, *Notizie sui celebri pittori e su altri artisti alessandrini*, Alessandria 1836.

Mattioli Carcano 2009
F. Mattioli Carcano, *Il sacro: segni, istituzioni religiose e forme devozionali*, in *La memoria e la nostra storia. Mulini, ruvide tele e raffinate sete*, Gravellona 2009, pp. 31-59.

Medoni 1844
F. Medoni, *Memorie storiche della città di Arona e del suo castello*, Novara 1844.

Mezzetti 1955
A. Mezzetti, *Contributi a Carlo Maratti*, in "Rivista dell'Istituto Nazionale d'Archeologia e Storia dell'Arte", IV, 1955, pp. 253-354.

Monaco 1998
T. Monaco, *Federico Bianchi. Un ritratto* in "Acme", LI, 2, 1998, pp. 73-95.

Moro 2010
F. Moro, *Piacenza, terra di frontiera: pittori lombardi e liguri del Seicento. Dipinti e disegni inediti*, Piacenza 2010.

Mrozinska 1959
M. Mrozinska, *I disegni del Codice Bonola del Museo di Varsavia*, Venezia 1959.

Mrozinska 1970
M. Mrozinska, ad vocem *Botola, Giorgio*, in *Dizionario biografico degli Italiani*, vol. XII, Roma 1970, pp. 292-294.

*Musei del Piemonte* 1978
*Musei del Piemonte. Opere d'arte restaurate*, a cura di / edited by G. Romano, catalogo della mostra / catalogue of the exhibition, Torino 1978.

*Museo d'arte antica* 1999
*Museo d'arte antica del Castello Sforzesco. Pinacoteca*, vol. III, Milano 1999.

*Museo novarese* 1987
*Museo novarese. Documenti, studi e progetti per una nuova immagine delle collezioni civiche*, a cura M.L. Tomea Gavazzoli, catalogo della mostra / catalogue of the exhibition, Novara 1987.

Natale 2000
M. Natale, *Le Isole Borromeo e la Rocca di Angera. Guida Storico-artistica*, Cinisello Balsamo 2000.

*Novara da scoprire* 1990
*Novara da scoprire 2. Brevi itinerari per la città e la storia*, n. 60, Novara 1990.

*Novara e il suo territorio* 1952
*Novara e il suo territorio*, Novara 1952

Oretti circa 1780
M. Oretti, *Notizie de' Professori del Disegno,*

*cioè Pittori, Scultori ed Architetti bolognesi de forestieri di sua scuola*, ms., Bologna, Biblioteca dell'Archiginnasio, circa 1780.

Pacia 2009
A. Pacia, *Giovanni Stefano Danedi detto il Montalto*, Bergamo 2009.

Pacchioni 1932
G. Pacchioni, *La Regia Pinacoteca di Torino*, Roma 1932.

Pacciarotti 1993
G. Pacciarotti, *Un capitolo di pittura milanese: Busto Arsizio e la sua pieve*, in *Arte nella pieve di Busto Arsizio. Pittura e scultura dal 500 al 700*, a cura di / edited by G. Pacciarotti, Milano 1993, pp. 17-25.

*Palazzo Carignano* 2011
*Palazzo Carignano. Gli appartamenti barocchi e la pittura del Legnanino*, a cura di / edited by E. Gabrielli, catalogo della mostra / catalogue of the exhibition, Firenze 2011.

*Peindre à Rome* 2011
*Peindre à Rome. Tableaux et dessins des XVII$^{ème}$ et XVIII$^{ème}$ siècles*, Paris 2011.

*La peinture en Lombardie 2014*
*La peinture en Lombardie au XVII$^{e}$ siècle. La violence des passions et l'idéal de beautè*, a cura di / edited by F. Frangi, A. Morandotti, catalogo della mostra / catalogue of the exhibition, Cinisello Balsamo 2014.

Pepper 1984
S.D. Pepper, *Guido Reni. A Complete Catalogue of His Works with an Introductory Text*, Oxford 1984.

Pepper 1988
S.D. Pepper, *Guido Reni. L'opera completa*, Torino 1988.

Pesenti 1968
F.R. Pesenti, *La Pittura*, in M.G. Albertini Ottolenghi, R. Bossaglia, F.R. Pesenti, *La Certosa di Pavia*, Milano 1968.

Petrucci 2002a
F. Petrucci, *La cultura figurativa di Giorgio Bonola, tra Milano e Roma*, in *Giorgio Bonola e il suo tempo*, a cura di / edited by C. Bermani, atti del convegno / proceedings of the conference (Orta San Giulio, 8-10 settembre / September 2000), Novara 2002, pp. 23-37.

Petrucci 2002b
F. Petrucci, *L'opera pittorica di Giorgio Bonola*, in *Giorgio Bonola e il suo tempo*, a cura di / edited by C. Bermani, atti del convegno / proceedings of the conference (Orta San Giulio, 8-10 settembre / September 2000), Novara 2002, pp. 155-165.

*Pietro Antonio Magatti* 2001
*Pietro Antonio Magatti*, a cura di / edited by S. Coppa, A. Bernardini, catalogo della mostra / catalogue of the exhibition, Milano 2001.

*Pietro da Cortona* 1997
*Pietro da Cortona (1597-1669)*, a cura di / edited by A. Lo Bianco, catalogo della mostra / catalogue of the exhibition, Milano 1997.

*La Pinacoteca Civica di Cento* 1987
*La Pinacoteca Civica di Cento. Catalogo Generale*, Cittadella 1987.

*Pittori lombardi nel Verbano* 2009
*Pittori lombardi nel Verbano. Quadri di epoca barocca restaurati*, a cura di / edited by M. Dell'Omo, Gravellona Toce 2009.

*Pittura tra Adda e Serio* 1987
*Pittura tra Adda e Serio: Lodi, Treviglio, Caravaggio, Crema. I centri della pittura lombarda*, a cura di / edited by M. Gregori, Cinisello Balsamo 1987.

*Pittura tra il Verbano e il Lago d'Orta* 1996
*Pittura tra il Verbano e il Lago d'Orta dal Medioevo al Settecento*, a cura di / edited by M. Gregori, Cinisello Balsamo 1996.

Porzio 2006
M.G. Porzio, *Il Palazzo detto alla Piazza del Conte*, in *Palazzo Bellini. La storia, l'architettura e le collezioni*, Novara 2006, pp. 168-169.

*La Reggia di Venaria e i Savoia. Arte, magnificenza e storia di una corte europea*, a cura di / edited by E. Castelnuovo, catalogo della mostra / catalogue of the exhibition, 2 voll., Torino 2007.

*Rinascimento Risorgimento* 2011
*Rinascimento Risorgimento. Da Spinello Aretino a Bagetti, dipinti e sculture in fantasia preunitaria*, catalogo della mostra / catalogue of the exhibition, Torino 2011.

Romano 1979
G. Romano, *Novara*, in *Guida breve al patrimonio artistico delle provincie piemontesi*, Torino 1979, pp. 57-74.

Romano 1987
G. Romano, *Una storia per immagini*, in *La chiesa di Santa Maria di Netro. Storia e restauro*, a cura di / edited by P. Astrua, D. Biancolini, Torino 1987, pp. 7-12.

Romano 1988
G. Romano, *Resistenze locali alla dominazione torinese*, in *Figure del Barocco in Piemonte. La corte, la città, i cantieri, le province*, a cura di / edited by G. Romano, Torino 1988, pp. 301-379.

Rosci 1960
M. Rosci, *Catalogo della Pinacoteca di Varallo Sesia*, Varallo 1960.

Rosci 2000
M. Rosci, *Il Cerano*, Milano 2000.

*Sacro Lombardo* 2010
*Sacro Lombardo. Dai Borromeo al Simbolismo*, a cura di / edited by S. Zuffi, catalogo della mostra / catalogue of the exhibition, Milano 2010.

Salerno 1988
L. Salerno, *I dipinti del Guercino*, Roma 1988.

*San Carlo e la Valsesia* 1960
*San Carlo e la Valsesia. Iconografia del culto di San Carlo*, Borgosesia 1984.

Salvy 2001
G.J. Salvy, *Reni*, Milano 2001.

Savoini 1992
C. Savoini, *Accademici di San Luca di Corconio nella chiesa di San Pietro in Carcegna (Novara)*, in "Arte lombarda", 102-103, 1992, pp. 69-74.

Scaramuccia 1674
L. Scaramuccia, *Le finezze de pennelli italiani, ammirate, e studiate da Girupeno sotto la scorta, e disciplina del genio di Raffaello d'Urbino*, Pavia 1674 (?).

*La scuola del Guercino* 2004
*La scuola del Guercino*, a cura di / edited by E. Negro, M. Pirondini, N. Roio, Modena 2004.

*I segreti di un Collezionista* 2001
*I segreti di un Collezionista. Le straordinarie raccolte di Cassiano dal Pozzo 1588-1657*, a cura di / edited by F. Solinas, catalogo della mostra / catalogue of the exhibition, Roma 2001.

*Settecento Lombardo* 1991
*Settecento Lombardo*, a cura di / edited by R. Bossaglia, V. Terraroli, catalogo della mostra / catalogue of the exhibition, Milano 1991.

*Simone Cantarini* 1997
*Simone Cantarini detto il Pesarese 1612-1648*, a cura di / edited by A.M. Ambrosini Massari, M. Cellini, A. Mazza, R. Morselli, catalogo della mostra / catalogue of the exhibition, Milano 1997.

Spantigati 1977
C.E. Spantigati, *Carlo e Federico Borromeo ad Arona*, in *Arona sacra. L'epoca dei Borromeo*, Arona 1977, pp. 85-104.

Spantigati 1988
C. Spantigati, *"Staziella carità sorger lo feo". Dipinti,sculture e arredi tra antica e nuova sede*, in *La cattedrale di Alessandria*, a cura di / edited by C. Spantigati, Alessandria 1988, pp. 101-137.

Spantigati, Romano 1986
C. Spantigati, G. Romano (a cura di / edited by), *Il Museo e la Pinacoteca di Alessandria*, Torino 1986.

Spear 1972
R.E. Spear. *Renaissance and Baroque Paintings from the Sciarra and Fiano Collections*, London 1972.

Stefani Perrone 1997
S. Stefani Perrone, *La collezione grafica della Pinacoteca. Lineamenti per una storia del disegno in Valsesia*, in *Pinacoteca di Varallo. Disegni e corali miniati. Contributo per uno studio dei materiali*, a cura di / edited by S. Stefani Perrone, catalogo della mostra / catalogue of the exhibition, Borgosesia 1997, pp. 9-15.

Stone 1991
D.M. Stone, *Guercino, catalogo completo dei dipinti*, Firenze 1991.

Stoppa 1999
J. Stoppa, *Carlo Preda: note per un percorso cronologico*, in "Acme", LII, 2, 1999, pp. 233-249.

Stoppa 2003
J. Stoppa, *Il Morazzone*, Milano 2003.

*Tesori ritrovati* 1998
*Tesori ritrovati: la pittura del ducato estense nel collezionismo privato*, catalogo della mostra / catalogue of the exhibition, Milano 1998.

*Tessuti antichi* 2013
*Tessuti antichi nel Museo d'arte religiosa "p.A, Mozzetti*, a cura di / edited by F. Fiori, catalogo della mostra / catalogue of the exhibition, Comignago 2013.

Tirloni 1985
P. Tirloni, *I Danedi detti Montalto* in *Pittori Bergamaschi dal XIII al XIX secolo*, vol. III, *Il Seicento*, Bergamo 1985.

Tomea Gavazzoli 1983
M.L. Tomea Gavazzoli, *Origine e storia del Museo civico novarese (1826-1975)*, in "Bollettino Storico per la Provincia di Novara", XXIV, 1983, pp. 413-426.

Venturoli 1989
P. Venturoli, *La pittura del Settecento in Piemonte. Il Novarese*, in *La pittura in Italia. Il Settecento*, vol. I, Milano 1989, pp. 67-68.

Venturoli 1990
P. Venturoli, *Giovanni Stefano Montalto a Novara*, in *Novara da scoprire 2. Brevi itinerari per la città e la storia*, n. 60, Novara 1990, pp. 198-199.

Venturoli 1992
P. Venturoli, in *La Confraternita di San Giuseppe in Borgomanero*, a cura di / edited by P. Zanetta, catalogo della mostra / catalogue of the exhibition, Borgomanero 1992, pp. 38-50.

Venturoli 1996
P. Venturoli, *Il restauro del polittico di Gaudenzio Ferrari ad Arona*, Novara 1996.

Viani 1891
A. Viani, *Pallanza antica e moderna*, Pallanza 1891.

Visconti 1957
G. Visconti, *Il bel San Marco di Novara*, Novara 1957.

Voss 1922
H. Voss, *Allgemeines Lexikon der Bildenden Künstler von der Antike bis zur Gegenwart*, vol. XV, Leipzig 1922.

Ward Neilson 1989
N. Ward Neilson, *Nuvolone Carlo Francesco, Nuvolone Giuseppe e Nuvolone Panfilo*, in *La pittura in Italia. Il Seicento*, a cura di / edited by M. Gregori, E. Schleier, 2 voll., Milano 1989, vol. II, pp. 830 sgg.

Zanetta 1984
P. Zanetta, *La chiesa di San Giuseppe in Borgomanero*, Borgomanero 1984.

Zanetta, Chironi, Temporelli 1988
P. Zanetta, L. Chironi, A. Temporelli, *Le confraternite di Borgomanero*, Borgomanero 1988.

Zangarini 2012
C. Zangarini, *L'Addolorata e la Madonna delle Grazie nella Basilica di San Vittore di Varese. Storia, miracoli, devozione e arte*, Varese 2012.

Zani 1996
V. Zani, *Per Federico Bianchi e la sua attività nel territorio varesino*, in "Tracce", XV, 6, 1996, pp. 21-36.

Zani 2000
V. Zani, *Da Giuseppe ad Antonio Lucini. Due restituzioni in S. Maria della Passione a Milano*, in *Fare Storia dell'arte. Studi offerti a Liana Castelfranchi*, a cura di / edited by M.G. Balzarini, R. Cassanelli, Milano 2000, pp. 209-213.

Zuffi 1984-1985
S. Zuffi, *Filippo Abbiati nella cultura figurativa lombarda tra i Procaccini e Sebastiano Ricci*, tesi di laurea / degree thesis, Milano, a.a. 1984-1985.

Zuffi 1986
S. Zuffi, *I dipinti per i Borromeo nell'evoluzione stilistica di Filippo Abbiati*, in "Paragone", 441, 1986, pp. 72-82.

Zuffi 1989
S. Zuffi, ad vocem *Abbiati Filippo*, in *La pittura in Italia. Il Seicento*, a cura di / edited by M. Gregori, E. Schleier, 2 voll., Milano 1989, vol. II, p. 607.

Zuffi 1995
S. Zuffi, *La pittura ad Angera e le committenze dei Borromeo. I Fasti*, in *La città di Angera feudo dei Borromeo. Sec. XV-XVIII*, a cura di / edited by A. Annoni, atti del convegno / proceedings of the conference (Angera, 1992), Gavirate 1995, pp. 391-396.

Zuffi 2000
S. Zuffi, *Accademia e stravaganza tra Seicento e Settecento*, in *Pittura in Lombardia. Dall'età spagnola al Neoclassicismo*, Milano 2000, pp. 155-156 e 164-166.

*In copertina / Cover*
Carlo Francesco Nuvolone
*Riposo durante la fuga in Egitto / Rest on the Flight into Egypt*, particolare / detail
Borgomanero, oratorio di San Giuseppe / oratory of San Giuseppe

Silvana Editoriale

*Direzione editoriale / Direction*
Dario Cimorelli

*Art Director*
Giacomo Merli

*Redazione lingua italiana / Italian Copy Editor*
Maria Chiara Tulli,
*con / with* Sergio Di Stefano

*Redazione lingua inglese / English Copy Editor*
Lorena Ansani, Paola Rossi

*Impaginazione / Layout*
Donatella Ascorti

*Coordinamento organizzativo / Production Coordinator*
Michela Bramati

*Segreteria di redazione / Editorial Assistant*
Ondina Granato

*Traduzioni / Translation*
Contextus S.r.l., Pavia
(Julian Comoy, Lucian Comoy, Vittoria Farallo, Jane Ledlie)

*Ufficio iconografico / Photo Editor*
Alessandra Olivari, Silvia Sala

*Ufficio stampa / Press Office*
Lidia Masolini, press@silvanaeditoriale.it



Silvana Editoriale S.p.A.
via dei Lavoratori, 78
20092 Cinisello Balsamo, Milano
tel. 02 453 951 01
fax 02 453 951 51
www.silvanaeditoriale.it

Le riproduzioni, la stampa e la rilegatura
sono state eseguite in Italia
Reproductions, printing and binding
in Italy
Stampato da / Printed by
Grafiche Aurora, Verona
finito di stampare nel mese di giugno 2015
Printed June 2015

*Referenze fotografiche / Photographic references*
Marco Bertoli: pp. 55, 79, 80, 81, 91, 103, 115, 116, 117
Giacomo Gallarate: pp. 45, 147, 157, 159, 161
Ernani Orcorte: pp. 16, 20, 25, 35, 37, 39, 40, 41, 43, 47, 49, 51, 53, 57, 59, 61, 62, 63, 65, 69, 71, 73, 75, 76, 77, 83, 85, 87, 89, 93, 95, 96, 97, 99, 101, 105, 107, 109, 110, 111, 113, 119, 121, 122, 123, 125, 127, 128, 129, 131, 133, 135, 137, 143, 151
Adriano Scognamillo: p. 149
don Tino Temporelli: p. 155